Mais do que boas intenções

Preencha a **ficha de cadastro** no final deste livro
e receba gratuitamente informações
sobre os lançamentos e as promoções da Elsevier.

Consulte também nosso catálogo
completo, últimos lançamentos
e serviços exclusivos no site
www.elsevier.com.br

Dean Karlan
e Jacob Appel

Mais do que boas intenções

Entenda como a nova economia está
ajudando na erradicação da pobreza mundial

Tradução
Ana Beatriz Rodrigues

Do original: *More Than Good Intentions*
Tradução autorizada do idioma inglês da edição publicada por Penguin Group
Copyright © 2011, by Dean Karlan and Jacob Appel

© 2011, Elsevier Editora Ltda.

Todos os direitos reservados e protegidos pela Lei nº 9.610, de 19/02/1998.

Nenhuma parte deste livro, sem autorização prévia por escrito da editora, poderá ser reproduzida ou transmitida sejam quais forem os meios empregados: eletrônicos, mecânicos, fotográficos, gravação ou quaisquer outros.

Copidesque: Ivone Teixeira
Revisão: Andréa Campos Bivar e Jussara Bivar
Editoração Eletrônica: Estúdio Castellani

Elsevier Editora Ltda.
Conhecimento sem Fronteiras
Rua Sete de Setembro, 111 – 16º andar
20050-006 – Centro – Rio de Janeiro – RJ – Brasil

Rua Quintana, 753 – 8º andar
04569-011 – Brooklin – São Paulo – SP – Brasil

Serviço de Atendimento ao Cliente
0800-0265340
sac@elsevier.com.br

Edição original: ISBN 978-85-352-4428-1
Edição original: ISBN 978-0-525-95189-6

Nota: Muito zelo e técnica foram empregados na edição desta obra. No entanto, podem ocorrer erros de digitação, impressão ou dúvida conceitual. Em qualquer das hipóteses, solicitamos a comunicação ao nosso Serviço de Atendimento ao Cliente, para que possamos esclarecer ou encaminhar a questão.
  Nem a editora nem o autor assumem qualquer responsabilidade por eventuais danos ou perdas a pessoas ou bens, originados do uso desta publicação.

CIP-Brasil. Catalogação-na-fonte
Sindicato Nacional dos Editores de Livros, RJ

K27m   Karlan, Dean S.
  Mais do que boas intenções : entenda como a nova economia está ajudando na erradicação da pobreza mundial / Dean Karlan e Jacob Appel ; tradução Ana Beatriz Rodrigues. – Rio de Janeiro : Elsevier, 2011.
  264p. : il. ; 23cm

  Tradução de: More than good intentions : how a new economics is helping to solve global poverty

  ISBN 978-85-352-4428-1

  1. Pobreza. 2. Pobreza – Prevensão. 3. História econômica. I. Appel, Jacob. II. Título.

11-2192.   CDD: 339.46
                                                 CDU: 330-058.34

Dean: Para Cindy, por todo amor e apoio.
E para Maya, Max e Gabi, em ordem aleatória.

Jake: Para meus avós

AGRADECIMENTOS

Agradecimentos de Dean

Tenho muita dificuldade de escrever os agradecimentos. Como expressar sua gratidão sem parecer sentimental ou piegas demais? Sou grato a muitos, aos que trabalharam comigo, aos que me aconselharam, aos que trabalharam para mim e aos que nada tiveram a ver comigo, mas que produziram excelentes trabalhos sobre os quais posso escrever aqui.

Profissionalmente, gostaria de agradecer meus orientadores preferidos, Esther Duflo e Abhijit Banerjee. Sua liderança no Conselho de Fundadores da Innovations for Poverty Action e na criação do Jameel Poverty Action Lab mudou o mundo para melhor, por isso terei sempre orgulho de ser seu orientando. Sendhil Mullainathan foi tanto meu orientador quanto, hoje, meu coautor e uma das pessoas mais divertidas e criativas que conheço. Sua influência neste livro e em mim é enorme. Agradeço a Richard Thaler por me apresentar à economia comportamental durante o meu mestrado, por ter me aceitado como seu orientando no doutorado e, por fim, mas não menos importante, por ter me proporcionado tanto da motivação por trás do trabalho aqui apresentado. Agradeço a Michael Kremer por me orientar no início do curso de pós-graduação, inclusive por um café particularmente memorável (para mim) quando eu comecei a pensar em realizar experimentos para abordar desafios empíricos, e por sua liderança ao iniciar RCTs na época anterior ao IPA e ao J-PAL. Gostaria de agradecer a Jonathan Morduch, pela orientação e pelos ensinamentos a respeito da economia e da política de microfinanciamento. Por fim, ainda que apenas cronologicamente, gostaria de agradecer a Chris Udry. Esther me disse um dia na pós-graduação para pegar um trem e ir visitar Chris por algumas horas em New Haven, e Chris fez o favor de me receber, embora eu não fosse aluno de Yale. Acredito que aquela viagem de trem tenha causado um grande impacto na minha vida. Excelente exemplo do conselho estelar de Esther. Obrigado, Esther (e Chris).

Jonathan Zinman é uma força singular em minha vida, tanto como irmão quanto como meu colaborador mais constante. Vale lembrar, por mais lugar-comum que pareça, que as pesquisas aqui realizadas não teriam sido possíveis, ou pelo menos não teriam sido tão benfeitas, se não fosse por ele. Embora menos frequente na minha colaboração, sou grato as meus outros colaboradores em projetos de desenvolvimento mencionados neste livro: Nava Ashraf, Marianne Bertrand, Miriam Bruhn, Xavier Giné, Maggie McConnell, Jonathan Morduch, Antoinette Schoar, Eldar Shafir, Martín Valdivia e Wesley Yin.

Nunca poderei agradecer o suficiente ao pessoal do Innovations for Poverty Action e do Jameel Poverty Action Lab. A atual equipe de liderança do IPA – Annie Duflo, Kathleen Viery e Delia Welsh – me ajuda a dormir algumas horas por noite e ajuda o IPA a dobrar de tamanho a cada ano, entra ano, sai ano. Nossa equipe é composta de pessoas mnuito esforçadas, trabalhadoras, dedicadas e inteligentes. Suas motivações e os caminhos que trilharam até aqui são bastante diversos, mas é sempre um prazer absoluto trabalhar com cada uma delas. Sem elas, nada disso teria sido possível. Wendy Lewis ofereceu a mim e ao IPA o apoio, nesses últimos anos, para manter tudo em ordem – obrigado.

Isso me leva ao próximo grupo: os acadêmicos. Sou apenas um entre muitos nessa busca. Gostaria de agradecer aos pesquisadores de campo cujo trabalho apresento no livro pela geração do conhecimento que discuto aqui: Abhijit Banerjee, Stefano Bertozzi, Suresh de Mel, Esther Duflo, Pascaline Dupas, Paul Gertler, Xavier Giné, Rachel Glennerster, Robert Jensen, Cynthia Kinnan, Michael Kremer, David McKenzie, Edward Miguel, Clair Null, Jonathan Robinson, Emmanuel Saez, Manisha Shah, Rebecca Thornton, Chris Woodruff, Dean Yang, Alix Zwane.

Agradeço às pessoas que fazem parte do Innovations for Poverty Action: meus orientadores Esther, Abhijit e Sendhil, e Ray Fisman, por concordarem em embarcar na ideia quando seu orientando maluco, recém-saído da faculdade, pensou que criar uma organização como essa seria uma boa ideia (em vez de se dedicar à estratégia mais sensata de se concentrar apenas na sua pesquisa). E agradeço ao atual conselho – Greg Fischer, Jerry McConnell, Paras Mehta, Jodi Nelson, J.J. Prescott, Steve Toben e Kentaro Toyama – por

AGRADECIMENTOS

carregar a tocha e oferecer a liderança e a orientação necessária ao IPA para nos levar ao próximo nível – e também a três ex-membros do conselho, Wendy Abt, Ruth Levine e Alix Zwane, por fazerem parte do conselho durante nosso crescimento crítico nos últimos anos.

As organizações com as quais trabalhamos merecem reconhecimento especial. Embora parte da pesquisa aqui não teste a missão essencial de uma organização, uma parte o faz. Não há nada mais impressionante do que pessoas tão dedicadas à pobreza que estão dispostas a deixar de lado suas crenças e esperanças para buscar indícios, mesmo que tais indícios batam de frente com tudo em que elas acreditavam. Mais doadores deveriam recompensar o fracasso. As organizações por trás do trabalho relatado neste livro são grupos exemplares dispostos a dar tudo de si na busca da melhoria. Para meus projetos de pesquisa discutidos no livro, tive o prazer de trabalhar com Omar Andaya, Gerald Andaya, Jonathan Campaigne, Chris Dunford, Bobbi Gray, Mandred Kuhn, Iris Lanao, Reggie Ocampo e John Owens. Agradeço sua dedicação para descobrir o que funciona.

Meus momentos favoritos ocorrem quando minha família se junta a mim. Não precisar optar entre a família e o trabalho é uma verdadeira bênção. Ainda que eu goste de pensar que minha família aprendeu muito com a experiência (ela mesma diz que sim!), sei que o maior beneficiado sou eu. Consigo realizar meu trabalho sem me sacrificar nem um pouco. Mas isso não seria possível se Cindy não fosse tão flexível e não me apoiasse tanto, e se nossos filhos não fossem excelentes viajantes: eles conseguem se divertir em qualquer lugar, nas longas viagens de carro por Gana, dormindo em choupanas cheias de insetos na região rural de Mali e aprendendo a comer de tudo (desfrutando da comida boa e simplesmente rindo da comida ruim).

Li recentemente os agradecimentos que escrevi para a minha tese e fiquei impressionado com meus agradecimentos finais, pois constatei que são ainda mais verdadeiros hoje. Por isso, repito-os aqui, palavra por palavra (agora, com o acréscimo de Gabi, que só nasceu depois que terminei a pós): "Acima de tudo, agradeço à minha família: minha esposa Cindy, meu filho Maxwell, minha filha Maya e outra filha cujo nome logo será escolhido [Gabi]. Ter Cindy, Max e Maya [e Gabi] ao meu lado em minhas viagens para pesquisa fez toda a diferença do mundo para a realização desses projetos. Eu não seria economista especializado em desenvolvimento se não fosse pelo apoio, flexibilidade e entusiasmo de Cindy... Dedico este livro à minha esposa, minha melhor amiga e amor da minha vida, Cindy, a Maxwell, Maya [e Gabi]."

Agradecimentos de Jake

As viagens de campo para visitar os locais do projeto durante 2009 foram uma aventura emocionante, aventura essa que teria sido impossível sem a ajuda, hospitalidade e esforço de dezenas de pessoas.

Antes de mais nada, gostaria de agradecer aos homens e mulheres que compartilharam comigo seu tempo e suas experiências – inclusive as pessoas cujas histórias são narradas ao longo do livro. Quase todas, sem exceção, foram pessoas que, sem promessa de recompensa e sem que eu pedisse, pararam tudo o que estavam fazendo para receber uma pessoa totalmente estranha e fazer com que se sentisse à vontade. Sou grato por sua bondade e, em inúmeras ocasiões, tive grandes demonstrações de sua generosidade. Muito obrigado.

No entanto, eu nunca teria conhecido essas pessoas extraordinárias se não fosse pelo esforço dos pesquisadores e do pessoal das organizações parceiras, que hospedaram, guiaram, traduziram, planejaram, recomendaram, coordenaram, e de modo geral foram muito além a serviço do projeto. Na Índia, agradeço a Justin Oliver e Joy Miller, à equipe do CMF, Selvan Kumar, Nilesh Fernando, Abhay Agarwal, Sree Mathy, Jyothi e Srikumar Ramakrishnan. No Peru, agradeço a Tania Alfonso, David Bullon-Patton, Wilbert Alex Yanqui Arizabal, Silvia Robles e Kartik Akileswaran. Na Bolívia, agradeço a Doug Parkerson, Martin Rotemberg, Maria Esther e Chris da Minuteman Pizza, em Uyuni. Em Uganda, agradeço a Pia Raffler, Sarah Kabay, Becca Furst-Nichols e William Bamusute. No Quênia, agradeço a Karen Levy, Andrew Fischer Lees, Jeff Berens, Owen Ozier, Jinu Koola, Blastus Bwire, Leonard Bukeke, Grace Makana, Moses Baraza e Adina Rom. Em Malawi, agradeço a Niall Keheler, Jessica Goldberg, Lutamyo Mwamlina, Cuthbert Mambo e Mr. Phiri do MRFC. Nas Filipinas, agradeço a Rebecca Hughes, Megan McGuire, Nancy Hite, Yaying Yu, Ann Mayuga, Mario Portugal, Primo Obsequio, Alex Bartik e Adam Zucker. Na Colômbia, agradeço a Angela Garcia Vargas.

Agradeço ao invencível Wendy Lewis e a todos do IPA, tanto em New Haven quanto no exterior, pelo seu valioso apoio.

Agradeço a todos que leram e comentaram os originais e que ajudaram a discutir as ideias. Agradecimentos especiais a Laura Fillmore pelas valiosas discussões em todas as etapas do processo. Agradecimentos a Helen Markinson pelo estímulo. E a Chelsea DuBois pela história de abertura e muito, muito mais.

Por fim, meu obrigado infinito à minha mãe e ao meu pai, Naomi e Julie, que, sem sombra de dúvida, são as melhores pessoas que conheço.

Agradecimentos de Dean e Jake

Gostaríamos de agradecer ao nosso agente, Jim Levine, que jurou, quando assinamos o contrato, que não seria o tipo de agente que nos deixaria na mão. Confiamos nele e não nos decepcionou, trabalhando conosco nos originais (e no título – a parte mais difícil!) do início ao fim. Agradecemos à equipe de Jim na Levine Greenberg por todo o trabalho ao longo do caminho, inclusive Elizabeth Fisher, Sasha Raskin e Kerry Sparks. Agradecemos ao nosso editor, Stephen Morrow da Dutton, Penguin Books, por seus valiosos insights e orientações, e pela paciência ao rejeitarmos título após título. Agradecemos a Andrew Wright por valiosas contribuições, tanto do ponto de vista do conteúdo quanto do estilo.

Somos gratos a muitos por lerem os originais (muitas vezes, originais após originais), inclusive David Appel, Julie Appel, Naomi Appel, Scott Bernstein, Kelly Bidwell, Laura Fellman, Erica Field, Laura Fillmore, Sally Fillmore, Alissa Fishbane, Nathanael Goldberg, Cindy Karlan, Karen Levy, David McKenzie, Ted Miguel, Cleo O'Brien-Udry, Tim Ogden Rohini Pande, Jonathan Robinson, Richard Thaler, Rebecca Thornton e Chris Udry.

PREFÁCIO À EDIÇÃO BRASILEIRA

A pobreza no Brasil caiu drasticamente – de 22% da população em 2003 para apenas 7% em 2006,[1] mas, como em muitos países desenvolvidos, a desigualdade persiste e a pobreza continua existindo.

Muitas das pesquisas que você verá neste livro – sobre microfinanciamento, saúde, educação e muito mais – aplicam-se ao contexto brasileiro. À medida que aprendermos quais são as abordagens mais eficazes para o alívio da pobreza, os profissionais e autoridades responsáveis pela definição de políticas que atuam na linha de frente do desenvolvimento no Brasil precisarão incorporar ao seu trabalho descobertas relevantes. O programa Bolsa Família, por exemplo, condiciona a ajuda financeira a famílias de baixa renda à manutenção dos filhos nas escolas. Neste livro, falamos sobre o programa mexicano Progresa, precursor do Bolsa Família, que foi rigorosamente avaliado por meio da utilização de uma análise randomizada e costuma ser usado em políticas públicas como exemplo de "processos decisórios baseados em evidências": inovar e avaliar, para em seguida aplicar em grande escala as ideias que comprovadamente funcionam.

Em algumas áreas, o Brasil já tomou a dianteira das políticas sociais baseadas em evidências. Um exemplo é a fantástica avaliação randomizada de uma iniciativa anticorrupção, estudada por Claudio Ferraz e Frederico Finan.

---

[1]Banco Mundial: http://web.worldbank.org/WBSITE/EXTERNAL/COUNTRIES/LACEXT/B RAZILEXTN/0,,contentMDK:22710856~menuPK:322347~pagePK:1497618~piPK:217854~th eSitePK:322341,00.html (acessado em 19 de fevereiro de 2011).

Em 2003, o governo federal do Brasil iniciou uma ambiciosa campanha de repressão à corrupção por meio da maior supervisão e transparência nos gastos públicos. Primeiro, realizou-se uma rigorosa auditoria dos gastos de recursos federais nos municípios; em seguida, os resultados das auditorias foram enviados diretamente à imprensa, com ampla divulgação. Os pesquisadores queriam saber se a campanha do governo influenciaria as decisões de voto dos eleitores. Queriam saber, mais especificamente, se a reação do público seria destituir dos cargos os políticos eleitos cujo comportamento fosse considerado condenável.

Uma característica da campanha a tornou uma oportunidade especialmente boa de avaliar o grau de eficácia real da combinação de auditoria com divulgação de informações: o governo selecionou *aleatoriamente* os municípios que seriam submetidos à auditoria (você verá muito mais sobre o valor da randomização no Capítulo 2 deste livro). Os pesquisadores aproveitaram esse experimento natural comparando os resultados das eleições de 2004 entre os municípios que haviam sido selecionados para auditoria e os que não haviam sido.

Com certeza, a campanha fez uma grande diferença. O público prestou atenção aos resultados da auditoria e fez os políticos corruptos pagarem pelos seus atos. Nos municípios nos quais as auditorias revelaram níveis mais altos de corrupção *e* nos quais havia estações de rádio presentes, o programa reduziu em cerca de um terço a probabilidade de reeleição de prefeitos corruptos. A avaliação de Ferraz e Finan ilustra um ponto importante que (sem querer estragar a surpresa) foi uma das nossas maiores motivações para escrever este livro: programas sociais simples podem ter grandes impactos – mas precisamos saber exatamente *quais programas* e *qual o seu impacto real*, se quisermos realizar a maior mudança possível no mundo. Podemos reprimir a repressão, resolver problemas associados à saúde, eliminar o abismo educacional e, em última análise, combater a pobreza; basta que para isso estejamos dispostos a aprender o que realmente funciona.

NOTA DO AUTOR

Como Jake e eu nos conhecemos, e a voz neste livro

Como Jake e eu nos conhecemos

No final de 2006, recebi um e-mail de alerta do Google me informando que "Innovations for Poverty Action", nome da organização sem fins lucrativos que eu havia fundado, tinha aparecido em uma página da Web. Cliquei sobre o link e fui direcionado a um blog de Jacob Appel, que fora contratado recentemente e estava trabalhando em um dos nossos projetos em Gana. Quando me dei conta, já havia se passado mais de uma hora e eu tinha lido o texto todo – algo extraordinário para um cara como eu, que não consegue ficar concentrado por muito tempo.

Eu já conhecia Jake – na verdade, eu o havia entrevistado alguns meses antes e trabalhara com ele em dois projetos diferentes –, só não sabia que ele era escritor. Eu o contratei por suas habilidades matemáticas; durante a entrevista, ele me pareceu um gênio dos números. No entanto, ao ler o blog, ficou claro para mim que Jake é uma esponja. É daquele tipo de cara que não vai ao supermercado só para comprar comida. No caminho, conversa com o motorista do táxi e fica sabendo tudo sobre a vida do cara. No supermercado, pergunta como andam os negócios, por que o dono do lugar está fazendo o que está fazendo. Absorve o mundo ao seu redor e, com isso, produz histórias interessantíssimas sobre a vida das pessoas. E escreve maravilhosamente bem, algo que não se encontra com facilidade nos textos técnicos do meio acadêmico. Nasceu ali uma equipe.

Este livro é um projeto que eu tinha em mente havia muito tempo. Eu queria muito criar uma ponte entre o mundo especializado e instável do desenvolvimento econômico e o mundo das pessoas que se importam e se envolvem com o problema da pobreza, ainda que não necessariamente como um emprego em expediente integral. Grande parte das pesquisas que eu e meus colegas realizamos acaba em publicações técnicas, discutidas principalmente em conferências de profissionais do meio acadêmico, profissionais de desenvolvimento e grandes fundações. Quando sabem de sua existência, o público em geral tem a impressão de que tais publicações são densas, entediantes e monótonas.

Na verdade, é justamente o contrário. Qualquer pessoa que já tenha realizado pesquisa de campo pode testemunhar que se trata de um trabalho interessante, que leva à reflexão e serve de inspiração. Lendo o blog de Jake, tive a certeza de que ele poderia comunicar essa visão, tanto por meio de seus relatos das interações com pessoas do dia a dia quanto escrevendo sobre as pesquisas em si. Assim, quando seu projeto em Gana estava chegando ao fim, procurei-o para perguntar se ele estaria interessado em formar uma parceria para escrevermos um livro. A oferta era bastante atraente. Na verdade, cheguei a sentir inveja de Jake: viajar pelo mundo, visitar projetos, ler as pesquisas atuais e escrever. Ele aceitou de bom grado. Cheguei a viajar um pouco com ele, também. Embora a descoberta do Scrabble no iPod touch não tenha ajudado nossa produtividade durante nossas visitas ou quando nos retirávamos para escrever juntos, certamente nos divertimos mais. Dezoito meses e milhares e milhares de quilômetros depois, aqui estamos.

A voz neste livro

O objetivo, acima de tudo, era tornar o livro acessível e interessante, que falasse direto aos leitores, os guiasse a alguns cantos do mundo que, de outra forma, não conheceriam e os colocasse em contato direto com as pessoas que vivem neles. A última coisa que eu queria era que os leitores ficassem confusos, sem saber qual dos autores estava narrando o quê.

Por isso, embora este livro tenha sido um projeto conjunto, Jake e eu tentamos manter a simplicidade da situação narrando os fatos na minha voz o tempo todo. O *eu* do livro sou eu, Dean. Mas nós dois o escrevemos. E, se alguma frase se destaca por ter sido bem escrita, pode apostar que foi Jake quem a escreveu.

Se eu (ou melhor, nós) tivermos feito um bom trabalho, essa será a única vez em que você terá de perguntar quem fez o quê.

Obrigado por ler nosso livro.

Dean Karlan (eu) *e Jacob Appel* (Jake)

SUMÁRIO

PREFÁCIO À EDIÇÃO BRASILEIRA ... XIII
NOTA DO AUTOR ... XV

1 INTRODUÇÃO ... 1
Os monges e os peixes

2 COMBATER A POBREZA ... 18
Como fazemos o que fazemos

3 COMPRAR ... 32
Dobrando o número de famílias com uma rede de segurança

4 TOMAR EMPRESTADO ... 45
Por que o motorista de táxi não fez um empréstimo

5 BUSCAR A FELICIDADE ... 68
Quando se tem coisa melhor para fazer

6 COOPERAR EM GRUPOS ... 87
E quando os outros falham?

7 POUPAR ... 115
Uma opção pouco divertida

8	PLANTAR *Operando milagres*	135
9	APRENDER *A importância da presença*	154
10	MANTER-SE SAUDÁVEL *De fraturas a parasitas*	181
11	ACASALAR-SE *A verdade nua e crua*	206
12	DOAR *A lição mais importante*	219
	NOTAS	226
	ÍNDICE	234

1
INTRODUÇÃO

Os monges e os peixes

A manhã no porto de Marina del Rey, em Los Angeles, é extremamente clara; no ar, o odor de maresia e peixe e o barulho dos pelicanos. Eles se reúnem às centenas no fim do píer, emitindo sons característicos ao lançar a cabeça para trás, na tentativa de engolir o café da manhã. Completamente absortos em engolir o alimento, não notam os barcos que se aproximam.

Em um desses barcos estava Jake, acompanhado da namorada, Chelsea, e do pai dela, voltando de um breve passeio pelas ondas suaves do Pacífico. Eles passaram pelos pelicanos marrom-acinzentados pousados sobre as rochas, também marrom-cinzentadas, e continuaram pela marina. Ao entrarem na barragem de proteção, passaram pelas bombas de combustível, pela grande proa do *ferry* Catalina e pelos monges budistas.

Isso mesmo, os monges budistas: esses modestos homens e mulheres, alguns vestidos com uma túnica laranja, outros em roupas comuns, de pé no cais, em volta de uma mesa desmontável sobre a qual havia um pequeno altar com uma estátua de Buda sentado e um lampião. No chão, na frente da mesa, havia uma enorme tina de plástico, do tamanho de um baú. Do barco, Jake não conseguia ver o que havia dentro da tina. As preces dos monges dirigiam-se ao conteúdo dela.

O pai de Chelsea colocou o motor no neutro e deu meia-volta, ficando mais ou menos na direção dos monges. Eles terminaram suas preces e fizeram uma mesura diante da tina; os dois que estavam mais próximos pegaram a tina pelas alças e a arrastaram até a borda do cais, despejando seu conteúdo no mar.

O que se viu foi uma grande torrente de água e pequenos peixes, que se chocaram com a água do mar, provocando um forte ruído. Os peixes desapareceram instantaneamente, disparando em todas as direções, e as ondas que se formaram com o impacto da água com os peixes espalharam-se com o movimento da maré. Os monges fizeram nova mesura e começaram a arrumar seus pertences.

O que Jake tinha visto, disse-lhe mais tarde o pai de Chelsea, foi um ritual regular. Esses monges budistas, particularmente, libertam certa quantidade de peixes no mar a cada tantas semanas. Era assim que consertavam algo que acreditavam estar errado. Para eles, esses peixes não tinham de morrer, por isso os libertavam. Os monges se aproximavam dos pescadores, compravam tudo o que eles haviam capturado em um dia, diziam uma prece e libertavam os peixes na água, para que voltassem ao oceano.

O gesto era comovente. Jake estava de prova. Tudo o que se possa dizer contra o ritual – que é meramente simbólico, que os peixes provavelmente seriam capturados de novo, que de nada adianta, pois a prática da pesca continua diariamente, que é apenas uma gota no oceano (ou uma tina no oceano, para ser mais preciso) – não muda os fatos. Os monges acreditavam em algo e agiam movidos por bondade e compaixão.

Entretanto, quando Jake e eu conversamos sobre o assunto, uma questão não pôde ser contornada: os monges certamente tinham um objetivo nobre, mas será que eles não poderiam ter feito algo ainda melhor? Se o objetivo deles era salvar da morte certa o fruto da pesca de um dia, por que não pagar aos pescadores adiantado e lhes dizer que não precisariam sair para pescar naquele dia? Isso teria poupado aos peixes o trauma de serem pescados e retirados da água em primeiro lugar. Teria poupado os pescadores do esforço de acordar de madrugada para concluir a tarefa sisifista de capturar os peixes apenas para vê-los serem jogados de volta ao mar. Teria economizado o combustível que usaram para abastecer o barco. E teria economizado também a isca utilizada.

A intenção dos monges certamente era boa, mas talvez não tenham escolhido a forma mais adequada de colocá-la em prática. Certamente alguém poderia argumentar que se trata de uma tragédia de proporções relativamente pequenas, que libertar peixinhos no mar não é exatamente uma preocupação global. Mesmo assim, a lição se aplica: precisamos de algo além de boas intenções para resolver os problemas. E isso é ainda mais relevante no contexto do combate à pobreza mundial – uma preocupação realmente terrível e global, a serviço da qual as boas intenções normalmente são o primeiro (e, não raro, o único) recurso a que recorremos.

Um duplo ataque para combater a pobreza (e salvar os peixes)

O que há de melhor em nós nos faz tentar ser como os monges, agir com compaixão e fazer algo de positivo pelo outro. A grande maioria do trabalho que vem sendo feito ao redor do mundo no combate à pobreza encaixa-se nessa descrição, e tudo que surja de um impulso tão genuinamente altruísta deve ser encorajado.

Mas há uma lição a ser extraída do caso dos monges e sua tina cheia de peixes. Às vezes, mesmo com a melhor das intenções, não conseguimos encontrar a maneira mais efetiva e eficiente de colocá-las em prática. Isso se aplica quando queremos salvar os peixes, oferecer microempréstimos, distribuir mosquiteiros para combater a malária ou oferecer vermífugos a uma dada população. O que realmente precisamos saber é: Como podemos agir com algo além de boas intenções? Como encontrar as melhores soluções?

O único consenso real existente sobre essa questão está relacionado com a gravidade do problema. Três bilhões de pessoas, mais ou menos metade da população mundial, vivem com US$2,50 ao dia. (E vamos deixar uma coisa bem clara aqui: são US$2,50 *ajustados ao custo de vida* – portanto, pense nessa quantia como se você fosse viver com a quantidade de *mercadorias reais* que poderia comprar com US$2,50 por dia nos Estados Unidos.) No diálogo público em torno de ajuda e desenvolvimento – o vasto complexo de pessoas, organizações e programas que visam a aliviar a pobreza ao redor do mundo –, existem duas principais explicações concorrentes dos motivos para a persistência da pobreza em escala maciça. Uma delas afirma que não investimos o suficiente em programas de ajuda e precisamos elevar radicalmente nosso nível de engajamento. Essa explicação sustenta que os países mais ricos do mundo dedicam, em média, menos de 1% de sua riqueza à redução da pobreza. Em sua visão, ainda não demos aos programas existentes uma chance justa. A primeira coisa que temos de fazer é dar mais. Muito mais.

A outra explicação conta uma história totalmente diferente: a ajuda, como existe hoje, não funciona, e de nada adianta investir mais na resolução do problema. Essa corrente observa que os países mais ricos do mundo já investiram US$2,3 trilhões para a redução da pobreza nos últimos 50 anos e perguntam: Para onde foi todo esse dinheiro? Uma vez que a pobreza e as provações continuam afligindo metade do globo, será que podemos realmente alegar que estamos no caminho certo? Não, dizem os seguidores da corrente; precisamos começar de novo. A comunidade de ajuda e desenvolvimento como existe hoje é frouxa, descoordenada e não é responsável por ninguém em particular. Está propensa a falhar. Argumenta que precisamos retirar recursos de organizações internacionais "inchadas", como a ONU, começar do zero e nos concentrar em programas nacionais pequenos e ágeis.

Cada lado alega ter como adeptos proeminentes economistas: Jeffrey Sachs, da Columbia University, conselheiro das Nações Unidas, e Bill Easterly, da New York University, ex-diretor do Banco Mundial. Sachs e seus seguidores ofertam-nos histórias de transformação beirando a perfeição. Easterly e o outro lado apresentam um fluxo igualmente constante de relatos assombrosos do tipo "o mundo é corrupto e tudo falha". Resultado: desacordo e incerteza, que levam à estagnação e à inércia – em suma, um desastre. Nada anda.

Jake e eu defendemos que existe, de fato, uma maneira de progredirmos nesse *front*. Meu palpite é que, ao fim do dia, até Sachs e Easterly poderiam concordar com o seguinte: parte da ajuda funciona, parte não funciona. Esse ponto de vista não pode ser assim tão controvertido!

A questão mais importante, portanto, é saber *que tipo* de ajuda funciona. O debate tem alcançado níveis elevadíssimos, mas a resposta está bem mais próxima da terra. Em vez de nos ater a um ou outro extremo, vamos nos concentrar nos detalhes. Vamos analisar um problema ou desafio específico que os pobres enfrentam, tentar entender qual é exatamente esse problema ou desafio, propor uma possível solução e, em seguida, testá-la para ver se funciona. Se essa solução funcionar – e se pudermos demonstrar que funciona consistentemente –, vamos ampliar sua aplicação, para que possa funcionar para um número ainda maior de pessoas. Se não funcionar, vamos efetuar mudanças ou experimentar algo novo. Não erradicaremos a pobreza de uma única vez com essa abordagem (obviamente, nenhuma abordagem conseguiu fazer isso até agora), mas poderemos e estaremos fazendo progressos reais, mensuráveis e significativos rumo à erradicação. É assim que andaremos para a frente.

Para chegar lá, porém, precisamos elaborar um ataque duplo.

A primeira parte consiste, antes de mais nada, em entender os problemas. Alguns problemas são sistêmicos, uma vez que populações inteiras interagem e trocam informações, também na forma pela qual compram, vendem e trocam. Estamos, cada vez mais, reconhecendo que os problemas também dizem respeito a *nós, como indivíduos*, em nossa maneira de tomar decisões. Aqui, vamos recorrer à economia comportamental em busca de insights.

No passado, os economistas teriam refletido sobre o comportamento dos monges de maneira bastante concreta e mecânica. Teriam conversado sobre o custo dos peixes, o valor que os monges imputavam à sua sobrevivência, o custo de oportunidade do tempo dos pescadores e o impacto social do uso de óleo diesel como combustível do barco. Você, com certeza, pegaria no sono. Mais importante: ao final da discussão, os monges provavelmente continuariam despejando tinas com peixes na Marina del Rey.

Trata-se de uma visão restrita do que nos move. A economia tradicional nos dá homens econômicos que somos, arquétipos dos processos decisórios racionais. Para usar um termo de Richard Thaler e Cass Sunstein (*Nudge: o empurrão para a coisa certa*), eu os chamaria de *Econs* [indivíduos míticos que tomam decisões perfeitamente racionais]. Quando precisam escolher entre duas alternativas, os Econs ponderam todos os possíveis custos e benefícios para todos, calculam um "valor esperado" para cada um deles e escolhem aquele cujo valor esperado é mais alto. Além de manter a cabeça fresca, são calculadores extremamente metódicos e conservadores. Diante de informações precisas sobre suas opções, eles sempre escolhem, de modo geral, a alternativa com maior probabilidade de lhes proporcionar a maior satisfação.

A economia comportamental expande as definições limitadas da economia tradicional em dois aspectos importantes. O primeiro é simples: dinheiro não é tudo o que importa. Até aí nada de novo. Por exemplo, Gary Becker – para muitos, um economista "tradicional" – vem há anos usando a análise econômica para refletir sobre casamento, criminalidade e fertilidade. A segunda expansão é um pouco mais radical. A economia comportamental reconhece que, ao contrário dos Econs, nem sempre chegamos às decisões por meio de uma análise custo-benefício (nem agimos como se o tivéssemos feito). Às vezes, temos outras prioridades. Em outros momentos, somos distraídos ou impulsivos. Em dados momentos, escorregamos na matemática. E, com mais frequência do que admitimos, somos altamente inconsistentes. Para assinalar todas as outras maneiras pelas quais somos diferentes dos Econs, Thaler e Sunstein utilizam um termo poderosamente simples: *humanos*. Farei o mesmo.

A economia comportamental incorpora um comportamento mais repleto de nuances, às vezes inconsistente – por exemplo, quando continuamos comendo uma barra de chocolate de vez em quando, mesmo dizendo que queremos emagrecer, ou quando continuamos comendo em restaurante mesmo tendo estourado o limite do cartão. Isso poderia sugerir que os monges não se importam com o que a economia tradicional tem a dizer. Talvez eles joguem os peixes de volta ao mar porque pagar para os pescadores não os capturarem não serviria aos seus propósitos. Talvez seja importante para eles ouvir o ruído dos peixes sendo despejados no mar ou verem os peixes nadando rumo ao oceano. Talvez haja algo de psicológico no fato de assistir, com os próprios olhos, aos peixes sendo libertados no mar. E, talvez, os monges estejam dispostos a aceitar uma solução menos suficiente em troca daquele momento de conexão espiritual.

A inovação da economia comportamental está na alegação de que, se quisermos entender os monges, precisamos saber como e por que eles tomam as decisões que tomam. Em vez de deduzir uma forma de pensar com base em um conjunto de princípios, a economia comportamental desenvolve um modelo de tomada de decisão a partir da observação das ações das pessoas no mundo real. Como veremos ao longo deste livro, essa forma de pensar pode nos ajudar a elaborar programas melhores para atacar a pobreza.

Isso não quer dizer que devamos jogar fora os antigos modelos. A economia comportamental é uma ferramenta poderosa, mas o antigo provérbio continua sendo válido: o fato de você ter um martelo não significa que tudo seja prego. A inspiração para alguns dos programas antipobreza que veremos vem diretamente da economia básica. A mistura da antiga e da nova abordagem nos proporciona a melhor chance de entender exatamente os problemas que enfrentamos e de elaborar e implementar as melhores soluções.

A primeira parte do ataque – entender os problemas que enfrentamos – é um começo, mas não basta. Imagine-se preso em uma ilha deserta com um barco a remo todo enferrujado. Entender o problema, nesse caso, seria entender por que um barco todo esburacado não flutua. Isso, em si, não basta para levá-lo de volta para casa. Você precisa encontrar uma maneira de construir um barco melhor.

Aí entra a segunda parte do ataque: a avaliação rigorosa. A avaliação permite-nos comparar soluções atraentes – como diferentes projetos de barcos ou maneiras de tampar os buracos provocados pela ferrugem – e ver qual delas é a mais efetiva. Avaliações criativas e bem elaboradas podem ir ainda mais longe, ajudando-nos a entender *por que* uma funciona melhor do que a outra.

No caso dos monges, funcionaria mais ou menos da seguinte forma. Eu poderia propor a criação de um novo mercado, um mercado para contratar os pescadores para não pescar, o que permitiria aos monges poupar os peixes com mais eficiência. Teoricamente, poderia ser bom, mas teríamos de testar a proposta na prática.

INTRODUÇÃO

Às vezes, coisas que na teoria parecem boas fracassam na prática. Suponhamos que os monges na realidade não liguem para ver os peixes sendo despejados no mar e estivessem dispostos a pagar, de bom grado, aos pescadores para não pescar; talvez estejam diante de um problema que torne a solução inviável. Poderia ser um problema de confiança, no qual os monges temem que os pescadores aceitem o pagamento para não pescar e saiam para pescar do mesmo jeito. Ou, talvez, seja um problema de monitoramento – não haveria monges em número suficiente para monitorar os pescadores nos dias em que eles não deveriam pescar, para garantir que eles cumprirão sua palavra. Uma avaliação rigorosa poderia nos apontar o problema específico que impede o mercado de não pescar e de poupar um número maior de peixes.

No contexto do desenvolvimento, a avaliação rigorosa pode ajudar a resolver a questão do melhor momento para atacar a pobreza global indo a campo e descobrindo se projetos específicos realmente funcionam. (Ocorre que alguns projetos funcionam melhor – às vezes muito, muito melhor – do que outros.) Você poderia pensar que isso é evidente. Poderia pressupor que as organizações de ajuda sempre realizaram rotineiramente avaliações cuidadosas e rigorosas para ver se estão fazendo o melhor possível. Se pensa assim, ficará surpreso com o que acontece na prática.

Até recentemente, sabíamos pouquíssimo sobre o que funciona e o que não funciona no combate à pobreza. Estamos começando a obter os dados reais dos quais carecemos durante tanto tempo ao medir a eficácia de programas de desenvolvimento específicos, muitos dos quais serão apresentados neste livro. O capítulo a seguir explicará mais detalhadamente como fazemos isso.

O sistema de microcrédito, a oferta de pequenos empréstimos aos pobres, é um exemplo perfeito de uma ideia que gerou grande entusiasmo e obteve apoio muito antes de haver provas de seu impacto. O entusiasmo é compreensível, pois o próprio design do microcrédito é muito atraente. A proposta acerta em vários *fronts*: o microcrédito normalmente almeja mulheres, e muitos acreditam que a autonomia econômica das mulheres gera benefícios para a família inteira; o microcrédito normalmente concentra-se em empreendedores, e muitos acreditam que esses indivíduos, se tiveram acesso a uma quantidade módica de capital de giro, são capazes de melhorar radicalmente de vida, lançando mão da criatividade e do espírito empreendedor; o microcrédito em geral envolve comunidades, e muitos acreditam que envolvendo a comunidade, e não apenas os indivíduos, a probabilidade de sucesso aumenta.

Porém, de certa forma, o entusiasmo é surpreendente: parece assentar-se sobre um duplo padrão da utilidade da dívida com altos juros. Ao mesmo tempo em que vemos milhões de dólares sendo destinados aos programas de microcrédito que concedem empréstimos a microempresários pobres a taxas que variam de 10% a 120% APR (Annual Percentage Rate – taxa percentual anual) ao ano (na esperança de aliviar a pobreza), também vemos nos Estados Unidos milhões de pessoas sentindo-se ultrajadas diante da oferta de empréstimos no dia do pagamento, que cobram taxas de juros semelhantes aos pobres do país.

Sem fatos básicos sobre a eficácia real desses empréstimos, eu não saberia em que lado acreditar, e menos ainda como conciliar as duas posições. Mas a avaliação rigorosa pode ajudar – e realmente o faz. Muitos ficaram surpresos com um estudo realizado na África do Sul, que veremos no Capítulo 4, revelando que o acesso ao crédito ao consumidor, mesmo a uma taxa percentual anual (APR) de 200%, deixou as pessoas em situação muito melhor, na média. Isso não quer dizer que todo crédito seja bom para todos, mas deve nos fazer examinar com um olhar crítico nossas fortes opiniões a respeito do que funciona e do que não funciona, do que é bom e do que é ruim. Temos fatos concretos que sustentem nossas opiniões?

O ataque em duas partes que veremos nas páginas deste livro é uma poderosa ferramenta econômica. Uso-a (embora de forma ligeiramente diferente) sempre que ensino economia do desenvolvimento, tanto a alunos de graduação quanto a alunos de doutorado. Nossas discussões são organizadas em torno de três perguntas. Primeira: Qual é a causa básica do problema? A utilização tanto da economia comportamental quanto da economia tradicional para responder à pergunta constitui exatamente a primeira parte do ataque aqui proposto. Em seguida, vêm as duas outras perguntas: A "ideia" em questão, seja uma política governamental, a intervenção de uma ONG ou um negócio realmente resolve o problema? E o mundo está melhor por causa dessa ideia? O uso de avaliações rigorosas para responder a essas duas perguntas juntas constitui a segunda parte do nosso ataque.

Pulando no lago de Singer

Mesmo na ausência de dados reais sobre programas específicos, as pessoas encontram razões convincentes para envolver-se no combate à pobreza. Uma dessas razões vem da ética, pura e simples: suponhamos que você esteja andando por uma rua em volta de um lago, a caminho de uma reunião importante; se faltar à reunião, você vai perder US$200. Eis que você avista uma criança se afogando no lago. Você sente a obrigação ética de parar e pular no lago para salvar a criança, mesmo sabendo que vai perder os US$200?

Em geral, as pessoas dizem que sim.

Será que você não tem também a obrigação ética de enviar US$200 nesse exato momento a uma das muitas organizações de ajuda aos pobres, pelas quais seu dinheiro pode salvar a vida de uma criança? A maior parte das pessoas responde que não – ou pelo menos não prepara o cheque.

O exemplo vem de Peter Singer, filósofo utilitarista de Princeton e um de meus heróis.[1] Tendo a pensar na pergunta em momentos bastante específicos, como quando estou em uma loja tentando comprar algo de que na realidade não preciso. Será que esse dinheiro não poderia ter um destino melhor?

A ideia básica de Singer ecoa, pelo menos na minha mente, mas tenho dificuldade de engolir a conclusão lógica de seu argumento. A implicação de seu raciocínio utilitarista restrito é que todos nós deveríamos doar nosso dinheiro até, sinceramente, *não termos* mais os US$200 para salvar a criança do afogamento. Talvez um Econ se sentisse tentado a fazê-lo pela força fria da lógica (pressupondo, é claro, que tivesse dó da criança, em primeiro lugar, e pulasse no lago para salvá-la). Mas nenhum ser humano que eu conheça – nem mesmo o próprio Singer, incansável defensor de se fazer cada vez mais – vai tão longe.

Como a conclusão para a analogia do lago nos deixa pouco à vontade, buscamos furos na lógica. Levantamos objeções. Em geral, a primeira reação da pessoa é observar que, quando você pula no lago para salvar a criança, não há dúvida de que fez diferença para o mundo. Vê com os próprios olhos que salvou uma vida. Mas, quando preenche um cheque para uma organização de ajuda, o elo é menos claro. Como poderá saber que os US$200 que doou realmente foram destinados a fazer o bem?

Este livro é, em grande parte, uma tentativa de responder a essa objeção. Espero que, ao ver de perto alguns sucessos (e fracassos) você se convença de que *podemos, sim,* saber que estamos fazendo o bem – se nos comprometermos a testar rigorosamente os programas de ajuda e a apoiar os que funcionam comprovadamente.

A segunda objeção que as pessoas levantam à analogia do lago apresentada por Singer tem a ver com a "vítima identificável" – a vaga noção de que há algo de moralmente significativo em *ver* a criança pela qual mergulhamos para salvar no lago, enquanto não podemos ver a criança cuja vida nosso cheque de US$200 salva, por exemplo, em Madagascar. Logicamente, é fácil refutar essa objeção. Se uma pessoa aparecer na porta da sua casa para lhe dizer que há uma criança se afogando no lago, você ainda se sentirá obrigado a correr para salvá-la, embora não a tenha visto com os próprios olhos. Usar antolhos não resolverá problemas éticos, e não podemos limitar as nossas responsabilidades a uma região geográfica específica limitando o nosso campo de visão. Uma criança é uma criança, independentemente de onde esteja no mundo, mesmo que não a possamos ver.

O problema é que, embora possa ser válida do ponto de vista lógico, essa refutação não é visceralmente convincente. Não podemos usar argumentos lógicos para explicar a sensação de compaixão ou de responsabilidade pelos outros. Precisamos ser *estimulados* a agir.

Soluções comportamentais bem debaixo do nosso nariz

As organizações de ajuda humanitária, cujos recursos dependem de nossa compaixão, sabem por experiência própria que apelar apenas para as obrigações éticas das pessoas não paga as contas. Por isso, táticas como a da vítima identificável há muito são usadas no levantamento de fundos. Pense na organização Save the Children, que promete uma fotografia e uma carta escrita à mão da criança apadrinhada por você em troca de US$30 por mês. Em vez de abordar os doadores com fatos, números e tabelas – o que moveria os Econs –, as organizações de ajuda aproveitam o fato de sermos humanos. Utilizam nossas emoções.

Isso é exatamente economia comportamental aplicada ao marketing das instituições de caridade. Uma vez que se penetra na mente dos doadores, é possível encontrar estratégias inteligentes para levantar mais fundos.

Uma dessas estratégias de levantamento de fundos aperfeiçoa a questão das doações desviando a questão para outras compras. Recentemente, eu estava fazendo compras no Whole Foods Market quando a caixa me perguntou se eu gostaria de doar US$1 para a Whole Planet Foundation. Ela apontou para um pequeno folheto sobre o balcão. Se eu quisesse doar, ela poderia escanear um código de barras no folheto e acrescentar US$1 à minha conta.

INTRODUÇÃO

Para quem pagaria uma conta de US$100 em mercadorias, US$1 a mais não é nada – nem se nota. E a relação custo-benefício é excelente. De uma hora para a outra, você se sente bem ao sair do supermercado com os sacos de compras. Você fez algo de positivo. Não é difícil ver por que o número de doações para a Whole Planet Foundation é tão grande.

Outra abordagem comportamental para o levantamento de fundos envolve separar as boas partes das contribuições (ou seja, a satisfação de fazer uma coisa boa) das partes ruins, ou seja, ter de abrir mão do seu dinheiro). Doar torna-se muito mais fácil quando se pode desfrutar da satisfação desde o início, sem o embaraço da sensação maçante de ver a carteira esvaziar e pagar depois.

Foi exatamente o que aconteceu na campanha altamente bem-sucedida do "Text to Haiti", em janeiro de 2010. Nas semanas que se seguiram ao devastador terremoto, um número inédito de pessoas se mobilizou para ajudar quem precisava. Pequenas contribuições individuais – a grande maioria delas de US$10 ou menos – se acumularam em um ritmo inacreditável. As doações, somente nos três primeiros dias, somaram mais de US$10 milhões.

A doação por meio de mensagens de texto leva apenas alguns segundos e é extremamente gratificante. Basta digitar "HAITI" e teclar Enviar para obter uma resposta agradecendo pela sua generosidade. Você mal tem tempo de pensar na cobrança via conta de telefone, que vai chegar no mês seguinte. Quando a conta chega, seus US$10 já foram, pois estão associados ao custo do serviço telefônico – um custo com o qual você já está preparado para arcar.

A não ser que você seja uma pessoa como Cara. O texto a seguir foi extraído de uma página real no Facebook:[2]

O perfil de Cara no Facebook dizia: "Fiz mais de 200 doações pela campanha 'Text to Haiti' (...) são mais de US$2 mil doados para ajuda humanitária no Haiti. Faça como eu!"

COMENTÁRIOS

    Noah: Seus pais não vão gostar muito quando receberem a conta do seu celular esse mês
    Cara: O dinheiro não é meu!
    Cara: Espera aí... esse valor não é acrescentado à conta do celular, é? Pensei que fosse de graça...
    Aaron: Claro que não. Cada doação custa US$10!!!

Cara: Nossa, tem certeza? Lá vem encrenca.
Aaron: É, sim, vi no jogo de futebol que vem na conta do celular.
Chloe: Sério. Cada doação custa 10 paus. Foi o que eu disse para a mulher do programa de doações que foi à televisão pedir para as pessoas doarem. Sabe o que acontece quando você pede para as pessoas ajudarem você a pagar sua conta de telefone? Nada.
Cara: Obrigada pela informação! Rs rs. O Haiti deve me adorar!
Kyle: Uma conta de celular de US$2 mil? Chega a ser hilariante.
Aaron: Bom... Você pode estar ferrada, mas nesse caso pelo menos alguém saiu ganhando.
Cara: Acabei de contar as mensagens aqui... Foram, ao todo, 188 textos. Ou seja, uma conta de US$1.880. Não tem nada de hilariante aqui, Kyle!!!

Tudo bem, Cara. Existem maneiras piores de se cometer um erro com US$1.880. E isso na realidade não acontece com muita frequência. Na grande maioria dos casos, as pessoas sabem exatamente o que estão doando quando fazem uma doação.

No entanto, as abordagens do marketing comportamental podem fazer com que nem sempre os doadores saibam exatamente *o que* ou *para quem* estão doando, o que provoca inquietação.

Vejamos, por exemplo, a Kiva.org, site extremamente popular, que levanta recursos para microcredores ao redor do mundo. Pergunte a um usuário do site como ele funciona, e a resposta provavelmente será a seguinte: você entra no site e lê as histórias das pessoas que precisam de empréstimos. Quando encontra uma que interessa, basta clicar para financiar seu empréstimo por meio do Kiva. Quando o cliente paga o empréstimo, você recebe seu dinheiro de volta.

Isso é o que a maior parte dos usuários diz, mas não é bem assim.

Suponhamos que você resolva conceder um empréstimo de US$100 a um cliente peruano. Eis o que acontece nos bastidores: algumas semanas antes, o pessoal do banco sai em campo para tirar fotos e preparar o perfil dos clientes existentes. São esses perfis que se veem no site. Quando o usuário clica para financiar o empréstimo a uma mulher, realiza um empréstimo de US$100 para a Kiva, sem juros. A Kiva, então, concede o empréstimo de US$100, sem juros, à instituição de microcrédito do cliente no Peru. Esses US$100 vão para o portfólio de empréstimos do microcredor e são emprestados aos clientes (mas não ao cliente cujo perfil você escolheu, que já tem seu empréstimo) a uma taxa percentual anual (APR) que varia de 40% a 70%. Se o cliente cujo perfil você escolheu deixar de pagar o empréstimo, você pode perder seus US$100, mas isso é raro. Na maior parte das vezes, outro cliente paga o empréstimo para ele ou a instituição credora paga o empréstimo (com o objetivo de manter seu "cadastro" limpo na Kiva.org e, assim, atrair mais dinheiro). É assim que o processo realmente funciona.[3]

Em inúmeras conversas casuais, as pessoas me disseram que usam a Kiva exatamente por gostarem da ideia de ter *seu* dinheiro destinado *àquela* pessoa específica cuja história as emocionou. Sentem uma conexão, e isso as inspira a doar.

Não sei bem o que pensar a respeito disso. Levantar fundos é uma coisa boa, evidentemente. A Kiva levanta milhões (mais de 100 milhões em novembro de 2009)[4] para o microcrédito. O problema é que promover um programa de desenvolvimento com base em outros fatores que não sejam seu impacto gera uma distância entre os meios e os fins. Uma tática que funciona brilhantemente para mobilizar doações – concentrar-se na vítima identificável, por exemplo – não funciona necessariamente para elaborar programas que realmente ajudem os pobres a melhorar de vida.

As melhores organizações buscam com igual tenacidade a eficácia em suas práticas de levantamento de fundos *e* em seus programas – e, em geral, acabam com abordagens muito diferentes para as duas coisas. A questão é que elas precisam reconhecer e respeitar essa diferença. Precisamos confiar nelas para saber que as histórias são muito diferentes do impacto real e sistêmico. E precisamos ter certeza de que, mesmo que utilizem essas histórias para conquistar doadores, elas exigirão provas rigorosas para moldar seus programas.

Para uma organização, obter essa confiança é um feito e tanto.

Podemos exigir mais

Felizmente, as organizações de desenvolvimento não precisam cair em si sozinhas. Se quisermos que os programas de ajuda humanitária façam realmente o bem a um grande número de pessoas, temos de reconhecer que, como doadores – em última análise, quem paga as contas –, cabe a nós definir a direção que o barco vai tomar. Sim, a nós, a mim e a você.

Os grandes doadores – governos, grandes fundações filantrópicas, o Banco Mundial – certamente são importantes. Mas os pequenos doadores são ainda mais importantes. Nos Estados Unidos, as doações individuais são responsáveis por mais de US$200 bilhões em doações anuais para as instituições de caridade, três vezes mais que as empresas, fundações e doações testamentárias.[5] Como vimos, as organizações de ajuda humanitária não pouparam esforços para desenvolver uma aguda compreensão do que funciona para levantar fundos meus e seus. Pode ter certeza de que elas reagirão aos incentivos que lhes oferecermos.

Jake e eu concluiremos este livro com algumas sugestões práticas do que você, como indivíduo, pode fazer para ajudar a definir a direção do barco. Espero não estragar o suspense ao apresentar, desde já, uma de nossas conclusões. Assinar um cheque para uma instituição beneficente é ótimo, mas não basta – principalmente quando, graças ao marketing comportamental, podemos fazê-lo com tão pouco esforço ou reflexão.

Por isso, precisamos descobrir onde o nosso dinheiro causará os maiores impactos e destiná-lo a esses lugares. Alguns grandes doadores, como a Bill & Melinda Gates Foundation e a Hewlett Foundation, tentam fazer disso uma política – e, certamente, as organizações reagem apresentando provas de que seus programas de fato funcionam. Naturalmente, um pequeno doador, agindo isoladamente, não pode ocasionar esse tipo de mudança. Mas, mesmo que os pequenos doadores comecem a recompensar as organizações de ajuda humanitária por oferecerem demonstrações críveis de seus impactos, você pode ter certeza de que surgirão programas melhores. E, talvez, se uma massa crítica de doadores o fizer, juntos poderemos lenta e garantidamente contribuir para uma mudança na maneira como nós, sociedade, vemos o ato de doar. Não se trata apenas de fazer melhor uso do dinheiro levantado, mas também de ajudar a convencer os céticos, que acreditam não valer a pena, de que o desenvolvimento só depende da execução adequada.

Lembra-se da página de Cara no Facebook? Podemos ressaltar vários pontos aqui. O *post* inicial de Cara mostrou não apenas que enviar uma mensagem ao Haiti era fácil, mas também que era uma coisa bacana de se fazer – tão bacana que valia a pena compartilhar no Facebook. Gostemos ou não, há em nós um elemento de exibição social misturado às nossas motivações para doar – e as organizações de ajuda humanitária também sabem disso, por isso sinais visíveis de doações, como pulseiras, adesivos e fitas, também são uma ferramenta efetiva para levantamento de fundos.

Qualquer pessoa que aja movida por boas intenções merece elogios, por mais que suas ações estejam longe de ser ideais. Mas pense no bem que poderíamos fazer ao mundo se informações sobre o impacto das doações passassem a ser vistas como algo bacana.

Que rumo este livro vai tomar?

Chega de teoria. Como saber na realidade quais programas estão gerando mais impacto e fazendo mais o bem? Abordaremos os elementos básicos no próximo capítulo. E, no restante do livro, Jake e eu compartilharemos parte do que já aprendemos sobre programas específicos que de fato funcionam. A inspiração para muitos desses problemas é surpreendentemente simples: a adoção de inovadores insights e inovações que nos proporcionaram novos caminhos para o sucesso em muitas das coisas que todos nós fazemos – pobres e ricos – e sua adaptação à luta contra a pobreza. Por esse motivo, os capítulos foram organizados e nomeados de acordo com essas atividades básicas e universais, das compras ao acasalamento (com muita coisa no meio).

O Capítulo 3 examina um aspecto que muitas vezes é deixado de lado nos programas de desenvolvimento: sua comercialização junto aos pobres. Em geral, partimos do pressuposto de que a elaboração de um bom programa é o único aspecto que importa. Isso é estranho, pois ninguém no mundo em desenvolvimento acredita que seja possível elaborar um bom produto sem ser capaz de vendê-lo adequadamente.

Os Capítulos 4 a 7 exploram diferentes aspectos do microfinanciamento, dos diversos tipos de microcrédito à poupança. O tópico merece esse nível de detalhamento por dois motivos. Primeiro, afeta praticamente todos nós. Nos Estados Unidos, o financiamento formal é universalmente disponível. Todos que tiverem cartão de crédito, uma hipoteca ou uma conta bancária fazem parte dessa vasta rede de tomadores e poupadores. O simples fato de as soluções financeiras funcionarem para tantas – e tão variadas – pessoas no mundo desenvolvido é um argumento atraente de que elas podem ser adaptadas para ajudar os pobres. Isso não passou despercebido: o microcrédito gerou mais entusiasmo e apoio do que qualquer outra ferramenta de desenvolvimento da história, e esse é o segundo motivo para o analisarmos tão detalhadamente. Trata-se de uma estratégia tão representativa do setor de ajuda que você talvez acredite ser uma cura universal, mas fazemos questão de mostrar que, apesar de todas as suas virtudes, não é uma panaceia, embora possa gerar benefícios gerais. Segundo, quando bem elaborado, não trata apenas de crédito, mas também de poupança. Alguns dos trabalhos mais interessantes sobre microfinanciamento afastaram-se dos empréstimos e aproximaram-se da poupança, tendo à frente grandes doadores, como a Bill & Melinda Gates Foundation.

Os Capítulos 8 a 11 estendem a busca de soluções para a pobreza além da esfera dos dólares e centavos, alcançando lugares onde ninguém espera encontrar economistas em ação. Da esfera pública – agricultores cuidando abertamente de seus campos, pais enviando os filhos à escola – para os espaços mais íntimos dos consultórios médicos, e finalmente aos quartos das pessoas, analisaremos algumas abordagens inovadoras dos problemas em torno de agricultura, educação, saúde e sexo. Veremos que muitas das ferramentas que usamos hoje para nos sair melhor nessas áreas de nossa vida também podem ser úteis aos pobres.

Por fim, o livro termina com algumas ideias específicas, para seguirmos em frente, que têm o poder de fazer grande diferença na vida dos pobres e coisas que todos nós podemos fazer para ajudá-los a ter sucesso.

Grande parte das pesquisas sobre as quais conversarei neste livro gira em torno da avaliação. As pesquisas nos fornecem indícios concretos, e os indícios concretos realmente deveriam ser a força propulsora para a escolha das abordagens ao desenvolvimento que devemos apoiar. Mas não acredito que deva ser a única consideração. Há espaço para a criatividade, para tentar coisas novas e também para as falhas. Precisamos de novas ideias que nos impulsionem para a frente e, como doadores, devemos recompensá-las.

Jake e eu não alegamos ter todas as respostas neste livro. Como veremos repetidas vezes, a economia comportamental revela que, assim como todas as outras pessoas, os pobres cometem erros que acabam tornando-os mais pobres, mais doentes e menos felizes (se não o fizessem poderiam facilmente escapar da pobreza dando aulas de autoajuda para o resto de nós). A identificação e a correção desses erros são pré-requisitos para resolver o problema da pobreza no mundo, e não dispomos de uma maneira à prova de acidentes de fazer cada pessoa no mundo desenvolvido ganhar todas as suas batalhas pessoais.

Dito isso, nós, no mundo desenvolvido, estamos começando a desvendar todos esses problemas insidiosos e persistentes, um a um. Encontramos maneiras específicas de melhorar nossas decisões e tornar nossa vida muito melhor. Podemos usar novas ferramentas – e de fato o fazemos – como o programa Save More Tomorrow e o stickK.com, que veremos mais adiante – para gastar melhor nosso dinheiro, poupar mais, comer melhor e levar uma vida que mais se aproxime do nosso ideal. O salto consiste em entender que soluções como essas, que tanto enriqueceram a nossa vida, podem fazer o mesmo para as pessoas que mais precisam delas.

Este livro trata de descobrir quais delas realmente funcionam para os pobres e de encontrar novas soluções para os problemas restantes.

2
COMBATER A POBREZA
Como fazemos o que fazemos

Em 1992, eu e meu melhor amigo estávamos tentando encontrar alguma forma de viajar pela América Latina durante um ano antes de ingressarmos na faculdade. Tínhamos ideias vagas sobre projetos de desenvolvimento e estávamos interessados em direitos humanos. Meu amigo encontrou por acaso um folheto sobre a FINCA International (Foundation for International Community Assistance), que atualmente é uma das organizações de microcrédito mais sólidas dos Estados Unidos. Nenhum de nós dois jamais ouvira falar na FINCA, mas o panfleto chamou nossa atenção. Falava sobre "microcrédito". Também não sabíamos o que era microcrédito. Lembro-me de ter ficado animado com a descrição do programa da FINCA, que concedia pequenos empréstimos a empreendedores em países em desenvolvimento, permitindo-lhes expandir seus negócios e fugir da pobreza.

Na época, eu trabalhava há dois anos em um banco de investimentos; financiamento era assunto corriqueiro para mim. Conceder empréstimo aos pobres era uma ideia cativante, por isso enviamos uma carta com nosso currículo.

Inicialmente, propusemos uma visita aos escritórios da FINCA na América Latina com o intuito de ajudar a compartilhar informações e ideias nos países latino-americanos (afinal, queríamos viajar pela América Latina!), mas o pessoal da FINCA International descobriu em nosso currículo que conhecíamos um pouco de informática e surgiu uma ideia melhor: ir para El Salvador, aprender sobre o software especializado em operações bancárias usado no país e adaptá-lo para uso em seus outros escritórios na América Latina. Lá fomos nós.

Não foi exatamente o que esperávamos. As seis semanas iniciais transformaram-se em 30 meses e no maior fracasso da minha carreira.

Meu amigo e eu desenvolvemos um software do zero, adaptamos o programa para cumprir os intrincados padrões contábeis de quatro países diferentes e os customizamos de modo a acomodar a enorme variedade de práticas de empréstimos mais comuns na região. Mais tarde, descobri que o sistema praticamente não foi usado (exceto durante alguns anos em El Salvador e no Peru), e acabou sendo completamente deixado de lado. Fiquei desolado. Senti que havia falhado.

Mas minha experiência na FINCA teve seu lado bom. Eu descobri o que queria fazer.

Durante esses 30 meses, os momentos mais emocionantes não aconteceram no escritório ou diante do computador, mas durante as centenas de refeições que compartilhei com os funcionários e colegas da FINCA. Conversávamos sobre microcrédito, seus resultados, por que achávamos que estava funcionando e como fazê-lo funcionar melhor. Nossas conversas eram interessantes, mas não passavam disso. Não tínhamos nada de concreto do qual pudéssemos partir. Meu primeiro instinto foi: vamos examinar os dados e analisá-los para avaliar a eficácia do programa de empréstimos da FINCA. Mas não havia nada para analisar! O fato simples e triste era que nem nós nem a FINCA sabíamos como ou mesmo se o microcrédito estava realmente ajudando os pobres.

Precisávamos de provas concretas sobre os impactos do microcrédito sobre a vida dos clientes da FINCA.

A primeira "avaliação do impacto" do microcrédito que vi chegou a me causar dor de estômago. A avaliação destinava-se claramente a gerar números atraentes para um folheto de levantamento de fundos – não para avaliar se alguma coisa estava realmente funcionando. Perguntava aos clientes algo como: "Você hoje está se alimentando melhor do que se alimentava antes da FINCA, não está?" Eu ainda não tinha treinamento adequado em técnicas econômicas ou de pesquisa, mas sabia o bastante para perceber que isso não levava a nada. (Veja bem, isso foi há 20 anos, portanto não posso jurar que essas eram as palavras exatas da pergunta feita aos clientes. Mas sei com certeza que a pesquisa era feita apenas com clientes existentes, algo que, como discutiremos mais adiante, é uma grande imperfeição para quem deseja realmente conhecer o impacto de um programa.) O que aprendi desde então é que a FINCA estava fazendo exatamente o que os outros faziam para medir seu impacto. Ou seja, muito pouco.

Pensei em continuar a trabalhar com uma organização de microcrédito, como a FINCA – mas o que eu podia fazer para realmente fazer diferença? O que eu sabia? Não muito. E até onde eu poderia dizer, estar informado não era apenas uma questão de encontrar o material de leitura certo. As informações não estavam realmente lá. Por isso, resolvi fazer doutorado em economia, na esperança de desenvolver as habilidades de que precisava para voltar ao microcrédito e ajudar a descobrir o que realmente funciona.

Durante o doutorado, ficou claro que havia dois tipos de pessoas no universo do desenvolvimento: os teóricos e os práticos, que colocavam a mão na massa. Estes últimos trabalhavam no mundo real, fazendo o melhor que podiam, mas basicamente tateavam no escuro. Enquanto isso, nos salões acadêmicos, os pensadores teóricos realizavam interessantes pesquisas analíticas – no entanto, muitas vezes não havia diálogo entre a teoria e a prática. Muitas pesquisas jamais eram divulgadas fora do mundo acadêmico.

Os teóricos argumentam que suas pesquisas são "mais profundas, ajudando a entender os pontos fundamentais do funcionamento da sociedade". Mais do que justo. Mas isso me deixou insatisfeito. Sabia que em algum momento teríamos de ir além do "profundo" e passar aos resultados que nos dizem o que fazer. Havia algumas exceções notáveis a essa separação entre teoria e prática. Lembro-me muito bem de uma conversa regada a café com Michael Kremer, na época professor do MIT, sobre possíveis tópicos para minha tese. Alguns anos antes, Michael começara a realizar experimentos (que veremos mais adiante neste livro), medindo o impacto da oferta de artigos como uniformes e livros didáticos para escolas em Busia, no Quênia. Seu trabalho em Busia serviu de base para mim e para muitos outros. Mas eu temia que tudo isso parecesse simples demais em comparação com as teses que meus colegas estavam preparando. O tópico a respeito do qual eu desejava pesquisar – que, embora fosse baseado em sofisticadas questões teóricas sobre mercados de crédito, acabava se resumindo a "jogar uma moeda para o alto para definir se uma pessoa conseguia ou não um empréstimo" – não parecia ser difícil, complexo ou "inteligente" o bastante para ser digno de um doutorado em economia. Perguntei a Michael se, em sua opinião, o tópico do meu interesse seria aceito como assunto de tese de doutorado ou se eu teria de desenvolvê-lo como projeto paralelo. Até hoje me recordo de sua resposta simples e comovente: "O que importa é a pergunta e a credibilidade com a qual se pode respondê-la. É disso que o mundo precisa. Você está fazendo uma pergunta importante para a qual não existe no momento uma resposta adequada, e esse método é a melhor maneira de respondê-la. Vá em frente!"

Quando terminei o doutorado e comecei a trabalhar como professor, queria ter certeza de que minha pesquisa e a de outros professores que pensavam de forma semelhante não fossem publicadas e depois ficassem esquecidas, acumulando poeira nas estantes de livros dos salões acadêmicos. Identifiquei uma lacuna, uma necessidade de um novo tipo de organização que partisse de fundamentos teóricos acadêmicos, mas mantivesse os pés firmes no mundo real. Tal organização divulgaria e defenderia pesquisas relevantes sobre políticas e estaria repleta de pessoas prontas e ansiosas para ajudar a gerar os resultados das pesquisas e, o mais importante, colocaria em prática as ideias que comprovadamente funcionassem.

Apresentei a ideia aos meus orientadores no doutorado, Abhijit Banerjee, Esther Duflo e Sendhil Mullainathan. Eles concordaram que tal organização era extremamente necessária e, ainda melhor, concordaram em reunir-se ao Conselho (junto com Ray Fisman, professor da Columbia University que nos conhecia muito bem mas não estava trabalhando pessoalmente com esse tipo de pesquisa de campo). Nascia a Development Innovations, que em breve ganharia outro nome. Um ano depois, em 2003, Abhijit, Esther e Sendhil criaram o Poverty Action Lab do MIT (atualmente Abdul Latif Jameel Poverty Action Lab ou J-PAL), um centro no MIT e uma rede de pesquisadores ao redor do mundo que pensavam da mesma maneira. O J-PAL tem uma paixão igualmente forte por encontrar soluções precisas para os problemas da pobreza.

Esther é uma verdadeira *força da natureza*, tendo nos dois últimos anos colecionado vários prêmios – como o Prêmio MacArthur Fellowship, o Prêmio Genius, concedida pela MacArthur Foundation, e a medalha John Bates Clark, considerada por muitos um precursor para o Prêmio Nobel de Economia – o que nos deixa a todos orgulhosos de fazer parte de seu círculo (e sou especialmente orgulhoso de ter sido seu primeiro aluno!).

Desde o início, Abhijit, Esther, Sendhil e eu sabíamos que as duas organizações trabalhariam muito próximas, por isso mudamos o nome de Development Innovations para Innovations for Poverty Action (IPA) e continuamos a trabalhar juntos até hoje.

Todo ano, o IPA vem pelo menos dobrando de tamanho, começando com uma receita de US$150 em 2002 (a taxa de registro do estado de New Jersey), para US$18 milhões em bolsas e contratos em 2009. Atualmente, temos cerca de 400 funcionários e projetos em 32 países. Embora em alguns países os programas antipobreza sejam realizados por nós mesmos, a grande maioria do nosso trabalho ao redor do mundo baseia-se em colaborações: contamos com parcerias com outras organizações implementadoras – em sua maior parte, organizações sem fins lucrativos locais e internacionais – para elaborar e administrar as avaliações de programas para descobrir o que funciona ou não e depois divulgamos os resultados de nossas análises.

Nenhum caminho a seguir?

Como vimos no Capítulo 1, durante anos os economistas Jeffrey Sachs e Bill Easterly quebraram a cabeça para tentar resolver um problema muito simples, mas de difícil compreensão: a ajuda realmente funciona? Na raiz de suas diferenças está uma diferença de opiniões sobre o que constitui "indício", e aí está o problema. Até recentemente, o debate em torno da eficácia da ajuda estava associado a complexas questões econométricas e a uma série de dados controvertidos em nível de país. As pesquisas de vanguarda que o IPA realizou para avaliar a eficácia de programas de desenvolvimento específico finalmente estão gerando uma nova maneira de pensar sobre o problema.

O próximo passo para resolver a controvérsia sobre a utilidade ou não da ajuda não envolve outras discussões teóricas ou a análise de enormes séries de dados de um país. É muito mais simples e direto: encontrar programas específicos que funcionam e apoiá-los. Encontrar programas que não funcionam e deixar de realizá-los. E observar os padrões de ambos para descobrir as condições que levam ao sucesso, para que nossas primeiras tentativas na elaboração de soluções melhorem cada vez mais.

Para fazer isso, precisamos colocar a mão na massa e trabalhar diretamente com os profissionais da área de desenvolvimento nas avaliações. Já na década de 1970, os economistas realizavam rigorosas avaliações de programas sociais específicos, como treinamento profissional e taxação de incentivo ao trabalho junto ao Departamento de Trabalho nos Estados Unidos.[1] Mas, por alguma razão – talvez porque sejamos menos exigentes como doadores do que como contribuintes –, a prática nunca deslanchou na área de desenvolvimento. Até muito recentemente, praticamente sem indícios que nos orientassem na escolha das ferramentas a usar na luta contra a pobreza, estávamos agindo às cegas.

Consideremos a seguinte analogia: durante milhares de anos, houve consenso geral na comunidade médica de que a sangria era o melhor tratamento para centenas de males, de acne ao câncer, passando pela insanidade mental. É verdade que havia variações de médico para médico – alguns preferiam lancetar, outros preferiam as sanguessugas – mas todos concordavam com alguns princípios básicos: as pessoas ficavam doentes por causa das toxinas presentes em seu sangue, e a maneira de resolver o problema era fazê-las sangrar. Apenas em meados do século XIX, com o advento da medicina científica, a prática começou a ser deixada de lado. Motivo: alguém finalmente provou rigorosamente que não funcionava.

O triste fato é que grande parte do trabalho realizado ao redor do mundo para combater a pobreza é, de certa forma, igual à sangria. Existe uma convicção e certo grau de concordância quanto aos princípios motivadores – há pessoas necessitadas e devemos lhes oferecer *alguma coisa* – mas é só isso. O processo de realização sistemática de testes e o correspondente aperfeiçoamento dos métodos e tratamentos está apenas começando.

Os próximos capítulos mostrarão o que aprendemos até agora quanto ao que funciona e o que não funciona, bem como os conceitos básicos para distingui-los. Tentarei não aborrecê-los com detalhes técnicos. (Para os *geeks* – como eu – que desejam saber tais coisas, as notas no fim do livro trazem citações e comentários sobre pesquisas relevantes.) Não tenho pretensão de responder a todas as suas perguntas sobre o que funciona ou não (tampouco a maioria delas), mas espero oferecer um ponto de partida, uma maneira de pensar de maneira crítica sobre o impacto que você pode usar em qualquer parte na qual se depare com os problemas da pobreza – no noticiário, em conversas ou como doador.

Ensaios clínicos randomizados: fazendo as perguntas certas

Sendo assim, como descobrir exatamente o que funciona? O instrumento que usamos, conhecido como RCT (Randomized Control Trials – ensaios clínicos randomizados), certamente não é novo. Na realidade, existe há uns mil anos – é muito mais velho do que a própria economia – e há muito constitui o padrão-ouro no meio científico para determinar a eficácia de algo. Por exemplo, a Food and Drug Administration exige dados obtidos em ensaio clínico aleatório para conceder a aprovação de um novo medicamento. Em geral, quando necessitamos de indícios sistemáticos e rigorosos da eficácia em grande escala, utilizamos um RCT para obtê-los, quando possível.

A força de um ensaio clínico aleatório está em sua capacidade de proporcionar um quadro objetivo, não tendencioso, do impacto de um programa sobre seus participantes. O que queremos dizer com *impacto*? De maneira resumida, medir o impacto significa responder (pelo menos) a uma pergunta simples: Quais as mudanças proporcionadas pelo programa na vida das pessoas, em comparação a como teria mudado sem o programa?

Muitas vezes, as avaliações dos programas de desenvolvimento respondem apenas à primeira parte da pergunta: Quais as mudanças proporcionadas pelo programa na vida das pessoas? Ou seja, medem como eram as pessoas antes (o "antes") e comparam com como ficaram depois (o "depois"). São as convenientemente chamadas avaliações do "antes e depois".

As análises do tipo antes e depois não costumam ser muito boas. Na verdade, podem ser tão ruins que, em muitos casos, sugiro que, em vez de realizar uma análise do tipo antes e depois, uma organização deve simplesmente não realizar a avaliação e apenas oferecer mais serviços. Considero falta de ética medir o impacto por meio de medidas que na realidade não dizem nada. É um desperdício do dinheiro que poderia ter uso melhor.

Eis os motivos pelos quais esse tipo de abordagem é falho. Suponhamos que você estivesse conduzindo um estudo na parte leste de Washington, na primavera de 1980, com o objetivo de avaliar um novo tratamento para infecções respiratórias. Na manhã de domingo, 18 de maio, bum! O vulcão do Monte Santa Helena entra em erupção. Não demora para que muitos dos participantes do estudo (que também moram na parte leste de Washington) desenvolvam graves infecções respiratórias, e a comparação do antes e depois revela que, na verdade, havia um número muito maior de pessoas com infecções ao fim do estudo, comparadas ao início do estudo. O que você conclui sobre o tratamento em avaliação? Foi realmente ele o motivo pelo qual as pessoas desenvolveram mais infecções ou isso foi consequência de alguma outra coisa – como as cinzas geradas pela erupção vulcânica?

A abordagem do tipo antes e depois falha quando algo externo (como uma erupção vulcânica) causa uma mudança nos resultados que nos interessam (como as infecções respiratórias). No caso do vulcão do Monte Santa Helena, é fácil identificar a influência externa. No entanto, em vários programas de desenvolvimento, é difícil, senão totalmente impossível, observar todos esses fatores. Precisamos de algo a mais que permita considerar esses fatores externos – principalmente quando são de difícil identificação.

Esse algo a mais é um grupo de pessoas que não conseguem o tratamento que está sendo testado, mas que mesmo assim são monitoradas (chamadas "grupo de controle"). Quaisquer fatores externos que entrem em ação afetam igualmente tanto o tratamento quanto os grupos de controle. Se isso acontecer, ainda poderemos comparar os dois no final para avaliar o impacto do tratamento. No exemplo do vulcão do Monte Santa Helena, suponhamos que o número de infecções respiratórias tenha triplicado no grupo de controle mas apenas duplicado no grupo em tratamento – saberíamos que o novo tratamento realmente ajudou, apesar do fato de haver mais infecções respiratórias no final do que no início.

Uma moeda para o alto em nome da ciência

Mas será que basta usar um grupo de controle qualquer? Podemos reunir um grupo de pessoas que não foram submetidas a um tratamento e comparar seus resultados com os daquelas que foram submetidas a tratamento? Não é bem assim. Os dois grupos precisam ser suficientemente semelhantes para permitir uma comparação significativa entre eles.

O que queremos dizer exatamente com *semelhantes*? É fácil encontrar pessoas que não fizeram parte de um programa. Muitas avaliações dos programas de desenvolvimento fazem exatamente isso; e é por isso que dão errado. Muitas vezes, o próprio fato de algumas pessoas terem sido excluídas do programa significa que não é certo usá-las para fins de comparação! Temos de perguntar *por que* elas foram excluídas. Elas optaram por não participar do programa? Não puderam participar por não atender aos requisitos? As respostas a essas questões podem ter grandes implicações.

Digamos que um banco especializado em microfinanciamento deseje avaliar um novo empréstimo empresarial concedendo-o a alguns clientes como teste. Em uma reunião com um grupo grande, os gerentes do banco descrevem o empréstimo e pedem que 20 pessoas se ofereçam para formar o grupo-piloto. Em seguida, escolhem 20 dos clientes restantes (que não se ofereceram como voluntários) para fazer parte do grupo de controle, que será monitorado. É claro que o piloto é um sucesso: aqueles que recebem os novos empréstimos fazem seus pagamentos em dia e integralmente. Com base nesses resultados, a gerência do banco conclui que as características do novo empréstimo causam melhor comportamento no reembolso do empréstimo. Lança o produto e o oferece a todos os clientes. Muitos tomam o novo empréstimo, mas não se comportam tão bem – na realidade, a inadimplência aumenta ainda mais. O teste os induziu ao erro?

Não necessariamente. O piloto mostrou a diferença entre 20 clientes que se ofereceram voluntários para receber – e realmente receberam – o novo empréstimo e 20 clientes que não fizeram nem uma coisa nem outra. Talvez as pessoas que se ofereceram como voluntárias tenham ficado animadas com a oferta porque tinham boas ideias de negócios e planos bem desenvolvidos para executá-las. E, talvez, as que não se ofereceram como voluntárias (algumas das quais acabaram no grupo de controle) tivessem poucas boas ideias de negócios ou estivessem menos motivadas. Isso ajudaria a explicar por que os voluntários superaram o desempenho do grupo de comparação, mesmo que o novo empréstimo empresarial nada tivesse a ver com ele.

Uma vez que muitos programas de desenvolvimento – especialmente os de microcrédito, mas outros também – buscam alavancar as qualidades inatingíveis dos participantes, esse é um problema comum. Quando você desenvolve uma avaliação, como pode ter certeza de que não colocou todas as pessoas empreendedoras (todas as pessoas criativas, todas as pessoas ambiciosas ou aquelas com a ética de trabalho mais forte) em um grupo? Se características como essas fossem fáceis de identificar e medir, os dois grupos poderiam ser tratados igualmente. Mas não é fácil identificá-las nem medi-las – elas não transparecem.

Sendo assim, como dividir as pessoas em grupos com base nas características que não se podemos identificar à primeira vista?

Jogue uma moeda para o alto para cada pessoa, decidindo assim se deve lhe oferecer ou não um programa. Se der cara, coloque-a no grupo que receberá tratamento. Se der coroa, coloque-a no grupo de controle.

É isso. Esse é o segredo. A moeda faz o trabalho para nós. É claro que a moeda não tem a menor ideia de quem são as pessoas empreendedoras, mas alocará metade delas a cada grupo. E, desde que o número total de pessoas seja grande o suficiente, os grupos de tratamento e controle terão pessoas com características semelhantes, em média. Isso funciona tanto com fatores que observamos, como sexo, idade, grau de instrução, quanto com fatores que não podemos observar e verificar, como espírito empresarial e ambição.

A parte "em média" é importante. Se você joga uma moeda cem vezes, deve dar cara cerca de 50% das vezes. Jogue essa mesma moeda mil vezes, e a proporção deve ser ainda mais próxima de 50% (embora você provavelmente ainda não tire exatamente 500 vezes cara). A questão é que jogar uma moeda para o alto não garante um divisão perfeita, mas nos aproxima dela e, quanto mais moedas jogarmos, mais perto chegaremos. É o que acontece com a randomização. Em média, os grupos de tratamento e controle construídos de modo aleatório serão comparáveis em todas as características e, quanto maiores os grupos, mais confiantes podemos ser quanto ao equilíbrio.

Agora você sabe: um ensaio clínico aleatório não é uma coisa complicada. Essa máquina, poderosa o bastante para descobrir a verdade sobre o que funciona na luta contra a pobreza, não exige que se tenha cursado doutorado em matemática. Atua usando a randomização para dividir um conjunto de pessoas em dois grupos, registrando um instantâneo do "antes" de cada grupo, aplicando a um dos grupos o programa em questão e comparando o "depois" de ambos os grupos.

Uma pergunta difícil para Ernest

Bem, grupo de tratamento, grupo de controle e jogar moedas para o alto podem não soar tão atraentes quanto algumas pesquisas comportamentais, mas isso não significa que a aplicação do RCT a um projeto de desenvolvimento seja entediante. Longe disso. A estrutura de um RCT exige que você coloque a mão na massa, que encontre a pobreza em primeira lugar. Você deseja coletar dados sólidos e consistentes para a comparação antes e depois entre o grupo submetido ao tratamento e o grupo de controle? Saia e coloque a mão na massa. Os RCTs acontecem no campo – em favelas, em barracos de pau a pique, nos campos de arroz – observando as decisões de pessoas de carne e osso no mundo real.

Jake e eu podemos dizer por experiência própria que fazer pesquisa de campo é ao mesmo tempo inspirador, enlouquecedor, hilário, trágico, alegre e misterioso; mas é sempre revelador. Com frequência quase igual, problemas aparentemente intratáveis são resolvidos em um instante, e tarefas que pareciam precisas se revelam impossivelmente complexas. Não existe um dia rotineiro no campo.

Eis um exemplo de um projeto meu sobre taxas de juros do microcrédito. Jake, que era assistente de pesquisa no projeto na ocasião, realizou uma entrevista com um vendedor de cartões de telefone em Gana durante a realização de um teste do piloto de uma pesquisa.

Ernest estava sentado à sombra de um guarda-sol amarelo. A calçada empoeirada brilhava, descolorida pela luz do sol branca e brilhante, e o limite da sombra formava um ângulo agudo contra ela. O guarda-sol estava apoiado em uma pequena estante de madeira pintada de amarelo brilhante. No alto da estante havia um caderno, uma caneta esferográfica e dois telefones celulares.

Jake enfiou a cabeça sob o guarda-sol e o cumprimentou. "Boa tarde, senhor."

"Sim senhor, boa tarde para o senhor também."

"Senhor, meu nome é Jake. Estou fazendo uma pesquisa para conhecer os negócios nessa região e seus proprietários. O senhor se importa de responder a algumas perguntas sobre seu negócio de cartões de telefone?"

"Tudo bem, Jake. Meu nome é Ernest."

Jake começou com a primeira pergunta da pesquisa e logo chegou à quinta pergunta. "Ernest, quantas pessoas fazem parte de sua família? Com isso quero dizer: Quantas vivem no mesmo espaço e fazem as refeições juntas?"

Ernest não perdeu tempo. "Só eu."

"Entendo. Então, você mora sozinho?"

"Ah, não, não senhor. Tenho mulher e três filhos. Mas eu não como com eles, não. Minha mulher traz a comida para mim sozinho."

"Ah. Mas, normalmente, sua mulher cozinha para toda a família."

"Cozinha. Ela prepara o ensopado e o *fufu* para todos."

"Então, para quantas pessoas sua mulher prepara as refeições todo dia?"

"Somos" – e Ernest contou silenciosamente nos dedos – "oito."

"Oito. Você, sua esposa, seus três filhos e mais três. Quem são os outros três?"

"Bem... Minha avó e a irmã da minha mulher." Ele balançou a cabeça e esperou.

"Bem, então são duas pessoas."

"É."

"Bom, então são apenas sete ao todo: você, sua esposa, seus três filhos, sua avó e a irmã de sua mulher."

"Sim, somos sete. E também os filhos da irmã. São dois."

"Bem, então são sete e duas crianças – nove ao todo?"

"É."

"E a sua cunhada, ela é casada?"

"É, ela tem marido."

"E ele faz as refeições com vocês, normalmente?"

"Não, ele fica com a família dele na região central."

"Entendo. Mas, e quanto à mulher e os dois filhos que você mencionou? Eles moram com vocês, na sua casa?"

"Não. Moram com ele."

"Ah. Pensei que você tivesse dito que eles costumam fazer as refeições com sua família."

"É, fazemos as refeições juntos."

"Bom, deixa eu ver se entendi direito. A irmã de sua esposa e os dois filhos dela – como eles podem viver na região central e também fazer as refeições com vocês?"

"Ora, Jake! Eles vêm ficar conosco." Ernest estava sorrindo. Talvez estivesse pensando na casa cheia.

"Eles estão apenas de visita ou moram na mesma casa que vocês?"

"Ah, não, eles não moram aqui, não. Eles ficam aqui durante muito pouco tempo."

"Certo. Então, há quanto tempo estão com vocês?"

"Vieram perto do Natal."

Estávamos em julho.

Do que falamos quando falamos em pobreza

Passe algum tempo fazendo esse tipo de trabalho de campo – em enormes e caóticos centros urbanos, em favelas absurdamente densas, subindo por encostas íngremes, em cidades minúsculas empoleiradas na beira de um penhasco, locais aos quais se chega apenas em ônibus velhos e enferrujados ou em vans caindo aos pedaços com assentos feitos de tábuas de madeira simples ou a pé – e você rapidamente para de falar do "combate à pobreza" com metáforas inadequadas. A pobreza não é uma algema que possa ser rompida, um tumor que possa ser extirpado, uma pedra que possa ser estilhaçada ou uma videira asfixiada que possa ser aparada. Pelo menos, vê-la dessa maneira não adianta nada.

Eis o que a ONU diz sobre o assunto: "A pobreza é basicamente uma negação de escolhas e oportunidades, uma violação da dignidade humana. Significa falta da capacidade básica de participar efetivamente da sociedade."² A definição pode ser totalmente verdadeira e exata. Mas é útil?

Quando articulamos os problemas da pobreza nesses termos, acabamos encontrando soluções semelhantes. Vejamos a ênfase recente nos programas de "sustentabilidade" – aqueles que, depois de um período inicial de supervisão e financiamento externos, se tornam autossuficientes e até se autopropagam.

O caso da sustentabilidade, muitas vezes, é explicado com os floreios de um provérbio chinês: "Dê a um homem um peixe e você irá alimentá-lo por um dia. Ensine um homem a pescar e você o alimentará pela vida inteira."

Isso deixa animados os doadores e os investidores com inclinações sociais. As pessoas preferem dar uma ajuda, em vez de uma esmola. Isso faz sentido: em vez de dar peixe aos pobres, vamos lhes dar uma vara de pescar e anzol, e ensiná-las a pescar. Então, não teremos de lhes fornecer peixes para sempre. Devidamente equipadas e treinadas, elas serão capazes de providenciar alimentos por muito tempo depois de nossa partida. O que poderá dar errado?

A abordagem de ensinar o homem a pescar já existe há muito tempo. Os resultados não têm sido ótimos universalmente como poderíamos esperar. Para pescadores natos, pode funcionar. Mas o problema é que alguns não conseguem colocar a isca no anzol; outros não conseguem pescar quase nada; outros têm artrite e não podem segurar a vara de pescar para lançar o anzol; e outros, ainda, não vivem perto de um rio com peixes suficientes. Alguns acreditam que pescar é muito chato. Quando chega a hora do jantar, todas essas pessoas estão sem sorte. Não podem comer varas de pescar, anzóis e lições de pescaria. Sendo assim, o que esse tipo de desenvolvimento faz por elas?

No reino dos conceitos magnânimos e das metáforas – escolhas, oportunidades, dignidade, pescaria –, o ar é rarefeito e não existem pessoas pobres de carne e osso. Não é lá que o desenvolvimento precisa estar. Ele precisa estar aqui embaixo. Se quisermos erradicar a pobreza, precisamos saber o que é a pobreza realmente – não na teoria. Precisamos conhecer seu cheiro, seu sabor e sua textura.

E talvez por isso a pobreza seja uma coisa tão difícil de entender: a pobreza não tem muitas qualidades sensoriais positivas porque ser pobre significa *não* ter coisas, no sentido mais imediato. Significa não ter comida suficiente, não ter abrigo, não ter acesso a água limpa ou a medicamentos essenciais quando se está doente. A experiência do dia a dia de ser pobre é não poder atender às necessidades do dia a dia. É não ser capaz de conseguir as coisas de que se necessita.

Vamos falar sobre o básico. As pessoas precisam comer. E isso significa que às vezes temos de lhes dar comida. As pessoas precisam de medicamentos. Isso significa que às vezes temos de doar medicamentos e vacinar as pessoas. As pessoas precisam ir à escola. Isso significa que às vezes precisamos levar alunos e professores para as salas de aula.

Abordar a pobreza mundial é um problema dinâmico e complexo. Mas não vamos acabar com ela se a encaramos apenas assim.

Precisamos ver as pessoas. Pessoas com habilidades diferentes e necessidades diferentes. Pessoas como Vijaya, que encontraremos no Capítulo 7. O que ela realmente precisa é de uma maneira de fazer o marido parar de gastar em bebida todo o dinheiro que ela ganha. Pessoas como Elizabeth, que encontraremos no Capítulo 10. O que ela realmente precisa é de um melhor atendimento ao cliente no hospital perto de sua casa.

Quando pensamos em pobreza dessa maneira, em termos concretos, começamos a ver um caminho diante de nós. Na verdade, muitos caminhos. As soluções possíveis são tão numerosas e tão variadas quanto as pessoas que atendem e as necessidades que abordam. Para encontrá-las, precisamos pensar de maneira criativa, lançar uma rede extensa e reconhecer que dificilmente encontraremos uma única resposta para todas. Ao mesmo tempo, devemos ser metódicos e tenazes. Para um programa de desenvolvimento ajudar a resolver um problema concreto e específico, teremos de submetê-lo a um teste específico e concreto. Se ele passar, ótimo. Se não, conserte-o ou tente outra coisa. Desse modo, dando um passo de cada vez, podemos aperfeiçoar as ferramentas que utilizamos e a maneira como as utilizamos; podemos realizar progressos reais na luta contra a pobreza.

3
COMPRAR

Dobrando o número de famílias com uma rede de segurança

Segundo os arqueólogos, o uso de cobertores começou durante a época do homem de Neanderthal. Isso significa que, de certa forma, o Snuggie vem sendo desenvolvido há 30 mil anos.

Ao longo dos tempos, todos os grandes pensadores e gênios criativos da história humana se viraram com as mesmas colchas velhas e achatadas feito panqueca, deixando a arte de fazer cobertores mais ou menos como a haviam encontrado. Então, em 1998, ocorreu uma revolução.

Gary Clegg, um calouro da University of Maine, sofria com o rigoroso inverno da Nova Inglaterra. Mesmo no quarto, ele não conseguia fazer o dever de casa. Sentia frio só de sentar à mesa de estudos. Cobertores comuns ajudavam, mas eram pesados e limitavam seus movimentos. Por isso, ele pediu à mãe para fazer um cobertor com mangas. A primeira versão não ficou perfeita, mas os sucessivos protótipos foram se tornando cada vez melhores. Na primavera daquele ano, nasceu o Slanket.[1]

No entanto, o mundo não tomou conhecimento dele; o cobertor com mangas permaneceu na obscuridade durante uma década. Poucos perceberam o que estavam perdendo até 2008, quando um extravagante comercial do Snuggie, uma cópia do Slanket, começou a ser veiculado pela televisão, de madrugada. No espaço de dois minutos, ele articulava um problema espinhoso e comum, apresentando uma elegante solução. "Você quer ficar aquecido quando estiver com frio, mas não quer aumentar as despesas com calefação. Cobertores são bons, mas escorregam. E, quando você precisa pegar alguma coisa, suas mãos estão dentro do cobertor... O Snuggie o mantém aquecido e lhe dá liberdade para movimentar as mãos. Agora você pode mexer no controle remoto ou ler um livro sem sair do quentinho, com todo conforto." Anúncios no YouTube também ajudaram na divulgação.

Finalmente, as massas ficaram cientes. A humanidade havia chegado ao limiar de uma nova era. Agora só faltava dar o salto.

E foi o que aconteceu. Quatro milhões de Snuggies foram vendidos no primeiro ano. Surgiram centenas de fã-clubes do Snuggie. Havia maratonas para testar os Snuggies. O elenco de *Good Morning America* fez uma apresentação usando Snuggies. Em fevereiro de 2010, o número de usuários do cobertor com mangas em todo o mundo foi estimado em 20 milhões, e esse número vem aumentando a cada dia. É uma verdadeira revolução.

Claro, você poderia ser cético e sair por aí desmotivando os adeptos da nova modalidade de cobertor. Poderia dizer que o Snuggie não é uma revolução, mas um cobertor barato, fino, com dois buracos para os braços e mangas compridas. E talvez tenha razão. Mas não faz diferença. As pessoas falaram. (O antigo Slanket continua a vender bem, mas não tão bem quanto o Snuggie.)

Você pode vender qualquer coisa

Os publicitários têm um ditado: não existe produto ruim, ruim é o vendedor. Vimos na introdução que, tanto em nossas doações quanto em nosso consumo, reagimos ao poder sugestivo do marketing, muitas vezes à exclusão dos fatos sobre a coisa a ser vendida. Quando isso acontece, qualidade e popularidade podem divergir. O fato de algo ser bom não significa que as pessoas vão comprar (por exemplo, favas); e o fato de as pessoas comprarem alguma coisa não significa que faça bem para você (por exemplo, cigarros e batata frita).

Empresas sofisticadas compreendem isso e agem dessa maneira: somente nos Estados Unidos, as empresas gastaram cerca de US$412 bilhões[2] em publicidade em 2008.

Mas há uma estranha desconexão entre a maneira como vendemos produtos de uso diário em casa e a maneira como vendemos soluções de desenvolvimento no exterior. Ou seja, muitas vezes não acreditamos que precisamos *vender* soluções de desenvolvimento, mas esperamos que sejam, de preferência, adotadas unicamente pelos seus méritos (repare que essa abordagem não funcionou muito bem no caso das favas).

Trata-se de uma visão acanhada. Ignora o fato de que o desenvolvimento é uma via de mão dupla. Se quisermos ajudar os pobres oferecendo-lhes programas e serviços, duas coisas têm de acontecer: em primeiro lugar, precisamos elaborar programas e serviços que funcionem; em segundo lugar, os pobres têm de *optar por* adotá-los. Ou, no caso de apólices de seguro contra chuva e microempréstimos e cupons de fertilizantes (todos os quais estão entre os exemplos que veremos mais à frente no livro), eles precisam comprá-los.

Nos últimos anos, começamos a fazer alguns avanços na primeira parte, coordenando os esforços dos pesquisadores e profissionais para avaliar rigorosamente programas de desenvolvimento. Mas estamos muito atrasados na segunda. De certa forma, quanto mais aprendemos sobre o que funciona, mais precisamos entender o marketing – porque deixar falhar um programa comprovadamente eficaz por falta de interesse é um desperdício.

Uma parte significativa do dinheiro investido em publicidade é usada para causar uma boa primeira impressão. Isso é algo em que as organizações de desenvolvimento precisam pensar quando lançam novos produtos. Se elas entenderem o marketing, têm o potencial de gerar níveis de sucesso como o gerado pelo Snuggie.

O problema da última milha

O Snuggie é um caso clássico de algo desconhecido que entra em cena fazendo grande estardalhaço. Entretanto, muitos dos programas que você vai ver neste livro não são exatamente análogos ao Snuggie. Eles existem e as pessoas sabem disso. Essa é ao mesmo tempo uma vantagem e uma desvantagem. Familiaridade gera conhecimento, mas também gera descaso. Tomando emprestado um termo de publicidade, os produtos não "estouram".

Um bom exemplo é a terapia de reidratação oral (TRO), um tratamento barato e altamente eficaz para a diarreia. É uma solução caseira que, quando ingerida, permite que o corpo absorva e retenha água. Associada à ingestão de líquidos, a TRO neutraliza efetivamente a ameaça de mortalidade em decorrência da doença. A solução caseira para hidratação é de baixo custo e, em muitas áreas propensas a diarreia nos países em desenvolvimento, é de fácil acesso.

Uma cura barata e comprovada (sem efeitos colaterais, por sinal) para uma doença letal supostamente venderia por si só, mas a triste verdade é que não vende. Quase dois milhões de pessoas, sobretudo crianças, morrem anualmente de diarreia.[3] Ou elas desconhecem o soro caseiro ou não querem usá-lo. De qualquer maneira, isso significa que estamos falhando.

Felizmente, não temos de procurar muito para encontrar maneiras de melhorar no *front* do marketing. Somos constantemente bombardeados por exemplos – na internet, em outdoors, nas revistas, na televisão e no rádio. E no supermercado, onde as favas não fazem muito sucesso, mas onde há uma lição a ser aprendida com as igualmente humildes uvas-passas.

Em termos biológicos, 1986 foi um ano comum para as uvas-passas da Califórnia. Eram uvas secas o tempo todo, do primeiro ao último dia. Na verdade, não havia grandes evoluções a comentar. Tampouco houve grandes mudanças na disponibilidade de uvas-passas da Califórnia para o público dos Estados Unidos. As passas eram vendidas na maior parte dos supermercados do país, como sempre haviam sido. Não houve nenhuma descoberta científica que apresentasse as uvas-passas como um alimento milagroso benéfico para a saúde – elas continuaram a ser uma opção de alimento razoavelmente saudável –, tampouco há indícios de que o paladar coletivo do país tenha mudado durante esse curto espaço de tempo.

No entanto, 1986 foi um ano decisivo. Nas palavras do principal grupo de defesa das passas, o California Raisin Advisory Board, elas eram "na melhor das hipóteses, sem graça" no começo do ano; ao final daquele ano, as pessoas "não tinham mais vergonha de comê-las."[4] Veja bem, os grupos do setor podem até estar propensos à hipérbole, mas nesse caso, a prova estava no resultado. E o resultado estava cheio de passas. Durante o resto da década, as vendas aumentaram 10%.

Como sugeriram as palavras do Advisory Board, o aumento das vendas teve pouco a ver com as uvas-passas da Califórnia em si, mas tudo a ver com a maneira como o público *pensava sobre* as uvas-passas da Califórnia. Que, por sua vez, tinha tudo a ver com *os* California Raisins, uma banda cujos integrantes eram uvas-passas, que estourou na televisão americana em 1986, empunhando guitarras, óculos escuros bacanas e cantando "I Heard It Through the Grapevine". Caso se lembre do comercial dos California Raisins, você é a prova viva: foi um golpe de gênio de marketing.

Quase da noite para o dia, surgiu uma profusão de fã-clubes, camisetas, lancheiras e, o mais importante, passas.

Sendhil Mullainathan, um dos meus orientadores de tese no doutorado do MIT, coautor de alguns dos trabalhos discutidos neste livro e que recebeu o Genius Award da MacArthur Foundation, refletiu muito sobre esse problema (embora não na mesma linha da Motown). Ele chama a questão de problema da última milha. É o seguinte: quando estamos diante de persistentes desafios, empregamos mentes brilhantes e vastos recursos para elaborar uma solução. Combinamos ciência, engenharia, criatividade e testes cuidadosos, e muitas vezes conseguimos resolver o problema técnico – concluindo, assim, 999 milhas de uma viagem de mil milhas. Então, inexplicavelmente, desistimos. Em vez de adotar a mesma abordagem rigorosa à adoção, jogamos a solução no ar e esperamos que ela fale por si. Com muita frequência – como no caso da reidratação oral, exemplo que Sendhil utiliza em muitas de suas palestras[5] sobre o assunto –, ela não fala.

Portanto, sem rodeios: precisamos aprender com o Snuggie e os California Raisins.

Quanto vale a foto de uma mulher bonita?

Parte do problema é que os economistas não são treinados para refletir sobre essa última milha. Vejamos o exemplo do crédito: Como uma pessoa decide se pede dinheiro emprestado? Em cursos de graduação e pós-graduação em economia, os alunos aprendem modelos de crédito que consideram a taxa de juros, as oportunidades de investimento da pessoa e a taxa pela qual ela valoriza o consumo atual *versus* consumo futuro.

Tudo faz sentido do ponto de vista analítico, mas é extremamente limitado. Modelos são apenas equações, não podem ver ou dizer nada além das variáveis que os compõem. Quando um modelo com essas três informações é usado para desenvolver um produto de empréstimo, ele gera uma recomendação sobre os três parâmetros e nada mais.

Na África do Sul, comecei, junto com Jonathan Zinman, um amigo e colega do MIT, a trabalhar em uma questão básica – exatamente o tipo de coisa sobre a qual nossos modelos econômicos padrões são projetados para abordar – e acabei aprendendo ainda mais coisas interessantes sobre a última milha. Queríamos entender como os tomadores reagiam às diferentes taxas de juros, e iniciamos uma parceria com um credor local de consumidores, chamado de Credit Indemnity (que desde então foi adquirido por um banco maior), e desenvolvemos um RCT.[6]

Estávamos ansiosos para abordar uma importante questão política que tem sido muito debatida nos círculos de microcrédito ao longo dos anos. (Na verdade, a falta de indícios exatamente sobre essa questão foi um dos principais motivos que me colocaram no caminho da economia de desenvolvimento na década anterior.) Uma das principais questões que queríamos responder era se as taxas de juros mais altas levavam a maior inadimplência. Para descobrir isso, precisávamos realizar um estudo de grande porte, no qual apresentássemos às pessoas diferentes taxas de juros sobre empréstimos, e precisávamos de grande número de tomadores de empréstimos, o que nos permitiria ter dados suficientes para responder à pergunta.

Sendo assim, tínhamos de buscar um grupo de potenciais tomadores. Nós nos decidimos por uma campanha de mala direta para alguns dos 53 mil clientes atuais e antigos da Credit Indemnity. Quando nos reunimos com a gerência para falar sobre a criação da campanha, perguntamos o que sabiam sobre como gerar a maior taxa de resposta a uma campanha por mala direta. Ocorre que eles não tinham realizado testes antes, de modo que estavam cheios de perguntas, assim como nós. De repente, o estudo sobre a sensibilidade à taxa de juros virou um estudo de marketing também.

Marianne Bertrand, Sendhil Mullainathan e Eldar Shafir discutem exatamente sobre essas questões de psicologia e economia. Após a conversa com o Credit Indemnity, em uma visita a Marianne e Sendhil em Chicago, sentamo-nos para discutir sobre como poderíamos aumentar a taxa de resposta ao marketing de mala direta. Como normalmente acontece em nossos encontros, depois de cinco minutos de conversa tínhamos 10 ideias de possíveis melhorias para as campanhas de mala direta. As ideias eram interessantes, mas de repente nos ocorreu que estávamos apenas dando voltas. Não havia bons dados do "mundo real" para orientar ou justificar o nosso raciocínio. (O que não quer dizer que as empresas de marketing não realizem RCTs, pois realizam. Na verdade, realizam toneladas deles, mas não costumam partilhar os resultados com acadêmicos idiotas como nós nem os desenvolvem de maneiras que testem teorias específicas do comportamento humano.)

Essa ignorância tornou-se um ótimo insight: O que *realmente* funciona? E quão importantes são as características sutis de marketing em relação ao fator mais importante no nosso modelo tradicional – a taxa de juros?

Para opor os truques de marketing às taxas de juros, tínhamos que variar ambos. Assim, pegamos o folheto mais atual do Credit Indemnity e iniciamos nossa análise.

Além das características substanciais do produto, como taxas de juros e prazo de inscrição, variamos características puramente de apresentação do remetente. O folheto deveria mostrar a foto de uma mulher bonita e, em caso afirmativo, que *tipo* de mulher bonita? A África do Sul tem um longo histórico de problemas raciais; será que as pessoas reagem melhor a uma foto de alguém da mesma etnia? Propor usos para empréstimos ou apresentar outros exemplos de empréstimos (sugestões de quanto uma pessoa poderia pegar emprestado e por quanto tempo) poderia seduzir os clientes? E quanto a exibir as taxas de juros de diferentes maneiras ou mostrar as taxas dos concorrentes?

Reunindo as variações, produzimos dezenas de folhetos diferentes e os distribuímos aleatoriamente aos 53 mil nomes na mala direta. Meses mais tarde, quando todos os prazos de inscrição já haviam terminado, pudemos ver quais folhetos haviam atraído mais clientes.

A primeira coisa que os dados mostraram foi que, em geral, os clientes preocupavam-se claramente com as taxas de juros. Como um modelo padrão poderia prever, eles estavam significativamente mais propensos a pedir empréstimos a juros baixos. O que surpreendeu foi o quanto eles pareciam se preocupar com outros fatores além do preço.

Dois recursos de marketing – fotografias de mulheres bonitas e o número de exemplos de empréstimos – provaram ser influentes, embora não tenham tido nada a ver com os termos reais do empréstimo. Da perspectiva da teoria econômica clássica, isso é estranho: certamente nenhum cliente afirmaria que a decisão de tomar um empréstimo se resumia à imagem no canto do panfleto, mas lá estavam os dados, claros como o dia. Em termos de geração de inscrições para os empréstimos, o acréscimo da foto de uma mulher atraente ao folheto teve o mesmo efeito em homens que uma redução de 40% na taxa de juros do empréstimo!

A reação aos exemplos de empréstimos, uma tabela simples analisando os pagamentos mensais em valores diferentes de empréstimos, foi surpreendente por duas razões. Primeiro, panfletos com quatro exemplos de empréstimos na tabela atraíram muito menos candidatos do que panfletos com apenas um, sugerindo que apresentar mais opções na verdade *afastou* os clientes. Isso se opõe diretamente à teoria econômica clássica, que afirma que ter mais opções é sempre melhor para o selecionador.

O segundo resultado surpreendente da tabela de exemplos de empréstimos foi o quão forte parece ser essa aversão à escolha. Apresentar um exemplo de empréstimo em vez de quatro atraiu tantas inscrições adicionais quanto reduzir as taxas de juros em cerca de um terço.

Se eu tinha dúvidas de que o marketing podia fazer a diferença nos países em desenvolvimento, o estudo da África do Sul as enterrou de vez. Quando mudanças simples em um remetente promocional (como cortar três linhas na tabela de amostras de empréstimos) geram tantos novos negócios quanto drásticas reduções de preços, não se pode dar ao luxo de ignorá-las.

Ora, saber *que* o marketing é importante é uma coisa; saber exatamente *quais* as alterações a serem feitas em um folheto promocional está longe de ser simples. A parte mais difícil desse trabalho foi prever o que funcionaria ou não. (Na verdade, antes do início do estudo, calculamos o impacto de cada truque de marketing – e muitos dos nossos palpites estavam errados.) Raça, por exemplo, sempre foi assunto polêmico na África do Sul, mas os clientes não reagiram de forma diferente quando variamos a raça da pessoa fotografada no folheto. Da mesma forma, muitos negócios na África do Sul funcionavam como rifas de "oferta de telefone celular". Partindo do pressuposto de que os especialistas de marketing estavam bem informados, testamos isso em alguns folhetos. Mas não funcionou em nosso teste. Na verdade, isso enfraqueceu a reação.

Os resultados que de fato se destacaram na África do Sul – especialmente a aversão a mais exemplos de empréstimos – apontaram claramente para a economia comportamental.

Excesso de escolhas

Pesquisas comportamentais recentes mostraram que a regra da economia tradicional de que quanto mais escolhas, melhor, está longe de ser universal. Às vezes, as opções podem nos paralisar. Quando são muito numerosas ou muito difíceis de comparar, muitas vezes apenas deixamos para depois: "É muita coisa para pensar agora, vou ver isso amanhã."

As pessoas reconheceram essa tendência em sua vida há um bom tempo – talvez por todo o tempo que vêm tomando decisões –, mas, até pouco tempo atrás, ninguém havia colocado um ponto final. Psicólogos comportamentais e economistas chamaram o processo, apropriadamente, de "sobrecarga de escolhas" e tentaram medi-la.

Em 2002, Sheena Iyengar, psicóloga social da Columbia University (e autora do recente livro *The Art of Choosing*), e Mark Lepper, psicólogo da Stanford University, realizaram um experimento[7] de seleção em um sofisticado supermercado na Califórnia. Eles montaram uma mesa onde os clientes poderiam saborear geleias exóticas. Cada pessoa que parasse na mesa poderia experimentar a quantidade de sabores de geleia que desejasse e ganharia um cupom de desconto de US$1 para o pote de sua escolha. Iyengar e Lepper queriam ver se a sobrecarga de escolha afligia até os clientes ocasionais, então de hora em hora eles mudavam o número de sabores disponíveis para amostra de 6 para 24.

E, com certeza, afligiu. Mais consumidores foram atraídos para a evidente generosidade da mesa com 24 sabores, pelo menos inicialmente – 60% dos transeuntes pararam para ter uma amostra, em comparação aos 40% na mesa de seis sabores –, mas em última análise ficou provado que seria mais do que poderiam engolir. Os clientes ficaram *10 vezes* mais propensos a comprar geleia (30% *versus* 3%) depois de visitar a mesa de seis sabores.

A simples explicação é que as pessoas ficaram impressionadas com as dezenas de opções e, em vez de abrir caminhos entre escolhas complicadas, resolveram ignorar completamente as geleias de sabores exóticos. Adeus, groselha. Olá, morango. Afinal, o que quer que já estivesse na geladeira de casa cairia bem.

Veja bem, você poderia alegar que na tabela dos exemplos de empréstimos da África do Sul não estávamos bombardeando as pessoas com uma tonelada de opções – no máximo, quatro! Mas, se a sobrecarga de opções aparece em decisões triviais como o que colocar na torrada, certamente poderia afligir as pessoas – talvez ainda mais firmemente – ao fazerem grandes escolhas, como a possibilidade de pegar empréstimos.

Dobrando o número de famílias com uma rede de segurança

Se você está sentindo uma pontada de inquietação sobre o uso de insights de vendas de geleia e fotos de mulheres bonitas para atrair pessoas pobres a assumirem dívidas, isso é um bom sinal. Ainda não vimos se os empréstimos do Credit Indemnity são realmente bons! No próximo capítulo, vamos tratar dessa questão – e a questão dos microempréstimos em geral – com mais riqueza de detalhes. Primeiro, porém, vamos ver se as lições da África do Sul se sustentam em um contexto muito diferente, na comercialização de um produto que é muito mais benéfico – apólices de seguro contra chuva para os agricultores pobres da Índia.

Essas apólices funcionam. Compensam em casos de chuva menos intensa do que o normal, pois assim os segurados têm a certeza de ter pelo menos alguma renda nos anos de seca, mesmo com colheita reduzida (ou completamente arruinada). Com efeito, oferecem proteção financeira contra mudanças climáticas imprevisíveis – proteção que, com base nas próprias descrições dos agricultores sobre seus apuros em épocas adversas, é muito necessária.

Mas não foram adotadas tão amplamente ou consistentemente quanto se poderia esperar. Por que não? Em 2006, Shawn Cole, Xavier Giné, Jeremy Tobacman, Petia Topalova, Robert Townsend e James Vickery (um eclético grupo de economistas saídos da academia, do Banco Mundial, do Fundo Monetário Internacional e do Federal Reserve Bank de Nova York) desenvolveram um RCT para descobrir:[8] Como se consegue fazer os agricultores na Índia rural comprarem o seguro? Em parceria com organizações locais de microfinanciamento nos estados de Gujarat e Andhra Pradesh, eles desenvolveram e testaram uma série de estratégias para a comercialização de uma apólice de seguro contra mudanças nos padrões de precipitação.

Como Zinman e eu havíamos feito na África do Sul, a equipe de pesquisa na Índia teve como objetivo descobrir o segredo para as vendas, escolhendo ao acaso diversas abordagens de marketing para diferentes clientes potenciais e monitorando a adesão. Mas há grandes diferenças entre os dois estudos – não apenas o fato de o produto do seguro ser mais óbvio.

Primeiro, havia as pessoas. De modo geral, as pessoas com quem trabalhamos na África do Sul, apesar de serem bastante pobres, tinham emprego formal e salário fixo. De um modo geral, os homens e mulheres aos quais os seguros foram oferecidos na Índia eram pequenos agricultores rurais que viviam da terra, com toda a incerteza que isso implica. Eles conheciam anos de vacas gordas e, definitivamente, conheciam anos de vacas magras.

Em seguida, havia o contexto. Na África do Sul, trabalhamos em áreas urbanas e semiurbanas, e enviamos folhetos promocionais pelo correio. Na Índia, o marketing tinha de ser feito pessoalmente, no nível da aldeia ou porta a porta. As pessoas não possuíam endereços, muito menos caixas de correspondência (mesmo que tivessem, não havia correio nas áreas rurais de Andhra

Pradesh, onde o estudo foi realizado). Era o tipo de projeto em que você enlameava os pés andando pelas estradas de terra batida entre os campos de sorgo, onde agricultores o convidavam para se sentar em pequenos bancos de madeira à sombra, na frente das casas.

Não precisamos insistir no ponto que diferia os contextos sul-africano e indiano. Você entendeu. Mesmo assim, gostaria de mostrar que as diferenças são gritantes o suficiente para não esperarmos encontrar o mesmo conjunto de recursos publicitários conduzindo as escolhas dos consumidores em ambos os lugares. Dito isso, as conclusões da equipe de pesquisa da Índia concordam no ponto central com o que Zinman e eu vimos na África do Sul: marketing é importante. E muito.

Novamente, saber *que* o marketing é importante é uma coisa; saber *quais* partes de uma campanha de marketing são importantes é outra. Como havíamos feito na África do Sul com a questão da raça, a equipe de pesquisa da Índia testou uma questão problemática selecionando aleatoriamente o conteúdo religioso nas fotografias dos folhetos de seguros. Algumas apresentavam um hinduísta diante de um templo, outras apresentavam um muçulmano diante de uma mesquita, e as demais apresentavam um homem de aparência neutra diante de um prédio comum. Eles, assim como nós, não encontraram diferenças nas adesões. Também não fazia diferença se o folheto enfatizava os benefícios do seguro para o comprador sozinho ou para sua família.

Se as variações sutis de publicidade não estavam surtindo grande efeito, talvez a culpa fosse de um problema maior de informação. Muitos clientes em potencial não entendiam exatamente o que era a apólice de seguro contra mudanças nos padrões de precipitação ou como funcionava. Os pesquisadores perceberam que as pessoas poderiam se animar com os produtos caso aprendessem mais a respeito deles. Sendo assim, foram escolhidos aleatoriamente alguns tratamentos de marketing para incluir uma apresentação com alguns minutos de duração sobre medição de padrões pluviométricos e a relação entre chuva, umidade do solo e práticas de plantio ideais. Mas deu no mesmo – as pessoas não adquiriram mais (ou menos) seguros depois de ouvir o material educativo.

O que gerou uma reação significativa foi um toque pessoal. Em comunidades onde o marketing era feito porta a porta pelos agentes da companhia de seguros, receber uma visita de venda em casa aumentava a probabilidade de adesão em dois terços, embora a maior parte das pessoas (inclusive aquelas que não receberam visitas em casa) soubesse que os seguros estavam disponíveis. Mas isso não é tudo. Essas visitas pessoais de marketing tornavam-se um terço mais eficazes quando o vendedor de seguros era apresentado por um representante conhecido e confiável de um banco local especializado em microfinanciamento.

Juntos, esses dois truques – fazer visitas de casa em casa e dar o pontapé inicial com uma organização confiável – *dobraram* as chances de adesão ao programa. Aplique-os em geral e terá o dobro de pessoas seguradas. No quadro geral da pobreza, isso corresponde ao dobro de famílias com uma rede de segurança, o dobro de pessoas que não precisam se preocupar com a fome quando as chuvas forem mais intensas.

A importância de vender

Muitas vezes, quando falo sobre esses projetos para não economistas, não acadêmicos, fico impressionado com o quanto desinformado eles pensam que eu sou. E, francamente, como me sinto estúpido. Manchete: "Temos de *vender* isso!"

Talvez a razão para não pensarmos muito sobre o marketing no contexto de ajuda e desenvolvimento seja o fato de não querermos sentir que estamos vendendo alguma coisa. Isso se choca com nosso conceito de ajuda. De modo geral, as pessoas que são responsáveis por programas de desenvolvimento em todo o mundo – profissionais, responsáveis pelo desenvolvimento de políticas e grandes e pequenos doadores – estão nessa pelos motivos certos. Querem ajudar pessoas necessitadas. E (correndo o risco de simplificar excessivamente a questão) muitas das pessoas necessitadas realmente querem ajuda. Uma vez que as intenções de ambas as partes estão afinadas, por que deveríamos ter de recorrer às artes obscuras da publicidade para atrair as pessoas?

Se deveríamos ou não, o fato é que *podemos* aumentar drasticamente a participação, apresentando programas do jeito certo. E, quanto mais descobrirmos sobre o que funciona, mais nós – e os pobres – obteremos sucesso ao fazê-lo.

A maior parte das pesquisas aqui contidas – na verdade, a maior parte da recente motivação para pesquisas rigorosas de desenvolvimento – foca o desenvolvimento de programas eficazes. E isso é ótimo. Descobrir as coisas que funcionam para combater a pobreza é o primeiro passo.

Tornar essas coisas atraentes é o segundo.

Não há nada do que se envergonhar aqui. Fazer ativamente o marketing de programas de desenvolvimento não significa enganar os destinatários ou presumir que eles não podem tomar boas decisões por conta própria. Significa apenas reconhecer que eles são como qualquer outra pessoa: suscetíveis tanto à razão quanto à sugestão, sutis e diferentes.

Por que não encarar isso como uma oportunidade? Se conseguimos convencer milhões e milhões de pessoas – a maior parte das quais, aliás, já tem cobertores – de que elas precisam de Snuggies, certamente podemos encontrar uma maneira de vender soluções comprovadas para os problemas da pobreza.

4

TOMAR EMPRESTADO

*Por que o motorista de táxi
não fez um empréstimo*

Eu não sei para onde vai a alma de um sedã compacto europeu quando ele morre. Em geral, seu corpo vai para Gana, onde pode renascer como táxi. Muitos acreditam que podemos nos recuperar no céu; em Gana, porém, isso não é possível para os carros. Nem a manivela dos vidros nem os pisca-piscas foram restaurados. Em vez de se recuperarem, os carros são pintados de laranja. O governo exige que cada táxi licenciado tenha quatro painéis laranja na carroceria: um sobre cada roda. Isso facilita muito a sua visualização, mas é muito mais comum identificar um táxi sem o auxílio desses painéis. É mais fácil reconhecê-lo pelo som chiado e irritante que faz quando trafega pelas ruas e pelo cheiro acre do escapamento e do fluido de transmissão queimado que o persegue como uma assombração.

Um desses táxis cruzou duas pistas em meio do trânsito para chegar ao local onde Jake estava. Aproximou-se da calçada com a graça de uma bola de boliche descontrolada. O motorista colocou a cabeça para fora da janela do passageiro e disse: "Boa tarde, senhor. Onde vai?"

Jake disse para onde queria ir e o motorista disse o preço. Eles então iniciaram uma animada discussão incluindo lamentos, apelos e ressentimento, e logo chegaram a um acordo sobre o preço. Saíram em direção ao Labadi Bypass, que parte da praia que marca o limite sul de Acra, a capital.

Durante o percurso, Jake começou a fazer ao motorista suas perguntas de praxe: se ele era o dono do próprio táxi; quem pagava pela manutenção e reparos do carro; se ele era casado e quantos filhos tinha; se ele tinham algum tipo de poupança. O motorista também perguntou sobre o trabalho de Jake.

Quando Jake disse que trabalhava para o banco de investimentos e empréstimos de onde tinha chamado o táxi, o motorista quis saber mais informações.

Ele pretendia adquirir um carro próprio e acreditava que para isso precisaria de um empréstimo. Fez boas perguntas sobre o processo para obtenção de crédito no banco. Ele precisava ter uma conta de poupança para conseguir o empréstimo? (Sim.) Que tipo de taxa de juros eles cobravam? (3,17% ao mês, fixa, calculada com base no valor inicial do empréstimo.) Qual a frequência dos pagamentos? (Mensal.) Ele poderia pagar depois de um ano? (Não, a duração máxima do primeiro empréstimo do cliente é de seis meses.) Ele precisava oferecer uma propriedade como garantia do empréstimo? (Não, ele teria de apresentar um fiador por segurança, não como garantia.)

Quando diminuiu a velocidade na rotatória da Praça da Independência, ele estava entusiasmado. "Amanhã de manhã vou direto para o banco antes do trabalho", disse. Ele sabia quais documentos eram necessários para abrir uma conta, com quem devia conversar para dar entrada no pedido de empréstimo. O seu caminho havia sido iluminado. Ali estava um homem com vontade e atitude para vencer; ele acabara de conhecer os recursos que já estavam disponíveis.

Ele e Jake dividiram alguns minutos de silêncio agradável ao atravessar um arco do estádio de futebol e a ponta do Cemitério Osu. Jake podia ver que o motorista estava satisfeito. Ao se aproximarem do destino, o motorista fez mais uma pergunta: "Você conhece outro *obruni* [estrangeiro] no banco? O nome dele é James." Jake conhecia James, membro da gerência executiva do banco, e confirmou.

O motorista disse que se lembrava de ter feito uma corrida com James partindo da mesma agência para a casa dele. Isso tinha acontecido há algum tempo, "pelo menos um ano. Acho que até mais". A corrida ficou gravada em sua memória porque foi, como essa corrida com Jake, relativamente importante. Naquela noite, James respondeu a "várias perguntas" sobre o processo de crédito no banco.

Jake perguntou: "Bom, o que você disse ao James depois que ele falou tudo aquilo?"

Ele disse, com um toque de ironia: "Eu disse que iria ao banco no dia seguinte."

Mas não foi. Nem um ano antes nem desta vez. Ele disse que precisava de um empréstimo, embora isso em si seja um sinal razoavelmente fraco de intenção. Uma pesquisa não científica sobre as conversas com os ganenses, realizada durante dois anos, sugeriu que o número de pessoas que afirmam desejar levantar um empréstimo é muito maior do que o número de pessoas que realmente tomam uma atitude concreta nesse sentido. O que torna esse caso especialmente enigmático é que o entusiasmo do motorista aumentava à medida que ele conhecia os detalhes mais sórdidos – sobre a abertura da conta, tipos de empréstimo, exigências de garantia, e assim por diante – e o fato de realmente fazer um planejamento (embora simples) de ir até o fim. Ele sabia o que precisava fazer e parecia ansioso para fazê-lo. O que saiu errado?

A concessão de empréstimo aos pobres tornou-se uma das melhores esperanças para aliviar a pobreza global. Sendo assim, o fato de o motorista de táxi não seguir em frente seria uma causa de confusão e arrependimento? É o que tentaremos descobrir nos próximos capítulos.

O milagre do microcrédito

Talvez o motorista de táxi não tenha lido até o fim o material promocional divulgado pelas organizações de microfinanciamento e seus defensores. Se tivesse, ele saberia que a vida é assim, está sempre mudando, e não é um tipo de coisa que se possa deixar passar casualmente. Os testemunhos dos clientes praticamente pulam das páginas e o agarram pela lapela: "Veja! Nós estávamos sofrendo, mas agora estamos prosperando graças a um empréstimo do..." Ao lado da história inspiradora está a fotografia de uma mulher vestida com roupas brilhantes, com um sorriso de orelha a orelha. Ela posa para a foto diante das prateleiras repletas de mantimentos de sua loja de conveniência recém-ampliada ou abrindo a porta de seu novo forno com um sorriso cheio de dignidade e satisfação, e o olhar fixo em um ponto além da câmera, visualizando seu futuro brilhante. Você já viu essa mulher?

Se não viu, dê uma olhada em sites ou nos relatórios anuais de alguns bancos de microempréstimos. Não é preciso procurar muito. Aqui está um exemplo da FINCA, a organização que me apresentou ao microcrédito:

> María Lucía Potosí Ramírez (...) passou a vida tricotando lindos suéteres de lã e vendendo-os no mercado local. Mas o dinheiro que ela ganhava com a venda de seus produtos mal dava para suprir as necessidades diárias de sua família, e nunca sobrava algum para ela poder comprar lã no atacado por um preço muito mais baixo. E, como não tinha nenhuma garantia, não conseguia pegar um empréstimo de uma instituição financeira tradicional.

> Quando ouviu falar da FINCA, em 2001, María Lucía pegou um empréstimo de US$200. Com isso, ela conseguiu (...) comprar mais lã por um preço mais baixo. Agora, sua família se alimenta melhor e seus empréstimos triplicaram, permitindo que ela compre e economize mais. María Lucía diz que é grata à FINCA por coisas que vão além do tangível.[1]

Para os leitores de países ricos, histórias como essa são importantes por dois motivos. Primeiro, mostram que os empréstimos melhoram o padrão de vida das pessoas que tomam o empréstimo. Antes, uma família precisava escolher, por exemplo, entre comer alimentos nutritivos e comprar os remédios necessários; agora ela pode fazer os dois. Segundo, sugerem mudanças profundas, mudanças que vão, como disse María Lucía, "além do tangível", chegando aos domínios elevados da autonomia e da transformação. Isso é algo que vai além de dólares e centavos, e os doadores valorizam isso.

A Opportunity International, rede global de microfinanciamento que atende a mais de um milhão de clientes, apresenta em sua *newsletter* trimestral o testemunho de um doador americano que visitou alguns candidatos a empréstimo em Gana:

> Ouvimos o caso de Marta, que compra e vende azeite de dendê. Ela usa os empréstimos da Opportunity para pagar seus produtos, e conseguiu dinheiro para investir em um quiosque na cidade. Seus filhos estão cursando o ensino médio e têm um futuro mais brilhante. Ela olhou para nós e disse: "Agora eu sou livre." A frase diz tudo. Sem dúvida, a mulher que encontramos vivenciou uma transformação. Testemunhamos seu caso pessoalmente e sentimos sua incrível inspiração. Nossa viagem a Gana... confirmou os motivos para apoiar a Opportunity International e nos ajudou a entender o poder do microfinanciamento de mudar a vida das pessoas.[2]

Antes de sermos varridos pela maré de bons sentimentos, vamos esclarecer bem as coisas. Embora a brilhante aparência do microcrédito seja algo novo, a dívida é algo bem antigo. Pessoas de todos os cantos do mundo, ricas e pobres, vêm fazendo empréstimos há milênios. Normalmente, enxergamos a dívida como um peso, uma obrigação, não como um milagre de cura para a pobreza. Deve existir alguma coisa realmente alquímica no microcrédito que tenha transformado o ato de emprestar dinheiro naquele tipo de experiência de vida transformadora descrita por Marta.

As reconfortantes histórias de sucesso que escutamos sobre o microcrédito vêm de 1976, quando Muhammad Yunus, que na época chefiava o Departamento de Economia da Chittagong University, em Bangladesh, embarcou em um projeto de pesquisa sobre a viabilidade de oferecer crédito formal e serviços bancários aos pobres.[3]

Yunus fez o seu primeiro empréstimo, de US$27, a um grupo de 42 artesãs que trabalhavam com bambu, que até aquele momento haviam financiado a compra do bambu bruto pegando dinheiro emprestado de agiotas que cobravam altas taxas de juros. Ele se interessava pela questão do alívio à pobreza, não pela geração de lucros; assim, ofereceu às mulheres uma taxa de juros melhor, baixa o suficiente para que elas pudessem ficar com uma parte maior de seus lucros e alta o suficiente para que ele recuperasse o investimento.

O novo empréstimo permitiu que as mulheres escapassem do ciclo de empréstimo com agiotas, e Yunus viu que sua ideia de empréstimo podia funcionar. Mas ele tinha ideias mais grandiosas. Ao contrário dos agiotas que substituiu, Yunus tinha uma pauta social explícita, ou seja, tirar os tomadores de empréstimo da pobreza, e via os empréstimos como apenas uma das flechas de uma grande aljava. As outras flechas eram comportamentos e hábitos, como matricular as crianças na escola, ter famílias menores, providenciar esgoto nas casas e plantar legumes em casa para suplementar os alimentos comprados nas lojas. Essas flechas, infelizmente, não seriam disparadas por Yunus; elas eram opções que os clientes teriam de fazer sozinhos.

O que ele podia fazer era encorajá-los, usando os empréstimos como incentivo. Yunus fundou o Banco Grameen com o objetivo de fazer empréstimos em grupo, como aquele feito pelas artesãs do bambu. Ele mirou diretamente nas metas comportamentais. Além de se comprometerem com o pagamento da dívida, as mulheres que queriam pegar dinheiro emprestado precisavam se comprometer também com as Dezesseis Decisões (das quais foram tiradas as quatro mencionadas), que contribuíam para a prosperidade e o progresso delas e de seus familiares. De repente, e pela primeira vez, o empréstimo financeiro tornou-se uma atividade socialmente resgatadora.

O resto é história. Desde que recebeu uma licença bancária do governo de Bangladesh em 1983, o Banco Grameen vem crescendo gradualmente. Hoje, atende a mais de seis milhões de clientes, com um portfólio de empréstimos total de aproximadamente US$650 milhões.[4] Em sua caminhada, Yunus e o Banco Grameen receberam o Prêmio Nobel da Paz em 2006 por seus esforços e, o mais importante, inspiraram milhares de pessoas do mundo inteiro a seguir seu exemplo. Hoje, mais de mil instituições de microcrédito operam nos seis continentes, atendendo a aproximadamente 155 milhões de tomadores.[5]

Como provam os números e prêmios, as pessoas estão animadas com o microcrédito. Todos estão elogiando, de secretários da ONU a economistas roqueiros e astros do rock. Alguns o enxergam como a noticiada "bala de ouro", aquela grande ideia que resolverá o problema da pobreza de uma vez por todas e para todos. Jeffrey Sachs, o célebre economista e conselheiro especial das Nações Unidas em sua ambiciosa iniciativa de combate à pobreza, os Objetivos de Desenvolvimento do Milênio, que mencionamos na introdução, é um de seus defensores mais influentes. Ele escreveu: "O segredo para eliminar a pobreza extrema é permitir que a pessoa mais pobre entre os mais pobres consiga colocar os pés no caminho para o desenvolvimento (...). Elas não dispõem do capital necessário para conseguir se firmar, portanto, precisam de estímulo para subir o primeiro degrau."

Celebridades de todas áreas também embarcaram nessa ideia. Por exemplo, a atriz Natalie Portman é a Embaixadora da Esperança da FINCA, a mesma instituição de caridade que financia a produção de suéteres de María Lucía. E o paladino antipobreza Bono, vocalista da banda U2 e um aliado direto de Sachs e dos pobres em todo o mundo, adapta um provérbio que vimos anteriormente: "Dê ao homem um peixe e ele terá alimento por um dia. Ofereça um microcrédito a uma mulher e ela, o marido, os filhos e toda a família terão alimentos por muito tempo."[6]

Com tanta publicidade em torno do microcrédito, o que precisamos fazer é esquecer os preconceitos e enxergar de maneira clara e imparcial as evidências. É o que faremos neste capítulo. Veremos que existem histórias de sucesso reais, mas isso, como o provérbio "ensine um homem a pescar", não é tão simples ou universal quanto gostaríamos que fosse. Nos próximos dois capítulos, buscaremos maneiras de melhorar os programas de microcrédito e concluiremos nossa incursão no mundo do microfinanciamento ao argumentar que deveríamos prestar muito mais atenção à micro*poupança*.

A evasão de Erlyn

Sari sari pode ser traduzido literalmente do tagalo, o idioma nativo mais falado das Filipinas, como "isso e aquilo". É uma expressão que você aprenderá rapidamente se visitar o país. Aparece nas placas de rua de todas as cidades e vilarejos. As placas são vermelhas e retangulares, com o logotipo da Coca-Cola nos dois lados, e no centro está escrito em branco, em letras garrafais: SARI SARI STORE.

Para fazer jus ao nome, são lojas que vendem de tudo. Dependendo do bairro, você pode ir até a *sari sari store* local para comprar uma refeição de carne de porco com arroz, lápis, uma xícara de café quente, uma porção individual de sabão para lavar roupas, macarrão, crédito pré-pago para celular ou coentro fresco.

Porém, existe um método nessa miscelânea. O princípio por trás de uma loja de sucesso é simples: o que as pessoas querem? A resposta, obviamente, muda o tempo todo; mas essa preferência sempre surge nos produtos exibidos nas prateleiras estreitas e nas vitrines.

Jake e eu conhecemos a proprietária de uma *sari sari store*, Erlyn, em meados de 2009. Evidentemente, as pessoas que compravam no bairro de Erlyn queriam torresmo. Vários tipos de torresmo, de todos os tamanhos, sabores e níveis de crocância.

Erlyn ficava feliz em satisfazê-las. Em cima do balcão de sua loja havia uma grande pilha de torresmos congelada em forma de cascata, em embalagens de plástico e em bolsões repletos de embalagens de alumínio, pendurados no batente com clipes e fios de náilon. Outra mercadoria popular era o refresco Tang, que também estava bem apresentado em um caleidoscópio de sachês coloridos espalhados entre as prateleiras.

Erlyn fazia mais do que apenas atender ao paladar de seus clientes. Ela sempre descobria maneiras de acomodar seu orçamento para que pudesse comprar as coisas que seus clientes queriam sem sair do orçamento. Ela vendia cigarros a varejo e meias porções de Coca-Cola, que na verdade eram apenas pequenos sacos plásticos bem fechados, contendo alguns mililitros de refrigerante. (A primeira vez que experimentei refrigerante em saco foi na América Central. Os lojistas gostam desse conceito porque conseguem preservar a garrafa de vidro para dar em troca pelas cheias, mas uma consequência involuntária é que o cliente precisa tomar o refrigerante quase imediatamente, já que é difícil guardar um saco contendo líquido! Cada saquinho custava aproximadamente US$0,50. Lembro-me de ter oferecido US$1 ao proprietário de uma loja em Honduras para também levar a garrafa, mas evidentemente esse era um luxo que não tinha preço.)

Através dessa incontável quantidade de mercadorias, vendidas pouco a pouco, Erlyn criou um negócio bem-sucedido.

Da mesma forma que reuniu um variado sortimento de produtos para satisfazer as necessidades dos clientes, ela conseguiu oferecer uma solução financeira para satisfazer as próprias necessidades. Até certo ponto.

À primeira vista, Erlyn poderia parecer uma cliente ideal para o microcrédito, e por um tempo ela foi, pegando emprestado de uma das maiores instituições de crédito sem fins lucrativos das Filipinas. Ela teve muito sucesso com seus primeiros microempréstimos, por isso seus fiadores e corretores a encorajaram a pegar mais dinheiro emprestado. E ela pegou. Mas, quando chegou em casa com 20 mil pesos (aproximadamente US$400), seu maior empréstimo até aquele momento, ela descobriu que não poderia aplicar tudo de uma vez em seu negócio. Não havia espaço suficiente na loja para tanto torresmo. O torresmo teria de ficar espalhado pela rua. Por isso, investiu o que podia no estoque e o restante iniciou uma cratera em seu bolso. Havia oportunidades por toda parte: "Com os 20 mil, eu poderia gastar uma parte na casa, comprar roupas ou uma televisão. Então eu vi que era muita coisa. É tão fácil gastar!"

A loja tinha chegado à sua capacidade total. Erlyn poderia fixar um limite máximo para a parte que poderia gastar com o estoque, mas isso não seria suficiente para satisfazer suas necessidades. O banco só concede novos empréstimos depois de seis meses, e o estoque da loja teria de ser renovado a cada dois meses. Não seria bom pedir emprestado três vezes o valor de um novo estoque, já que dinheiro espalhado por aí tem o costume de desaparecer. Ela estagnou.

Mas não totalmente. O microcrédito formal não é o único recurso de crédito para os pobres. Na verdade, mesmo em lugares onde o microcrédito é uma coisa comum, vemos pessoas usando crédito de vizinhos, familiares, lojas e, acredite, dos desprezíveis (mas confiáveis!) agiotas. Em um livro recente, *Portfolios of the Poor,* Daryl Collins, Jonathan Morduch, Stuart Rutherford e Orlanda Ruthven usam análises detalhadas dos lares na África do Sul e Bangladesh para aprender sobre a variedade de opções e mecanismos que os pobres usam para economizar e fazer empréstimos. A história obviamente não é tão simples quanto "o microcrédito oferece aos pobres o tipo de empréstimo que eles nunca conseguiriam".

Nessa linha de raciocínio, Erlyn encontrou uma solução específica, e a solução atendia pessoalmente. O agiota local oferecia empréstimos de 45 e 60 dias, e comparecia à loja todos os dias para pegar o pagamento. Sua taxa de juros era muito mais alta do que a taxa das instituições sem fins lucrativos, mas ele podia emprestar a Erlyn a quantia exata de que ela precisava e pelo período necessário. Para ela, o custo adicional valia a pena. Ela deixou de trabalhar com o banco e tem feito empréstimos periódicos, feliz da vida, com um agiota nos últimos dois anos.

Não é assim que as coisas deveriam funcionar. De acordo com os panfletos promocionais, o microcrédito deveria ajudar a livrar as pessoas das garras afiadas dos agiotas locais, e não convencê-las de que, ao colocar os fatos na balança, o agiota oferece um serviço mais adequado às suas necessidades. O que pode explicar esse mistério?

Desvendando o mecanismo dos empréstimos

Na verdade, o mistério não é grande; existe uma linha muito tênue entre microcrédito e empréstimo. As pessoas normalmente se surpreendem quando sabem que os termos de vários microempréstimos do mundo violam as leis de agiotagem da maioria dos estados americanos. Considere alguns exemplos do México: a afiliada local da FINCA, uma instituição de microcrédito sem fins lucrativos, concede empréstimos a uma taxa percentual anual (APR) de 82%,[7] quando todos os encargos são incluídos; o Pro Mujer, outra grande instituição de microcrédito sem fins lucrativos, oferece empréstimos a 56%. Os agiotas não estão cobrando muito mais (mas são mais criticados – por quê?). Vejamos, por exemplo, uma empresa com ações comercializadas em bolsa e com fins lucrativos, que cobra 73%. A taxa de juros é muito pior do que a de qualquer cartão de crédito americano. Até mesmo o limite inferior das taxas de juros do microcrédito, com taxas anuais por volta de 20%, é muito alto para nossos padrões.

Isso traz à tona a mesma pergunta feita anteriormente: O que *é* o microcrédito, senão outra maneira de dizer "pequenos empréstimos"? Apesar do modismo em torno do conceito, essa não é uma pergunta fácil de responder. Algumas encarnações modernas do microfinanciamento pouco se assemelham ao sistema do qual Yunus foi pioneiro. Talvez o melhor a fazer seja recorrermos à antiga e famosa descrição de pornografia feita pelo Juiz Potter Stewart da Suprema Corte de Justiça: "Eu sei reconhecê-la quando a vejo." Mesmo assim, ainda existem alguns recursos persistentes de microcrédito – missão social explícita, ênfase no empreendedorismo, exigência de aplicar os empréstimos em pequenos negócios, empréstimos coletivos, reuniões de grupos frequentes para efetuar o pagamento dos empréstimos, foco no *empowerment* da mulher por meio do empréstimos – e acredita-se que sejam características que distinguem o microcrédito do empréstimo financeiro comum.

Podemos facilitar a abordagem às perguntas mais importantes sobre se, como e por que o microcrédito funciona eliminando todas essas características até chegar ao essencial: uma quantia em dólares, uma data de vencimento e uma taxa de juros. Se até mesmo empréstimos básicos como esses podem ser benéficos aos tomadores, então existe um bom motivo para sermos otimistas em relação aos microempréstimos em geral.

Em 2004, Jonathan Zinman e eu realizávamos um estudo de marketing e taxa de juros (que vimos no último capítulo) no Credit Indemnity na África do Sul. As pessoas que lá trabalhavam eram simpáticas, inteligentes e divertidas, mas o Credit Indemnity *não* era uma operação de microcrédito calorosa e acolhedora. Era uma instituição de crédito ao consumidor que visava o lucro e não tinha uma pauta social – assemelhava-se mais aos modelos de empréstimo americanos ou ao amigável agiota que vai de casa em casa de Erlyn e menos ao Banco Grameen de Muhammad Yunus. Seus clientes não eram mulheres nem empresários, a empresa não se importava com o que os tomadores faziam com o dinheiro (desde que pagassem de volta o que deviam) e concedia empréstimos apenas a trabalhadores. E cobrava uma taxa anual percentual (APR) de aproximadamente 200%. Em suma, não corria nenhum risco de ganhar o Prêmio Nobel da Paz.

O que precisamos saber é se esses empréstimos realmente melhoravam a vida das pessoas.

Jonathan e eu identificamos uma chance de descobrir. No decorrer do nosso estudo sobre taxas de juros e marketing, constatamos que o Credit Indemnity passava uma quantidade surpreendente de tempo recusando clientes em potencial. Na verdade, ele rejeitava *metade* dos candidatos a empréstimos por considerar muito arriscado lhes conceder um empréstimo. Entretanto, a nossa análise de dados sugeriu que clientes que mal satisfazem os requisitos para empréstimo eram extremamente lucrativos para o credor. Sendo assim, não havia como não perguntar: Será que os candidatos rejeitados também poderiam ser lucrativos?

Depois de investigar um pouco e realizar vários *brainstorms* com sua equipe de crédito, tivemos uma ideia simples de RCT que ajudaria a todos.[8] Ajudaria o Credit Indemnity a melhorar suas operações (e potencialmente seus resultados) e também permitiria esclarecer se os tomadores são ou não beneficiados com o crédito. Enquanto, normalmente, os pesquisadores enfrentam uma batalha entre responder a perguntas significativas e limitar interrupções às operações dos sócios, esse projeto alcançou o equilíbrio perfeito.

Funcionava pegando carona no processo existente de concessão de empréstimos. Quando surgia um novo cliente para se candidatar a um empréstimo, um membro da equipe incluía algumas informações básicas, como idade, renda e há quantos anos ele estava no mesmo emprego, em um programa de computador que instantaneamente retornava uma recomendação básica sobre risco de crédito – um sinal de positivo, negativo ou um "talvez". Modificamos o software para que alguns "talvez" fossem aleatoriamente considerados positivos e outros negativos. Embora os gerentes de crédito tivessem a liberdade de ignorar a recomendação do computador, o resultado era a concessão de empréstimos aleatoriamente a alguns candidatos considerados marginalmente dignos de crédito. Monitorando todos os candidatos – tanto os que receberam o empréstimo aleatoriamente quanto os que foram rejeitados aleatoriamente – e comparando suas experiências, pudemos avaliar se o empréstimo melhorava a vida das pessoas.

Um ano depois, havia surgido uma imagem coerente. Os candidatos que receberam aleatoriamente sinal positivo tinham uma chance significativamente maior de manter seu emprego e recebiam um salário expressivamente mais alto. As famílias dos clientes, e não apenas os tomadores de empréstimo em si, também desfrutavam de maior prosperidade. As famílias dos candidatos aprovados aleatoriamente ganhavam mais dinheiro de maneira geral e tinham menor probabilidade de ficar abaixo da linha de pobreza. As respostas da pesquisa mostraram que eles também tinham menor probabilidade de passar fome.

O mais importante, a força dos resultados sobre a renda e a manutenção do emprego, nos permitiu eliminar a possibilidade de que esses empréstimos seriam, de modo geral, perniciosos.

Foi uma excelente notícia para os defensores do microcrédito. Na verdade, também foi uma excelente notícia para os defensores dos empréstimos consignados. Instituições de crédito do mundo inteiro estavam sendo acusadas por todos os lados de empurrar sua terrível dívida aos tomadores, mas grande parte da munição era invenção e maledicência – não eram fatos reais. Devido à escassez de informações confiáveis sobre os impactos do crédito, qualquer indício que mostre que é uma *boa* coisa mesmo com taxas mais altas –, é bem recebido na conversa.

Oferecer fortes indícios favoráveis aos empréstimos foi um começo, mas o estudo realizado com o Credit Indemnity fez mais do que isso. Mostrou também algo interessante sobre os caminhos específicos por meio dos quais os empréstimos podem levar à prosperidade. Em muitos casos, aprendemos, os empréstimos eram usados para lidar com choques inesperados.

Surgiram duas histórias comuns. Primeiro, muitos tomadores usavam o empréstimo para arcar com custos relacionados com o transporte. Consertavam carros ou motos quebradas e compravam passagens de ônibus, pois assim conseguiam chegar ao trabalho no horário e evitavam problemas com o chefe. Segundo, enviavam dinheiro para os parentes que passavam necessidades nas áreas rurais. Se não conseguissem mandar ajuda, muitos seriam obrigados a se mudar para ajudar pessoalmente seus familiares, uma mudança que representaria grande perda em relação aos empregos estáveis da cidade. Porém, com a ajuda do crédito, mesmo o do tipo com taxas de juros mais altas, ambas as histórias tiveram finais comparativamente felizes. Os pagamentos continuaram entrando.

A galinha dos ovos de ouro e a defesa do microcrédito

Até agora, tudo bem. Aprendemos que pequenos empréstimos comuns podem funcionar para os candidatos elegíveis do Credit Indemnity, pessoas com emprego formal. Mas, e quanto aos pequenos empresários, o atual mercado--alvo do microcrédito?

A ideia básica por trás do microcrédito é que os pobres na realidade têm excelentes oportunidades econômicas, mas não dispõem de recursos para aproveitá-las. Aqui está um exemplo típico: Lucia, uma costureira, ganha a vida costurando e reformando roupas manualmente. Os US$5 de lucro diário que consegue são suficientes apenas para alimentar a família e pagar o aluguel. Com uma máquina elétrica de costura de US$100, poderia dobrar sua produção (e seu lucro), mas ela não tem esse dinheiro – e é então que resolve fazer uma visita a uma instituição de microcrédito.

Lucia pega um empréstimo de US$100, que deve ser pago em seis meses, compra a máquina de costura e começa a ganhar US$10 por dia. Mesmo que o credor cobre uma taxa percentual anual (APR) de 100% – que, novamente, seria uma alta taxa de juros inconcebível (e provavelmente ilegal) para os padrões americanos, mas que é totalmente realista para um microempréstimo –, Lucia ainda sairia no lucro e com grande margem. Ela precisa reservar pouco menos de US$1 por dia para totalizar o pagamento mensal de US$21,85. Mesmo assim, ainda terá US$9 por dia para gastar com a família, em vez dos US$5 que tinha anteriormente. Depois que terminar de pagar o empréstimo, ela pode somar esse US$1 por dia destinado ao pagamento do empréstimo à sua renda, totalizando US$10. Assim, sem muito estardalhaço, Lucia quase dobra sua renda graças a um empréstimo com taxa percentual anual (APR) de 100%.

Simples, certo?

Se existem oportunidades de negócios lucrativas como essas para os pobres, as altas taxas de juros dos microempréstimos não são um problema tão grande; todos podem ganhar, tanto os tomadores quanto os bancos. Mas esse é um grande "se". Um investimento único de US$100 que dobra os lucros no longo prazo, como a máquina de costura de Lucia no nosso exemplo, é uma galinha dos ovos de ouro. Será que existem, de fato, como alegam os defensores do microcrédito, tantas galinhas dos ovos de ouro espalhadas pelas tendas de Dakar ou pelas feiras livres de Daka, ou nos campos de arroz inundados dos pequenos produtores agrícolas da Tailândia?

É preciso responder a essa pergunta fundamental para saber se e quando o microcrédito pode ser benéfico para todos. Porque uma coisa é certa: só funciona se os clientes pagarem os empréstimos. Independentemente da taxa de juros cobrada, se os clientes puderem contar com aumento nos lucros em decorrência do empréstimo para fazer seus pagamentos, a viabilidade de todo o sistema depende da proporção desse aumento. No jargão econômico, a dúvida aqui é: "Qual é o retorno marginal sobre o capital para o negócio?" Em outras palavras, se um microempresário investir US$1 extra em seu negócio, qual será o seu lucro?

Em 2005, três economistas, Suresh de Mel, da University of Peradeniya, no Sri Lanka, David McKenzie, do Banco Mundial e IPA, e Chris Woodruff, da University of California em San Diego, rumaram para o sul do Sri Lanka para responder a essa pergunta e descobrir quais eram as perspectivas reais de negócios dos pobres.[9] Qual a potência do motor econômico das microempresas, afinal? Sua estratégia era simples e direta: eles injetariam dinheiro em alguns negócios para verificar o lucro adicional gerado.

Batendo de porta em porta, os pesquisadores identificaram 408 microempresários. Eram alfaiates, rendeiras, artesãos especializados em produtos de bambu, proprietários de pequenas quitandas e oficinas de bicicletas – típicos microempresários sobre os quais ouvimos falar quando se fala em microcrédito. Selecionou-se aleatoriamente a metade para receber uma doação de US$100 ou US$200 (a quantia também foi escolhida aleatoriamente), uma quantia de bom tamanho, praticamente equivalente ao lucro de três ou seis meses de um negócio típico.

Os pesquisadores acompanharam os lucros de todas as 408 empresas por meio de pesquisas trimestrais realizadas nos 15 meses que se seguiram e compararam os resultados das empresas que receberam o dinheiro com os daquelas que nada receberam. Os lucros mensais das empresas que receberam a ajuda foi, em média, equivalentes a 6% da quantia recebida. Ou seja, o investimento de US$100 adicionais no negócio gerou US$6 a mais nos lucros mensais, ou US$62 a mais nos lucros anuais. E, potencialmente, até mais se os lucros adicionais fossem reinvestidos nos negócios. A título de comparação, se você colocar todo o seu dinheiro em um investimento que gere um retorno anual de 70% (e continuar reinvestindo os lucros), sua riqueza praticamente dobrará a cada ano. É uma galinha dos ovos de ouro, se é que isso existe.

Por que o microcrédito não é mais popular?

Se os microempresários do mundo podem obter altos retornos como seus colegas do Sri Lanka, o cenário é ainda melhor para o microcrédito. Mas, espere um momento. Essa aparente profusão de galinha dos ovos de ouro na verdade é um quebra-cabeça complicado. Se os retornos fossem realmente tão altos, a economia tradicional esperaria que as pessoas investissem cada dólar disponível em seus negócios altamente lucrativos. Os microempresários deveriam estar batendo nas portas dos credores.

O problema é que isso não está acontecendo.

Na parte sul do Sri Lanka, onde Mel, McKenzie e Woodruff realizaram seu estudo, o microempréstimo era algo amplamente disponível e razoavelmente barato. As taxas de juros na região eram de aproximadamente 20% APR, muito inferiores aos retornos que os microempresários por eles estudados conseguiram em média; portanto, parecia existir potencial para empréstimos lucrativos por parte dessas pessoas. Mas, na verdade, esse potencial era pequeno. Apenas um em cada nove microempresários havia tomado algum tipo de empréstimo formal na vida.

Não são apenas os cidadãos do sul do Sri Lanka que estão estranhamente reticentes. Apesar do grande entusiasmo nos países em desenvolvimento, parece que um grupo muito importante não comprou inteiramente a ideia do microcrédito: os pobres. A princípio, o número de 155 milhões de clientes em todo o mundo é impressionante, mas vamos examinar a situação mais de perto. Compare isso com o número de pessoas pobres. Aproximadamente metade da população mundial, bem mais de três bilhões de pessoas, ou 20 vezes o número de clientes do microcrédito, vive com menos de US$2,50 por dia.[10] Sendo assim, mesmo que cada cliente do microcrédito fosse pobre (e nem todos são), ainda assim menos de 5% da população pobre faria parte do grupo de tomadores de empréstimo.

Realisticamente falando, 5% é uma estimativa conservadora. Nem todos os pobres são elegíveis ao microcrédito ou têm acesso a ele, em primeiro lugar. Mas esse número realmente não parece muito irreal. Um estudo marcante realizado em Hyderabad, Índia, revelou um número semelhante ao do Sri Lanka: entre 10% e 20% dos tomadores elegíveis optaram por fazer empréstimos. Se fosse uma votação, os microempréstimos não ganhariam eleição alguma. E isso significa que o motorista de táxi de Gana que conhecemos no início do capítulo com certeza não está sozinho. Como desvendar esse quebra-cabeça?

Talvez oito dos nove microempresários do estudo de Sri Lanka que não fizeram empréstimo estivessem ignorando a oportunidade. Mas suponhamos que não estivessem. Ainda existem duas explicações plausíveis para o baixo número de empréstimos.

A primeira explicação é um truque matemático. Talvez os grandes retornos anuais observados no Sri Lanka contem apenas metade da história. Afinal, uma *média* de 70% não significa que *todos* tenham obtido um retorno de 70%. Vamos supor que metade tenha tido retornos de 140% e a outra metade nenhum retorno: então, o retorno médio ainda seria de 70%, mas não ficaríamos surpresos ao constatar que os que tiveram 0% de retorno estavam rejeitando os microempréstimos.

Na verdade, havia indícios sustentando esse tipo de história. Os retornos não eram os mesmos para todos; eram diferentes para diferentes tipos de pessoas. Algumas das diferenças eram exatamente o que se esperava. Por exemplo, microempresários com grau de instrução maior e mais inteligentes pareciam se sair melhor (embora, estatisticamente falando, esses não tenham sido resultados fortes; com apenas 408 participantes, o estudo não foi desenvolvido para chegar a um nível de granularidade como esse). Um ano a mais de escolaridade aumentou os retornos em um quarto, e o sucesso em um simples teste de capacidade cognitiva era forte prognosticador de altos retornos nos negócios.

Entretanto, outras diferenças nos retornos foram surpreendentes e perturbadoras, principalmente a disparidade entre os sexos. Existiam fortes indícios de que os homens conseguiam altos retornos em seus negócios, mas tais indícios eram muito mais fracos entre as mulheres. Os homens que participaram do estudo tiveram retornos anuais médios de aproximadamente 80%, enquanto entre as mulheres os retornos, na realidade, foram igualmente negativos.[11] Será que apenas os homens poderiam ter microempresas de sucesso?

Ora, a alegação de que as mulheres não podem ter sucesso como microempresárias parece ser evidentemente falsa. Dê uma volta em uma feira livre em qualquer país em desenvolvimento: as vozes que você escutará gritando os preços dos produtos serão femininas; você percebe sua presença pelo ruído das saias nos corredores. Na verdade, as mulheres são o elemento vital da microempresa em grande parte dos países em desenvolvimento. Além disso, grande parte do movimento do microfinanciamento, do Banco Grameen de Yunus em diante, enfatiza o empréstimo para mulheres, principalmente porque se acredita que elas sejam tomadoras mais responsáveis do que os homens. Mas, se seus negócios estão destinados a não dar lucros, obviamente elas não são as pessoas certas para realizar empréstimos empresariais.

Será que toda essa ênfase nas mulheres na realidade é inadequada? Espero que não; mas as descobertas do Sri Lanka nos forçam a enfrentar essa constrangedora dúvida.

Felizmente, existe uma segunda possível explicação para o baixo nível de empréstimos formais. Talvez as pessoas evitem as instituições de microcrédito por existirem muitas restrições ao uso do dinheiro que tomam emprestado. No Sri Lanka, assim como no resto do mundo, muitos microcredores exigem que os empréstimos sejam usados exclusivamente para financiar atividades comerciais. Isso significa, por exemplo, que um alfaiate poderia levantar um empréstimo para comprar uma máquina de costura, mas não para comprar roupas prontas para seus filhos.

O problema é que os empresários do Sri Lanka não queriam financiar apenas suas atividades comerciais. Eles tinham outras ideias.

Mel, McKenzie e Woodruff haviam desenvolvido seus estudos para ver até onde iriam essas outras ideias. A ajuda que deram aos empresários foi dividida em dois tipos. Metade foi "em espécie": as pessoas que a receberam podiam escolher qualquer item relacionado com seus negócios até o valor concedido, e os pesquisadores saíam com elas para fazer as compras. A outra metade recebeu a ajuda em dinheiro, sem restrições. Esse último grupo foi orientado a gastar o dinheiro do jeito que bem desejasse.

Os pesquisadores descobriram que as pessoas que receberam a ajuda financeira sem restrições de compras gastaram pouco mais da metade (58%) em compras para os negócios. O restante foi aplicado em poupança, pagamentos de dívidas e itens de consumo do dia a dia, como alimentos, roupas, remédios e passagens de ônibus. Se era assim que eles realmente queriam gastar o dinheiro, é de surpreender que não tenham querido mais tomar microempréstimos empresariais?

Talvez devêssemos pensar nessa pergunta de outra maneira: Por que os microcredores criavam tantas regras sobre a aplicação do dinheiro do empréstimo? (A resposta, definitivamente, é aquela que nós, como doadores, lhes damos. Veja o caso da Kiva.org. Nós gostamos de saber que nossos empréstimos são destinados a microempresários. As pessoas procurariam a Kiva se seu slogan fosse: "Ajude a patrocinar o empréstimo dessa pessoa para que ela possa comprar uma televisão nova ou trocar o piso da casa"?) Veremos mais sobre a sabedoria – e a futilidade – dessas regras no próximo capítulo.

O básico em nova roupagem

Dois anos depois de trabalharmos com o Credit Indemnity para medir o impacto do crédito nos tomadores de empréstimo da África do Sul, Jonathan Zinman e eu tivemos a chance de reproduzir o estudo realizado com o Credit Indemnity com um credor filipino que oferecia empréstimos empresariais.[12] Era uma excelente oportunidade de verificar se uma versão mais tradicional do microcrédito (ou seja, voltada para empresários) geraria os mesmos impactos positivos de seu primo, o crédito ao consumidor. Talvez pudéssemos até mesmo encontrar indícios que sustentassem essas inspiradoras histórias de sucesso que vemos nos folhetos publicitários: o padeiro que vê seu negócio aumentar quando compra um novo forno, María Lucía, da FINCA, e a prosperidade de seu negócio de suéteres.

Como no caso de grande parte do trabalho com microfinanciamento do IPA nas Filipinas, devemos agradecer ao guru do microfinanciamento John Owens por nos apresentar ao nosso parceiro. Ele nos apresentou a Reggie Ocampo, presidente do First Macro Bank, instituição de crédito da capital Manila, região com aproximadamente sete mil clientes.

Muito mais do que o Credit Indemnity, o First Macro está diretamente relacionado com o universo do microcrédito. Ele oferece empréstimos exclusivamente a empresários, e empréstimos que deveriam ser investidos exclusivamente nos negócios do tomador. A maior parte dos seus clientes não tem emprego formal, histórico de crédito e garantia para os empréstimos. E, embora seja um negócio com fins lucrativos, o First Macro tem uma pauta social explícita. Sua missão fala em "desenvolvimento da comunidade", "produtos dirigidos ao cliente" e "crescimento sustentável". Os empréstimos do First Macro também são aproximadamente dois terços mais baratos, com taxa percentual anual (APR) de 63%, em comparação com os que estudamos na África do Sul.

Entretanto, em nível operacional, existem muitas semelhanças entre os dois. Como o Credit Indemnity, o First Macro concedia empréstimos para tomadores individuais, normalmente com data de vencimento de alguns meses, e as informações de cada candidato eram incluídas em um programa de computador que retornava uma recomendação básica sobre risco de crédito. Assim, foi relativamente fácil adaptar nosso experimento anterior.

O estudo realizado com o First Macro funcionava de maneira muito semelhante à do estudo realizado com o Credit Indemnity. Zinman e eu modificamos o software de avaliação de risco de crédito para que alguns candidatos novos, cuja pontuação estava bem no limite (isto é, os casos de "talvez" que na verdade representavam aproximadamente três quartos dos candidatos), fossem aleatoriamente aprovados. Nos dois anos seguintes, pesquisamos todo mundo, inclusive os candidatos recusados, para analisar as mudanças em sua vida. Será que os que conseguiram o empréstimo haviam prosperado?

Sim e não. Analisando todos os candidatos em conjunto, os resultados não apresentaram nada de incomum. Os lucros com os negócios foram 10% mais altos entre os que conseguiram o empréstimo, mas estatisticamente o aumento não foi significativo e, assim, não podemos dizer com certeza que o aumento nos lucros teve alguma coisa a ver com os empréstimos.

No entanto, analisando grupos específicos de candidatos, descobriu-se que havia alguns pontos surpreendentes a mencionar afinal, embora não fossem as coisas que os papas do microcrédito queriam escutar. Nem todo mundo foi bem-sucedido. Primeiro, como no Sri Lanka, os homens se saíram bem melhor do que as mulheres. Tiveram um aumento três vezes maior nos lucros dos negócios em comparação com as mulheres. Segundo, os tomadores com mais sucesso provaram ser mais adeptos de aplicar o empréstimo na prática: para a metade (relativamente) mais rica dos candidatos, o empréstimo gerou um salto de 25% nos lucros, enquanto no caso dos menos ricos não foi possível dizer com confiança que os empréstimos tiveram efeito sobre os lucros. Assim, as mulheres pobres, as heroínas do microcrédito que viraram tradição em todo o mundo, não roubaram a cena em Manila.

Nesse sentido, outra coisa que surgiu da história do First Macro também não se encaixava na sabedoria convencional. Os pontos finais do arco da narrativa se encaixaram – em geral, as empresas que receberam empréstimos tornaram-se mais lucrativas, – mas o meio do enredo foi surpreendente. Pensamos que fosse possível encontrar uma desculpa para ressuscitar aqueles eternos clichês sobre o microcrédito: permitir que as empresas cresçam, espalhando-se como mudas de hortênsias e irrompendo com a vida e as cores vivas da magnólia no começo da primavera etc. e tal. Não tivemos tanta sorte. Descobrimos que, nos casos em que os negócios realmente melhoraram, a maioria conseguiu fazê-lo não por meio de um processo de crescimento irrestrito, mas por meio de podas.

É isso mesmo: os aumentos nos lucros foram impulsionados em grande parte por empresas que *diminuíram*, e não por empresas que se expandiram. Os candidatos que receberam empréstimos (aleatoriamente) consolidaram e reduziram suas operações. Tinham menos negócios de maneira geral, e as empresas que tinham empregavam menos trabalhadores pagos. Os custos caíram e os lucros aumentaram. Foi simples assim.

Simples, mas também inesperado. Afinal, ninguém faz propaganda do microcrédito com histórias sobre empresas que fecharam e empregados que foram demitidos. Mas talvez devessem tentar; na pior das hipóteses, pelo menos teriam provas para sustentar suas argumentações.

O microcrédito pode transformar as comunidades?

Pelo que vimos até agora, pelo menos algumas pessoas podem prosperar e de fato prosperam quando têm acesso ao microcrédito. Mas a história que escutamos dos defensores do microcrédito – pense no provérbio adaptado "Dê ao homem um peixe e ele terá comida por um dia; ofereça microcrédito a uma mulher e ela, seu marido, seus filhos e toda a família terão alimentos por muito tempo" – implica algo mais poderoso: não apenas que grande quantidade de pessoas em todo o mundo pode ser beneficiada diretamente com esses empréstimos, mas também que a maré alta levanta todos os barcos. A grande promessa do microcrédito é que ele pode ser utilizado em quase toda parte, e espera-se que tire comunidades inteiras da pobreza.

Uma maneira de descobrir se isso é verdade é seguir adiante e tentar: veja o que acontece quando o microfinanciamento chega a uma comunidade pela primeira vez. Em 2005, Abhijit Banerjee, Esther Duflo, Rachel Glennerster e Cynthia Kinnan, quatro economistas da J-PAL e IPA, foram para Hyderabad, na Índia, para a realização de um RCT.[13] Fizeram uma parceria com a Spandana, uma instituição de microcrédito indiana que atendia a aproximadamente 1,2 milhão de clientes com empréstimos conjuntos. Naquela época, a Spandana planejava realizar uma expansão, abrindo filiais em novos bairros. Trabalhando com os pesquisadores, eles identificaram aproximadamente cem bairros onde ainda não havia microempréstimos disponíveis e selecionaram aleatoriamente metade deles, onde seriam abertas filiais da instituição no ano seguinte.

No fim de 2007, aproximadamente um ano após a abertura das filiais, os pesquisadores realizaram ampla pesquisa em todos os cem bairros. Nos bairros onde foram abertas as filiais, eles conversaram não apenas com as pessoas que fizeram empréstimos, mas também com aquelas que não fizeram. Estavam interessados na experiência da comunidade como um todo, e não apenas naqueles primeiros candidatos nas filas das novas filiais.

A primeira coisa que repararam foi que o número de pessoas que fizeram o empréstimo não era tão grande. Assim como vimos anteriormente no estudo realizado no Sri Lanka, menos de uma em cada cinco pessoas que correspondiam aos critérios de elegibilidade foi suficientemente estimulada a fazer um empréstimo. Um número ainda menor investiu esses empréstimos em uma microempresa. Na verdade, o motivo mais comum dos empréstimos era o pagamento de outras dívidas que normalmente cobravam altas taxas de juros, como as contraídas com agiotas.

À luz desses fatos, talvez não seja tão estranho que, apesar de haver novas filiais da Spandana, as comunidades não tenham se transformado do dia para a noite. As pesquisas não revelaram mudanças acentuadas na autonomia da mulher, no número de matrículas nas escolas ou nos gastos com saúde, higiene e alimentos. Outra maneira de examinar isso foi monitorar quanto as famílias gastavam mensalmente em diversas categorias – de refeições em restaurantes à compra de fraldas, dos gastos com educação a cigarros. Um ano depois da abertura das filiais, os gastos totais não tinham aumentado. De modo geral, parecia que as pessoas não estavam nem um pouco mais ricas do que antes.

Assim, para as comunidades pobres de Hyderabad, a introdução do microcrédito não significou prosperidade instantânea para todos; mas a história continua. Como aconteceu com a First Macro em Manila, havia dinâmicas interessantes sob a superfície. Elas estavam relacionadas com diferentes *tipos* de pessoas e a diferentes maneiras de responder ao maior acesso ao crédito.

Os pesquisadores dividiram em grupos os moradores de centenas de bairros de Hyderabad. Primeiro, eles separaram todos aqueles que já tinham um negócio. Em seguida, usaram um modelo para prever se uma pessoa tinha probabilidade de montar um novo negócio com base em algumas informações demográficas sobre sua família –, por exemplo, a quantidade de terra que a família possuía, quantas mulheres em idade produtiva havia na família e se a esposa do chefe da casa era alfabetizada e trabalhava fora. Eles usaram o modelo para dividir as pessoas restantes em dois grupos de acordo com a intensidade de seu espírito empreendedor. Depois que uma pessoa era considerada empreendedor real, provável empreendedor ou empreendedor improvável, os pesquisadores podiam comparar os grupos para ver o impacto do crédito em cada um desses grupos.

Essa tripla divisão encontra-se no âmago da nossa pergunta. Os pobres compartilham uma capacidade comum e igual de explorar os microempréstimos em benefício próprio, em benefício de sua família e da comunidade? Ou essa capacidade é mais comum em uns do que nos outros?

A comparação entre os três grupos lado a lado revelou diferenças gritantes. E elas contavam uma história coerente.

As pessoas com cabeça para os negócios se saíam bem. Os verdadeiros empreendedores costumavam aplicar o dinheiro nas empresas já existentes. Os prováveis empreendedores cortavam o consumo, principalmente dos chamados "bens tentadores", como álcool, cigarros, bilhetes de loteria e chás para viagem (o equivalente indiano do Starbucks), e gastavam em bens duráveis. Compravam as coisas necessárias para montar um negócio: máquinas de costura, se eram alfaiates, fornos, se eram padeiros, geladeiras, se tinham mercearias.

Todo esse gasto relacionado com os negócios significava que as pessoas estavam construindo e alimentando motores econômicos. Apesar da descoberta dos pesquisadores de que as pessoas não estavam mais ricas de modo geral, elas pareciam estar caminhando nessa direção. E o corte nos gastos tentadores sugeria isso; agora, que seus sonhos empreendedores estavam ao seu alcance, as pessoas estavam fazendo sacrifícios inteligentes para alcançar seu objetivo. Até então, a história clássica sobre o microcrédito estava a salvo.

Mas os improváveis empreendedores estavam na contramão. Eles não compravam bens duráveis nem investiam nos negócios; eles consumiam mais. Mais de tudo, de roupas e alimentos de cigarros a chá. E, no fim do dia, eles não estavam mais ricos do que antes. Tudo o que deixaram foi a sua obrigação para com a Spandana. Acabavam se assemelhando mais a personagens de um conto admonitório sobre, por exemplo, a dívida do cartão de crédito do que os personagens inspiradores da literatura do microcrédito.

Os meios, não o fim

Agora, realmente precisamos entender os indícios e provas analisados neste capítulo. Eles *não* significam que o microcrédito seja um fracasso ou que o enorme entusiasmo que gerou foi necessariamente inapropriado. Tudo o que significa é que ainda não há uma resposta definitiva. Uma vez que os experimentos iniciais não foram um mar de rosas, cabe aos defensores do microcrédito apresentar uma defesa mais forte e aos pesquisadores cavar mais fundo e aprender em quais contextos ele funciona melhor ou se funciona. Nenhum estudo isolado, realizado em um só lugar, em dado momento, pode gerar indícios suficientes para produzir fórmulas que possam ser aplicadas mundialmente. Um dos maiores desafios do desenvolvimento é reproduzir as avaliações em lugares e contextos suficientes para finalmente alcançar uma lição universal. Esse desafio é parte do que me motivou a descobrir o IPA, uma organização dedicada ao trabalho árduo e difícil que definitivamente liga os elos entre os estudos individuais e os indícios abrangentes e consistentes que podemos apresentar.

Resumindo, o que aprendemos neste capítulo sobre as limitações do microcrédito *não* é uma tragédia! Apenas significa que nem todos nasceram para ser empreendedores – ou cliente de microcrédito –, assim como nem todos nascem para ser pescadores. No próximo capítulo, falaremos mais sobre esses motivos.

Assim, o problema do microcrédito não é o microcrédito. O sucesso das instituições de microcrédito como negócios viáveis que servem os pobres é genuinamente impressionante. E, o mais importante, graças à explosão do setor nas três últimas décadas, milhões de pessoas têm hoje mais chances do que antes. E isso é fantástico.

O problema do microcrédito é a maneira como ele vem sendo alardeado: como uma solução única e abrangente para resolver o problema da pobreza, que pode ser adotada com eficiência, mesmo sem cuidadosas avaliações de impacto. E como algo que todos os pobres deveriam desejar. Apesar de todos os seus méritos, não é bem assim.

Lembrei-me de algo que escutei em uma reunião sobre microcrédito realizada pelo Center for Global Development, no começo de 2010. Um grupo de acadêmicos, responsáveis pela definição de políticas e profissionais reuniu-se para discutir o aspecto negativo dado pela mídia às avaliações de microcrédito comentadas neste capítulo. Alguém na reunião resumiu o sentido palpável da preocupação e o pressentimento entre os participantes: "O futuro do microcrédito está em jogo."

O que está realmente em jogo aqui? O microcrédito é o meio para um fim, e não o fim em si. O que está em jogo é uma oportunidade de melhorar a vida dos pobres. Milhões de dólares são despejados como auxílio ao desenvolvimento, mas isso não chega nem perto da solução para o problema da pobreza. O economista que existe dentro de mim, a parte de mim que vê o mundo em termos de *trade-offs*, fica frustrado com o fato de direcionarmos tanto dinheiro, esforço e boas intenções para o microcrédito, nós não os direcionamos para outras coisas, como poupança, seguro, educação e saúde. Algumas dessas outras coisas, sobre as quais você lerá mais adiante no livro, funcionam e são maneiras mais baratas e inclusivas de alcançar o objetivo definitivo de reduzir a pobreza.

Sendo assim, como podemos fazer o melhor com os recursos disponíveis? E podemos inspirar mais pessoas a se envolverem, proporcionando-lhes a confiança de que existem programas que realmente funcionam? É isso que está em jogo.

Não é a ferramenta utilizada que importa; o que importa é a redução da pobreza.

5
BUSCAR A FELICIDADE
Quando se tem coisa melhor para fazer

Oti estacionou pouco depois das seis e meia. O sol equatorial já havia se posto e Jake estava de pé, na cacofonia da rua escura. Se o passeio de carro havia cansado Oti demais, não parecia; ele parecia revigorado e relaxado, e cumprimentou Jake calorosamente. Mas Jake já estava esperando há duas horas. Estava pronto para ter uma conversa séria sobre atendimento ao cliente.

Os dois haviam sido apresentados por Daniel, o guarda-noturno no complexo onde Jake estava morando, no bairro de Labadi Beach, em Acra. Daniel havia sugerido que, em vez de tomar táxi para ir e voltar do trabalho todos os dias, Jake poderia contratar seu amigo Oti por mês como motorista. Eles combinaram um preço e o horário de trabalho. Oti o buscaria todo dia às oito da manhã em sua casa e às quatro e meia da tarde, no escritório. Oti era muito simpático e bem apessoado, e tinha um carro pequeno, mas confortável, que funcionava relativamente bem. Quando demorava a pegar, pelo menos era fácil de empurrar.

E, assim, começou um bom relacionamento de trabalho. Mas logo ficou claro que não era apenas o veículo de Oti que sofria de problemas de confiança. Depois de algumas noites esperando na escuridão quente e abafada, ficou claro: alguma coisa não estava saindo como esperado. Em vez de despedir Oti, porém, parecia uma ideia melhor ver se não valeria a pena tentar consertar as coisas, como foi feito muitas vezes com seu carro.

Jake pensou que talvez fosse possível dar um jeito na situação porque a tarefa em questão parecia muito simples. Havia um elemento de mistério no *timing* errático; afinal, apenas 4km separavam a casa de Oti do escritório. O que estava acontecendo para ele chegar duas horas atrasado?

Bem, é difícil saber exatamente o que estava se passando. No mínimo, Oti provou uma coisa: há diversas maneiras de fazer. Algumas são comuns, como esperar até uma hora depois da hora de buscar a pessoa para sair de casa porque se estava assistindo a um filme com a namorada ou ficar preso em um engarrafamento horrível. Outras são mais complicadas, como partir para o escritório com o tanque quase vazio, ficar sem gasolina no meio do caminho e perceber que você esqueceu o bujão em casa, depois andar mais de 1km de volta para casa para pegar o galão, ir a pé ao posto de gasolina para enchê-lo, depois voltar e descobrir que seu carro foi empurrado do acostamento para cima da calçada por motoristas irritados na hora do *rush* (para a ira dos muitos pedestres que estavam agora reunidos em torno dele, esperando para passar um sermão) e, finalmente, encher o tanque e buscar a pessoa. Sim, existem inúmeras maneiras de se estar duas horas atrasado, e Oti conhecia um monte delas.

Ainda mais notável do que a amplitude e variedade de contingências, no entanto, foi a absoluta serenidade com que Oti as enfrentou – ou participou ativamente delas. Na tarde em questão, como em muitas outras tardes, ele chegou com um sorriso e um alegre "Oi, Jake! Como vai?" e Jake ficou a se perguntar sobre o que teria acontecido. Se o erro foi dele, ele não se arrependeu e, se o destino conspirou contra ele, deixando-o por horas em um nó intratável do trânsito, ele não reclamou.

Uma coisa era Oti não se importar de desperdiçar o tempo de seu cliente. Certamente você já conheceu alguém assim. O mais estranho era que Oti não parecia se importar de estar desperdiçando seu próprio tempo. E esse foi o tema da conversa séria que teve com Jake no caminho de volta, serpenteando no meio de vans pesadas e táxis barulhentos nas estradas esburacadas da capital ganense.

O lugar certo, na hora certa

Você já ouviu isso milhares de vezes, aquela equivalência fundamental entre vida profissional e real, dita com a brevidade apropriada: tempo é dinheiro. Em algum momento durante o *boom* da internet, essa máxima foi aplicada a Bill Gates, com um resultado de arregalar os olhos. Calculando seu rendimento médio por hora ao longo de um ano, chegou-se à conclusão de que, se ele passasse por uma nota de US$100 na calçada, não deveria perder tempo para curvar-se e pegá-la. O raciocínio era de que não valia a pena, pois ele poderia ter ganhado mais de uma centena de dólares dedicando aqueles dois segundos ao trabalho.

O exemplo não é exatamente adequado, é claro (para início de conversa, Bill Gates na verdade não ganha por hora), mas o princípio por trás é sólido. Sempre que gastamos o tempo fazendo uma coisa específica, podemos compará-la a outras coisas que poderíamos fazer em seu lugar. E, quando pensamos no custo total de fazer essa coisa específica, devemos contabilizar o valor das alternativas que recusamos ao longo desse processo. Os economistas chamam esse fator de "custo de oportunidade".

O custo de oportunidade não se aplica apenas a Bill Gates, aplica-se a todos nós. É a razão pela qual frequentar uma faculdade é mais caro do que o mero custo da mensalidade – porque os anos de estudo na faculdade poderiam ser gastos trabalhando e ganhando dinheiro. É também por isso que você pode optar por não trabalhar no sábado para poder ir ao parque com sua família – provavelmente você está recusando alguns dólares a mais de ganho econômico, pois a diversão que poderia perder por passar o dia no trabalho é muito grande. Poderíamos usar o mesmo argumento sobre toda a questão da escolha da carreira: as pessoas mudam de emprego quando conseguem um cargo com menor remuneração porque desfrutam mais do trabalho ou param de trabalhar para cuidar dos filhos.

O fato de essas escolhas poderem diminuir nosso saldo bancário no final do mês não significa que não sejam econômicas; são apenas um reflexo das nossas prioridades, daquilo que é importante para nós. O dinheiro certamente não é a única medida disso. Em última análise, os custos de oportunidade reduzem-se à satisfação – de fazer as escolhas que o tornam mais feliz e também reconhecendo o que você não está fazendo e o quão feliz (ou infeliz) isso o deixará.

Assim, mesmo que Oti pudesse ter ganhado dinheiro buscando Jake na hora, fatores atenuantes talvez tenham tornado essa uma má escolha no geral. Suponha que o trânsito estivesse tão ruim que Oti levaria três horas para fazer uma viagem de ida e volta de 12km. Nesse caso, a frustração e o tempo adicional associados à condução podem ser mais dispendiosos do que o dinheiro que ele iria ganhar, tornando-se mais viável cancelar o serviço.

Ainda assim, há vários momentos em que, mesmo que tenhamos uma boa visão geral das escolhas, podemos cometer pequenos erros. Suponhamos que Oti quisesse assistir a um filme durante a tarde. Ele podia assisti-lo de meio-dia às duas horas, quando não tinha ninguém para pegar. Nesse caso, o custo de oportunidade está perto de zero (ele poderia, é claro, tentar conseguir mais serviços, e nesse caso haveria algum custo). Ou poderia vê-lo das quatro às seis e ligar para Jake para cancelar o serviço naquele dia. Nesse caso, o custo de oportunidade de assistir ao filme é o dinheiro que ele teria recebido por levar Jake para casa.

Na opinião de Jake, Oti certamente não calculava o custo de oportunidade com a perspicácia de um Econ. Ele não cancelou o trabalho quando o trânsito ficou horrível nem chegou na hora quando claramente teria sido fácil chegar. Ele disse, em relação ao filme: "Se eu estou vendo um filme com a minha namorada, o que posso fazer? Devo parar de ver o filme e sair da casa? Vou buscá-lo mais tarde ou amanhã de manhã, pelo menos." E ele disse, em relação ao tráfego: "Se o tráfego está lento demais, o que posso fazer? Eu já estou sentado dentro do carro e disse que viria, então tenho que chegar e buscá-lo, mesmo que demore muito. Eu não me importo de levar duas ou até três horas para chegar lá."

Bem, lá estava ele, zen em sua simplicidade, redonda e lisa como uma casca de ovo. Sua simplicidade era total e, no momento, irrepreensível. Isso significava que em alguns dias Jake veria Oti e em outros dias pegaria um táxi.

Talvez você esteja fazendo uma pergunta óbvia: Por que Jake não demitiu Oti e procurou outra pessoa? Bem, às vezes, todos nós deixamos os sentimentos nos influenciar – Jake não é um Econ tampouco. Ele gostava do cara. Talvez o problema fosse que Oti sabia disso muito bem.

Em busca da felicidade

Para os propósitos deste argumento, vamos imaginar que Oti não havia atingido o equilíbrio ideal entre trabalho (como motorista) e lazer (assistir a um filme com a namorada). Vamos supor que – se ele refletisse claramente a respeito – nos dias sem trânsito, Oti realmente preferia interromper o filme e ganhar dinheiro para buscar Jake. Bem, se serve de consolo, ele não é o único que comete esses erros. Suas contrapartes em Nova York não parecem fazer muito melhor.

Uma equipe de economistas comportamentais – Linda Babcock, Colin Camerer, George Loewenstein e Richard Thaler – analisou os registros de milhares de taxistas de Nova York para descobrir como eles escolhiam o número de horas que trabalhariam em determinado dia.[1] Eles queriam saber, especificamente: Será que estavam alocando de forma eficiente suas horas de trabalho?

A ideia principal é que, para os taxistas, há dias mais cheios e dias menos cheios. Se o tempo estiver ruim ou se houver uma convenção na cidade, por exemplo, provavelmente haverá mais corridas e, em especial, mais corridas curtas (que são mais rentáveis por quilômetro rodado). Por outro lado, em um lindo dia de primavera, as pessoas estão menos propensas a pegar um táxi. Nos dias mais movimentados, o rendimento médio por hora de um motorista é significativamente maior do que em dias lentos. E, embora não possam controlar quais dias são cheios e quais dias são lentos, os motoristas podem escolher seu horário de trabalho. Cada vez que um motorista tira o carro da garagem, ele pode escolher quanto tempo vai trabalhar (normalmente até um limite de 12 horas). Enquanto isso, presumimos que os motoristas de táxi também gostem de seus momentos de lazer.

De acordo com a economia padrão, a solução para o problema de alocação do tempo é simples: os motoristas deveriam optar por trabalhar mais em dias cheios – ganhando enquanto o rendimento é bom – e encerrar o expediente mais cedo em dias lentos – indo embora quando o rendimento é ruim. Dessa forma, eles podem trabalhar o mesmo número de horas por semana, mas alocar essas horas de modo a ganhar o máximo possível. A interpretação do custo de oportunidade não é diferente: o tempo de lazer é mais barato em dias lentos do que em dias cheios, pois os motoristas estão recusando menos renda a cada hora que passam esparramados no sofá.

A teoria tem seu lugar, mas talvez esse lugar não seja nos táxis de Nova York. (Ou de Cingapura, nesse caso – um estudo realizado lá por Yuan Chou, da University of Melbourne, chegou a conclusões semelhantes.) Os economistas concluíram que os motoristas não estavam agindo de acordo com a teoria padrão. Na verdade, estavam fazendo exatamente o oposto.

Em dias cheios, os motoristas trabalhavam menos, e em dias lentos trabalhavam durante mais tempo. Isso é duplamente contraintuitivo se pensarmos que os motoristas de táxi dão mais valor a suas horas de lazer em dias (lentos) da primavera do que em dias (cheios) chuvosos. Os pesquisadores propuseram uma explicação alternativa: em vez de tentar maximizar seu rendimento médio por hora, talvez os motoristas estivessem tentando definir uma meta de renda a cada dia. Se fosse assim, os dados fazem sentido. Em dias movimentados, os motoristas atingem seus objetivos de forma rápida e dão por terminado seu dia de trabalho, enquanto em dias lentos eles saem à rua por mais tempo, vagueando em busca das últimas corridas, num esforço para bater suas metas.

Se aceitarmos a teoria do objetivo diário, poderemos perguntar, ainda: Qual é a diferença? Uma hora a mais ou a menos aqui ou ali tem realmente grande impacto sobre os ganhos? Usando os registros diários dos motoristas, a equipe de Babcock estimou quanto cada motorista teria ganhado se tivesse alocado de forma diferente suas horas de trabalho. A equipe descobriu que, em média, os motoristas podiam ganhar cerca de 5% a mais trabalhando o mesmo número de horas todos os dias e que poderiam ganhar cerca de 10% a mais trabalhando mais em dias bons e menos em dias ruins, mantendo o mesmo número do total de horas por semana. Imagine aumentar seu salário em 10% sem ter de acrescentar horas extras!

Veja bem, saber que você está efetivamente recusando um aumento de 10% por causa da sua opção de horário de trabalho deve ser o suficiente para lhe dar um puxão de orelhas. Mas, particularmente para os pobres, que têm poucas reservas com que contar, descuidos como esses podem implicar alterações significativas nas condições de vida diária. São eles que mais se beneficiariam de melhorias pequenas e fragmentadas nos processos de tomada de decisões econômicas precisamente porque vivem à margem.

Oti e o microcrédito

Naturalmente, cometer um erro da ordem de 10% de sua renda dói, mas dói ainda mais quando se trata de uma dívida cujos juros correspondem a seis ou sete vezes essa taxa. É aí que entra o microcrédito.

A maioria dos pobres do mundo – e praticamente todos os clientes de microcrédito do mundo – são autônomos ou são trabalhadores informais,[2] o que significa que eles fazem diariamente escolhas econômicas substanciais e complexas com uma base diária. Para os microempresários, especialmente, não se trata apenas de quantas horas eles vão trabalhar em determinado dia, mas também quais produtos armazenar e vender, onde operar seus negócios, se devem contratar outros empregados e qual deve ser o salário dos empregados.

Nos Estados Unidos, a avaliação dessas questões seria provavelmente trabalho de um executivo ou de um consultor em estratégia. Mas é raro encontrar profissionais com MBA nos países em desenvolvimento, e é improvável que você encontre um deles vendendo legumes ou brinquedos de plástico na calçada.

O fato é que, de modo geral, os clientes de microfinanciamento são empresários não por vontade, mas por necessidade. De modo geral, os países em desenvolvimento não dispõem de redes de seguridade social, como seguro-desemprego ou distribuição de cupons para compra de comida; para comer, você tem de trabalhar. E, uma vez que não existem empregos suficientes assalariados para acomodar todos os que precisam ganhar a vida, as pessoas montam seus negócios sozinhas.

Isso é muito diferente da noção de empreendedorismo nos Estados Unidos, que evoca imagens de pessoas que se destacam na multidão por sua energia, independência, criatividade e ímpeto. Não quero dizer com isso que os empresários nos países em desenvolvimento não tenham essas características. Muito pelo contrário: se não fosse por sua grande determinação e perspicácia, boa parte deles não sobreviveria. Mas, de modo geral, se você lhes perguntasse, eles admitiriam que montar e administrar pequenas empresas não foi sua escolha de carreira original. Por outro lado, empresários de qualquer lugar, que exibem esse dinamismo e ímpeto extraordinários que imaginamos com tanta frequência, certamente atestariam que sua linha de trabalho não é para todos.

Então, por que o movimento do microcrédito age como se assim o fosse? Muhammad Yunus, ganhador do Prêmio Nobel e fundador do Grameen Bank, articula a explicação da seguinte forma:

> Acredito firmemente que todos os seres humanos têm uma habilidade inata. Eu a chamo de capacidade de sobrevivência. O fato de os pobres estarem vivos é uma prova nítida de sua capacidade. Eles não precisam de nós para ensiná-los a sobreviver; eles já sabem. Sendo assim, em vez de perder tempo ensinando-lhes novas habilidades, tentamos aproveitar ao máximo suas habilidades existentes. Dar aos pobres o acesso ao crédito lhes permite colocar imediatamente em prática as habilidades que eles já têm...[3]

Yunus é um homem brilhante, mas esse ponto de vista romântico está equivocado. Sobrevivência é uma coisa, criar uma empresa a partir do zero – especialmente uma empresa que seja lucrativa o suficiente para sustentar empréstimos a taxas de juros típicas do microcrédito – é outra completamente diferente. No capítulo anterior, vimos indícios de um projeto no Sri Lanka que mostrou que havia boas oportunidades de negócios por lá, mas que nem todo mundo era igualmente capaz de aproveitá-las.

Isso não deveria ser surpresa. Alguém diria que cada homem escolhido aleatoriamente na rua, nos Estados Unidos ou na Europa, por exemplo, teria a capacidade de conceber e gerenciar um pequeno e próspero negócio? Mais exatamente, alguém proporia que começássemos a conceder empréstimos aleatoriamente a pessoas na rua tendo isso em mente? A recente crise financeira demonstrou que até mesmo indivíduos com alto grau de escolaridade, nas nações mais ricas do mundo, às vezes se comportam de modo irracional e para a desvantagem de todos, inclusive deles próprios, quando se trata de empréstimos. A dívida pode ser tanto a algema quanto a chave.

Mas vamos admitir que o microcrédito possa ser uma ferramenta valiosa, pelo menos para alguns. Ainda assim, ele poderia talvez funcionar melhor se oferecêssemos também algumas instruções? Se nem todos os pobres são empresários natos, talvez um pouco de orientação pudesse ajudar. Essa é a ideia por trás de programas de treinamento em negócios que alguns microcredores oferecem a seus tomadores – ou, em alguns casos, exigem deles.

Agora, se Muhammad Yunus estava certo, e os pobres já tinham todas as habilidades de sobrevivência necessárias, presumivelmente já estariam operando com eficiência para maximizar seus lucros. E, como ele declara sem dar margem a equívocos, fornecer qualquer tipo de treinamento em habilidades (inclusive habilidades de negócios) seria uma perda de tempo. Por outro lado, e se o treinamento em negócios se mostrasse útil? Isso parece sugerir que pelo menos algumas pessoas não são empreendedoras por natureza. Talvez não sejam intrinsecamente clientes de microcrédito também.

Depois de meus dois anos na FINCA em El Salvador, essa era uma das questões que martelavam na minha cabeça. E continuou martelando em minha cabeça até meu último ano de pós-graduação, quando conheci Martín Valdivia em uma conferência no Peru. Martín é pesquisador da GRADE, uma usina peruana de ideias, cheia de cientistas sociais envolvidos em pesquisas sobre a pobreza (é também um excelente guia para os melhores restaurantes de Lima, sem dúvida um ingrediente essencial para a nossa colaboração e amizade). Martín e eu descobrimos que vivíamos o mesmo dilema, por isso nos unimos a Iris Lanao, diretora-executiva da FINCA Peru,[4] e buscamos financiamento para a realização de um RCT sobre treinamento em negócios.

Logo depois, fui convidado para dar uma palestra informal para a recém-formada Henry E. Niles Foundation a respeito do que sabíamos sobre microcrédito. Em vez disso, eu lhes disse o quão pouco sabíamos, inclusive que até mesmo o funcionamento básico do microcrédito ainda não havia sido totalmente compreendido. Eles ficaram intrigados com o mesmo enigma com o qual eu vinha me digladiando: como os microempresários estavam tomando empréstimos (com sucesso!) com essas taxas de juros, sem treinamento em negócios? Seu interesse também ajudou a iniciar o projeto da FINCA Peru.

Os tomadores da FINCA Peru eram obrigados a efetuar depósitos semanais ou mensais correspondentes ao volume de seus empréstimos e também foram incentivados a manter uma poupança voluntária em contas que rendiam juros. Portanto, houve treinamento, pelo menos no sentido de condicionamento comportamental: os clientes aprenderam sobre pagamento de empréstimo e poupança porque eram obrigados a fazê-los. Mas não havia nada no caminho do desenvolvimento de habilidades, gestão do dinheiro, negócios ou finanças.

Será que a expansão do programa de treinamento ajudaria os tomadores a se saírem melhor? Para responder a essa pergunta, Martín e eu identificamos mais de 200 bancos existentes da FINCA Peru em Lima e Ayacucho (uma cidade universitária nos Andes) e selecionamos aleatoriamente metade deles para receber as sessões de treinamento de 30 minutos em negócios durante os encontros semanais.[5] Isso durou um a dois anos para cada grupo. Eles aprenderam lições básicas de negócios, inclusive a manter registros contábeis adequados, conhecer seus mercados, diversificar o estoque e manter recursos pessoais separados dos recursos da empresa. A outra metade dos grupos continuou a ter reuniões estritamente focadas nos empréstimos, como de praxe. Eles foram monitorados para controle.

Os resultados não foram emocionantes, mas houve alguns pontos esclarecedores. Clientes nos grupos que receberam o treinamento adotaram algumas das estratégias que haviam aprendido. E o faturamento de seus negócios aumentou, principalmente nos meses ruins, embora não muito. Os microempresários, de modo geral, lidam com flutuações sazonais no faturamento por causa de mudanças na oferta e demanda. Às vezes, as estrelas se alinham durante um bom mês: o estoque é barato e parece sempre haver uma fila de clientes dando a volta no quarteirão. Mas as coisas podem dar errado também. Há meses em que ninguém compra nada, há os meses de pagamento de impostos e da compra do material escolar, há meses em que o atacadista aumenta os preços, e há meses em que a gripe se espalha. Resultado: há meses em que as crianças têm de faltar às aulas para ajudar na loja. E há meses em que eles fazem menos uma refeição por dia porque o faturamento foi baixo.

Mas, se você tiver recebido treinamento e modificado algumas práticas de negócios, talvez consiga evitar esses maus resultados. Clientes que receberam treinamento implementaram estratégias para se proteger das oscilações sazonais. Das poucas diferenças entre os dois grupos, o que recebeu treinamento e o grupo de controle, essa foi a maior, sugerindo que o impacto do treinamento, embora medíocre no geral, estava concentrado onde era mais necessário.

A FINCA Peru ficou contente de ver seus clientes melhorando e poderia ter continuado a oferecer treinamento em negócios só por isso. Felizmente, a análise dos seus resultados apenas tornou a decisão mais fácil. Mesmo depois de considerar o preço de continuar as sessões de treinamento, o programa obteve um ganho líquido para o banco, pois os clientes que recebiam treinamento estavam mais propensos a restituir seus empréstimos dentro do prazo e menos propensos a abandonar o programa de empréstimos. A FINCA Peru espalhou a notícia. Logo após o término do estudo, o treinamento passou a ser obrigatório para todos os seus clientes.

Será que poderia ter sido melhor? O IPA trabalha constantemente para aperfeiçoar e reproduzir, testando ideias em diferentes contextos e com pessoas diferentes. Isso é essencial se quisermos extrair de descobertas específicas lições gerais sobre o que funciona. Em um segundo estudo, realizado por Antoinette Schoar, da MIT Sloan School of Management (atualmente diretora-geral da Small and Medium Enterprise Iniciative, programa destinado às médias e pequenas empresas do IPA), Greg Fischer, da London School of Economics (e membro do Conselho do IPA) e Alejandro Drexler, da University of Texas-Austin, um programa de microcrédito na República Dominicana tentou examinar mais detalhadamente os impactos do treinamento empresarial para seus clientes.[6]

Em lugar de apenas testar um módulo de treinamento, eles testaram dois e compararam cada um a um grupo de controle. Descobriram que o treinamento contábil padrão não funcionava tão bem. Mas a "regra geral" específica do treinamento, que oferecia aos microempresários heurísticas simples para controlar o dinheiro, funcionava. De fato, o efeito da "regra geral" do treinamento foi idêntico ao que tínhamos visto no Peru: as pessoas encontraram maneiras de distribuir uniformemente a renda, de modo que os meses ruins deixaram de ser tão ruins. Não sofreram tanto nos tempos de vacas magras.

Mas em nenhum desses estudos os indivíduos que receberam treinamento deram o salto de micro para pequena e média empresa. Sem transformações. Nenhuma história perfeita para fazer jus a tudo o que se diz sobre o microcrédito. Assim, Miriam Bruhn, do Banco Mundial, Antoinette Schoar e eu juntamos forças em um projeto no México que focava o treinamento adaptado ao indivíduo, mais como consultoria empresarial, para pequenas e médias empresas nesse estudo.[7] Aqui, os mentores individuais foram alocados a pequenas e médias empresas, não para ensinar habilidades básicas, mas para conhecer seus negócios e empresários de perto e aconselhá-los sobre maneiras de melhorar. O programa, financiado pelo governo do estado, buscava principalmente aumentar a oferta de emprego. Tal objetivo não foi atingido. Mas os lucros mais que dobraram nas empresas que participaram do programa, aumentando em 110%!

Qual é a lição? Entre os exemplos do Peru, da República Dominicana e do México, parecia que o treinamento que apresentava lições concretas e imediatamente factíveis, bem como orientação mais intensiva, no estilo de consultoria personalizada, funcionava melhor do que o treinamento em habilidades gerais. Naturalmente, o treinamento mais intenso também é mais caro, mas no estudo mexicano o aumento dos lucros superou o preço mais elevado. No geral, foi ainda mais eficaz em termos de custo do que o programa de treinamento da FINCA Peru.

Esses estudos mostram que os microempresários podem aperfeiçoar seus negócios através do treinamento, mas a maior lição foi os indícios de que eles tinham algo a aprender em primeiro lugar. Como eu disse anteriormente, o fato de nem todos os pobres serem empresários natos não deve ser surpresa, mas, a julgar pelas palavras de Muhammad Yunus, é algo que muitos defensores do microcrédito precisam ouvir.

Nem todo mundo (nos países em desenvolvimento ou em qualquer outro lugar) tem talento para gerenciar um negócio ou para assumir uma dívida empresarial. Para alguns, é por falta de competência ou de aptidão, mas para a maioria a resposta é provavelmente mais simples. Eles não são grandes empresários porque esse não é seu principal objetivo na vida. As pessoas buscam a felicidade de outras formas: trabalhando no que gostam mais, passando o tempo com a família, assistindo a filmes com a namorada à tarde.

O que acontece quando o realismo das habilidades e prioridades diferentes das pessoas colide com o entusiasmo mundial do microcrédito empresarial?

Você acaba tentando encaixar peças inadequadas, emprestando para pessoas que não vão ter sucesso. Você concede empréstimos e assiste esperançoso, esperando que as empresas cresçam feito grama nova, mas o que acaba por crescer não é um gramado uniformemente luxuriante e verde. Restam alguns pontos vazios nesse gramado.

À procura da panela de arroz

Quando você se abaixa e vasculha a terra, percebe que algumas das sementes que pensou ter espalhado por lá nunca chegaram ao solo. Alguns clientes de microcrédito nem mesmo parecem ter tentado construir empresas com seus empréstimos. Credores – e doadores – muitas vezes ficam irritados quando oferecem dinheiro para determinado fim e acabarem vendo-o ser usado para algo completamente diferente.

Jake pode atestar isso pessoalmente. Quando morava em Gana, fez amizade com um homem chamado Philip, que vivia se metendo em encrenca.

Um dia, quando eles estavam indo almoçar, Philip disse que precisava de ajuda. Ele havia alugado um quarto que não poderia pagar, com a intenção de ficar apenas duas semanas, enquanto procurava um lugar mais barato. Mas, durante esse tempo, tinha acumulado uma dívida que havia ultrapassado suas economias, e o proprietário do quarto não o deixava ir embora, com medo de que desaparecesse. Isso significava que Philip estava afundando mais e mais em dívidas a cada noite que passava.

"Jake", disse ele, "do jeito que estou, preciso lhe pedir ajuda. Se você puder me ajudar, vou liquidar sem falta minha dívida na pensão e lhe pagarei o mais rápido possível, quando ganhar meu salário." Jake ficou em dúvida. Ele havia emprestado dinheiro a Philip no passado e nunca viu um tostão de volta, e não estava interessado em ser enrolado de novo.

A tensão cresceu à tarde, quando dois policiais fardados apareceram no escritório onde Jake e Philip trabalhavam. Eles pararam em frente à mesa de Philip e lhe pediram para ter uma conversa a sós. Philip saiu em silêncio e voltou cerca de 20 minutos depois. Ele foi direto para a mesa de Jake. "Viu, Jake?", disse. "É sério." Jake lhe deu o dinheiro na manhã seguinte.

Cerca de duas semanas mais tarde, no momento em que saíram os contracheques, Jake perguntou como iam as coisas. Philip pareceu otimista. "Saí da pensão. Não iria deixar que me pegassem de novo", disse ele, balançando a cabeça e fazendo mímica de pegar um animal pelo pescoço.

"E você acertou toda a dívida? Não deve mais nada a eles?"

"Bem, há um pequeno saldo ainda, mas eles não iriam correr atrás de mim por isso."

"Um saldo?" Jake tinha emprestado a Philip o suficiente para quitar a dívida. Para onde foi o dinheiro, se não para o dono da pousada?

"Bom", disse Philip, desviando o olhar, "é que eu acabei comprando uma panela de arroz. Agora eu posso eu mesmo preparar meu arroz."

Esse tipo de situação enfurece os doadores. Nós cavamos nosso próprio bolso para ajudar um cara como o Philip e ele vai e compra um utensílio de cozinha. Jake deu uma bronca em Philip.

Uma imagem de compostura, Philip manteve-se calmo. Sorriu e soltou um suspiro de cansaço: "Eu sabia que você ia ficar chateado comigo. Mas você não entende como é esse cara da pensão. Assim que eu lhe pagasse uma parte, sabia que ele não causaria nenhum problema de novo por algumas semanas. Posso pagar o restante da dívida com meu salário."

Philip tinha voltado atrás em sua palavra. Ele tinha dito que iria usar o dinheiro para pagar o aluguel.

Mas, depois, sua maneira de lidar com o mundo funcionou a seu favor. Nem a polícia nem o dono da pensão voltaram a ser vistos, nem mesmo se ouviu falar neles, e Philip aproveitou sua panela recém-adquirida para preparar muitos e muitos pratos de arroz cozido.

Dinheiro escorregadio

Dinheiro é bem fungível, dizem os economistas. É escorregadio. Move-se como mercúrio sobre uma mesa, deslizando facilmente de um lugar para outro, sem deixar resíduos. Se Jake tivesse entregado um cheque diretamente para o dono da pensão, as coisas poderiam ter sido diferentes. Mas dinheiro vivo – ao contrário, por exemplo, de um impresso – não está vinculado a qualquer pessoa, produto ou loja em particular. Como Philip demonstrou tão habilmente, pode ser gasto em qualquer coisa. Sem rastrear o número de série das notas – ou fisicamente ir atrás de alguém para vê-lo gastar o dinheiro, como os pesquisadores no estudo do Sri Lanka que vimos no capítulo anterior –, é praticamente impossível seguir qualquer maço de dinheiro, já que passa de mão em mão. (Além disso, como veremos mais adiante neste capítulo, seguir maços específicos de dinheiro que emprestamos não nos diz necessariamente o que precisamos saber.) Sendo assim, quando estabelecemos as regras ou restrições sobre o uso de um empréstimo de dinheiro ou de uma doação, geralmente não temos mais do que a palavra do beneficiário para garantir que elas serão cumpridas.

A questão do certo e do errado aqui é complicada. Organizações que fazem como Jake fez, que estipulam que o dinheiro da ajuda seja gasto de determinada maneira, muitas vezes o fazem com boas intenções. Já vi alguns microcredores exigirem, por exemplo, que os clientes levassem notas fiscais de investimentos correspondentes aos negócios que fazem. Ainda assim, os benecifiários geralmente sabem mais sobre suas necessidades imediatas e mutáveis do que qualquer outra pessoa. Philip sabia. E também os tomadores que vimos no capítulo anterior, no estudo do Credit Indemnity, que se deram melhor com empréstimos sem restrições.

Há uma questão maior aqui do que é certo e errado. Na verdade, existem dois pontos importantes – abordaremos o segundo ponto mais à frente. O primeiro é o seguinte: ao insistirmos que microempréstimos sejam gastos em microempresas e perguntarmos às pessoas como elas gastaram o último empréstimo e como planejam gastar o próximo, não devemos ficar surpresos se encontrarmos um monte de mentiras. Se as pessoas sempre fossem sinceras a respeito de suas intenções, muitas nunca seriam beneficiadas. Muitos potenciais doadores (inclusive Jake) hesitariam em emprestar dinheiro a Philip se soubessem o uso real que ele pretendia fazer do empréstimo ou mesmo se acreditássemos que ele poderia decidir mais tarde como iria gastá-lo. Em casos como esses, em que a elegibilidade de uma pessoa depende de sua vontade de comprometer-se com comportamentos que não podemos (ou não vamos) monitorar ou impor, é difícil ver o mérito de forçar a questão. Não estaríamos apenas procurando falsas promessas?

Se estivermos, acabaremos por prejudicar a nós mesmos. Quando as pessoas não conseguem ser – ou escolhem não ser – honestas a respeito da utilização de recursos, temos uma ideia errada sobre o funcionamento real desses programas. Esse foi exatamente o resultado das avaliações que vimos no último capítulo, que começaram a desvendar os verdadeiros impactos do microcrédito. Elas sugeriram que o quadro que traçamos ainda está incompleto. Se realmente quisermos fazer o microcrédito funcionar para os pobres, não podemos nos iludir acreditando que os microempréstimos serão destinados, em sua totalidade, aos investimentos empresariais. Como podemos esperar para consertar uma máquina quando seu funcionamento interno não se assemelha ao diagrama que temos em mãos?

Obter a verdade

Esse é um ponto essencial em nossa abordagem para resolver o problema da pobreza no mundo. Se quisermos ir além das boas intenções, precisamos ter uma noção precisa do processo de desenvolvimento e da maneira específica de como ele melhora ou não a vida das pessoas. Graças às ferramentas combinadas de economia comportamental e avaliação rigorosa, isso está ao nosso alcance.

Quanto ao uso dos empréstimos, há uma maneira inteligente de descobrir o uso que as pessoas estão realmente fazendo dos seus empréstimos sem forçá-las a confessar diretamente. O segredo é perceber que as pessoas estão dispostas a revelar verdades sensíveis, desde que possam escondê-las em uma nuvem de verdades mundanas. Em vez de fazer uma pergunta delicada à queima-roupa, podemos incorporá-la a uma lista inócua.

Funciona da seguinte forma: suponhamos que você queira saber se as pessoas andavam roubando barras de chocolate Milky Way da loja da esquina. Você poderia apenas perguntar, mas provavelmente não ficaria surpreso se todo mundo respondesse que não. E você estaria certo de duvidar de suas respostas. Em vez disso, faça duas listas de declarações, dê uma (escolhida aleatoriamente) para cada cliente e pergunte: "Quantas – não quais, mas apenas quantas – das seguintes afirmações são verdadeiras?":

Lista 1
1. Visito a loja da esquina pelo menos uma vez por semana.
2. Milky Way é minha barra de chocolate favorita.
3. Eu como pelo menos uma barra de chocolate por semana.

Lista 2
1. Visito a loja da esquina pelo menos uma vez por semana.
2. Milky Way é minha barra de chocolate favorita.
3. Eu como pelo menos uma barra de chocolate por semana.
4. Eu roubei uma barra de chocolate da loja.

A lista 2 dá aos ladrões de Milky Way a cobertura de que precisam para admitir seus atos sem medo de serem descobertos. Suponhamos que um cliente (que sabe que é ladrão) seja apresentado à segunda lista. Ele diz que concorda com duas das quatro afirmações. Você não pode prendê-lo por roubar porque ele poderia mentir e dizer que só concordava, por exemplo, com as afirmações 2 e 3. Mas a informação está lá, precisamos apenas extraí-la.

A randomização é justamente a ferramenta para o trabalho. Como as listas foram atribuídas aleatoriamente aos clientes, não deve haver diferenças sistemáticas entre os que receberam a lista 1 e aqueles que receberam a lista 2. Em particular, eles não devem diferir (em média) em sua concordância com as afirmações 1 a 3, que são comuns a ambas as listas. Isso significa que a concordância média com todos da lista 1 é a mesma que a concordância média com apenas as afirmações 1 a 3 da lista 2. Subtrair isso da concordância média com todos da lista 2 nos dá o que queremos. A quantidade que nos interessa – concordância média com a afirmação 4 ou a parte dos clientes que são ladrões de barras de chocolate Milky Way – é exatamente o que sobra quando tiramos a concordância com 1 a 3.

Essa técnica revela muito claramente o que o grupo está fazendo sem expor o comportamento dos indivíduos. E pode fazer mais do que ajudar a resolver o caso do desaparecimento das barras de chocolate. Pia Raffler, ex-diretora do IPA em Uganda e atualmente doutoranda de ciência política em Yale, Julian Jamison, economista do Federal Reserve Bank de Boston (e alguém que considera uma maratona um "treino de corrida") e eu usamos isso em Uganda, onde estávamos avaliando um programa da Grameen Foundation com o Google que oferecia respostas para perguntas sobre saúde através de mensagem de texto. Queríamos conhecer o comportamento sexual das pessoas – especificamente o tema sensível da infidelidade –, mas é claro que sabíamos que as pessoas podem não dizer a verdade quando são questionadas diretamente. Quando fizemos a pergunta diretamente, 13,3% dos entrevistados admitiram ter sido infiéis nos últimos três meses. Mas, quando a questão da infidelidade foi incluída em uma lista, verificamos que 17,4% dos entrevistados – cerca de um terço a mais – andaram pulando a cerca.

Jonathan Zinman e eu usamos a mesma técnica em um projeto[8] com a organização peruana de microfinanciamento Arariwa para descobrir o que os clientes estavam realmente fazendo com os empréstimos levantados.

De acordo com as regras da Arariwa, os recursos dos empréstimos só poderiam ser usados para investir em um negócio. Se uma pessoa que havia tomado um empréstimo admitisse ter gasto o dinheiro em alimentos, remédios, mensalidades escolares ou qualquer outro tipo de consumo (que não o investimento), provavelmente seria impedida de realizar novos empréstimos no futuro. Ainda assim, o banco queria saber para onde todo o dinheiro do empréstimo estava indo. Para isso, perguntou.

Para a resposta franca dos tomadores, fez perguntas diretas. Quando questionados diretamente sobre quais das suas necessidades o empréstimo tinha coberto, 8% declararam ter gastado parte de seu empréstimo em itens para o lar. Outros 7% admitiram gastos com a educação dos filhos. E míseros 2% alegaram ter gasto em cuidados com a saúde. Todos os outros, aparentemente, tinham seguido as instruções do banco ao pé da letra e evitaram por completo o consumo.

O que teria sido ótimo, só que não era verdade.

O uso da abordagem de randomização da lista rendeu respostas radicalmente diferentes. Uma vez que as questões sensíveis (como "Você gastou parte do seu dinheiro do microempréstimo em itens para o lar?") foram cercadas por questões fáceis (como "Você gastou parte do dinheiro do microempréstimo em suprimentos para o negócio?"), começamos a ver a imagem real. Agora, parecia que 32% dos tomadores tinham usado parte do dinheiro de empréstimos para adquirir itens para o lar, 33% para a educação dos filhos e 23% para cuidar da saúde.

Essas foram as enormes diferenças que havíamos descoberto. Elas sugeriam uma história radicalmente diferente sobre a forma como os empréstimos da Arariwa realmente ajudavam os peruanos pobres a melhorar de vida. Revelou-se que nem todos estavam montando uma microempresa do zero. Grande parte dos clientes apoiava da boca para fora a visão da Arariwa de sucesso digno através do empreendedorismo para, em seguida, sair dali e fazer o que queria com o dinheiro. Isso não é incomum. Na Indonésia, Don Johnston e Jonathan Morduch, da New York University, descobriram que mais de 50% dos clientes relataram o uso de recursos de empréstimo para consumo.[9]

Programas que distribuem dinheiro ou outros recursos valiosos devem questionar a sabedoria de impor regras que não serão seguidas. Propor políticas que não podem ser impostas demonstra impotência. Além disso, todos esses bandidos – pense em Philip apreciando seu arroz – podem estar realmente envolvidos em algo digno.

Mas há também outro problema.

O maior problema do dinheiro escorregadio

Eu disse que havia dois pontos importantes aqui. Aqui está a segunda – e mais atraente – razão pela qual precisamos ver além das restrições que visam limitar a forma como as pessoas podem usar os programas e recursos dos programas para melhorar de vida: mesmo quando seguem todas as regras ao pé da letra, o verdadeiro impacto da participação muitas vezes surge em um lugar inesperado. (É por isso que, mesmo que fosse viável para os credores, não seria suficiente controlar por conta própria os recursos emprestados.) Como a água, o dinheiro encontra seu próprio caminho. Quando cai em terreno irregular, ele tende a preencher primeiro os buracos mais profundos, não importa o que você diga a ele ou à pessoa que o detém. Essa é sua natureza.

Às vezes, as pessoas ajudam intencionalmente esse processo, como aconteceu quando Philip comprou sua panela de arroz. Assim que ele pagou parte suficiente da dívida da pensão para tirar o dono de cima dele, sua dívida deixou de ser o buraco mais profundo; agora o dinheiro poderia ir para outro lugar.

Mas o mesmo processo ocorre muitas vezes sem qualquer esforço consciente. Imagine a água caindo em cascata sobre os níveis de uma fonte italiana. Gorgolejando do bico, na parte superior, ela entra na bacia superior, que transborda e derrama para a segunda bacia, que transborda e derrama para a terceira, e assim por diante. A água estava na primeira bacia, mas, em última análise, está enchendo a última bacia. É assim com o desvio de dinheiro nos programas de desenvolvimento: algo de valor – talvez uma cabra produtora de leite, ou um uniforme escolar para uma criança ou dinheiro para montar uma microempresa – é dado para atender a uma necessidade específica, mas seus efeitos podem se fazer sentir em algum trimestre distante na vida do beneficiário.

Aqui vai um exemplo. Imagine uma mulher que vende tomate em um movimentado mercado de rua. Todas as manhãs, ela compra US$50 em tomates de um atacadista e, ao longo do dia, vende-os por US$55. No final do dia, ela leva US$5 para casa e coloca os US$50 restantes no bolso para comprar tomates na manhã seguinte. Um dia, ela recebe aprovação para pegar um microempréstimo de US$100 para incrementar seu negócio de tomates. Ela vai ao banco logo pela manhã, pega um envelope contendo US$100 em dinheiro vivo e vai direto à loja do atacadista, onde, usando os US$100 do envelope, compra o dobro de tomates do que o habitual. Ao longo do dia, ela os vende a US$110. *Voilà* – um negócio em crescimento!

Quando fecha a barraca no fim do dia, ela se lembra dos US$50 que havia reservado na tarde anterior. Estão exatamente onde ela os deixou, em seu bolso traseiro. Animada com o sucesso do dia, decide comemorar. Ela para no caminho de casa e compra um aparelho de DVD para a família.

Você viu o derrame de dinheiro de um nível para outro? Quando o banco lhe pergunta como usou o empréstimo, ela responde (honestamente!) que investiu tudo no estoque de seu negócio de tomates. Mas, com nossa visão panorâmica, podemos ver que o verdadeiro impacto do microempréstimo foi permitir que ela comprasse US$50 a mais em tomates e um aparelho de DVD de US$50. Mesmo quando o fato de as pessoas serem escorregadias não é um problema, o dinheiro continua sendo escorregadio.

Podemos prescrever soluções específicas para os problemas que identificamos, mas muitas vezes nossas prescrições não são seguidas. Às vezes, as pessoas (como Philip) ignoram intencionalmente as regras; outras vezes, as pessoas (como a vendedora de tomates) realmente tentam manter suas promessas, mas acabam fazendo a mesma coisa.

No último capítulo, vimos indícios que sugerem que os empréstimos estritamente empresariais provavelmente não são a resposta para todos. E agora vemos que, mesmo se fossem, as diferenças nas prioridades das pessoas e o fato de o dinheiro ser escorregadio significam que mesmo os esforços mais concentrados para restringir as escolhas dos tomadores podem ser em vão.

Mas isso não impede os credores de tentar. A tática mais usada para controlar os clientes é a criação de incentivos para os tomadores monitorarem uns aos outros. O raciocínio é: se eles não vão seguir as regras impostas de fora, talvez um informante – ou, melhor ainda, uma enorme quantidade de informantes – possa fazer a mágica.

No próximo capítulo, veremos como os principais financiadores de veículos usados fazem para aplicar pressão – o empréstimo de responsabilidade conjunta –, e veremos como tudo funciona bem, apesar de tudo.

6
COOPERAR EM GRUPOS
E quando os outros falham?

A marquise estilo *art déco* do Roxy Theater, salientando-se como um triângulo contra o céu, poderia nos remeter a uma cidade tropical em seu auge colonial. Ternos de linho; ar noturno abafado, enfumaçado, refrescado por uma brisa suave; o ruído preguiçoso das folhagens das palmeiras; o aroma doce das bananas fritando em barracas ao lado da estrada; música saindo pela porta de uma boate chamada Copacabana, uma boate com mesas redondas, um coreto e bom gim importado.

Mas não se pode olhar apenas para a marquise do Roxy Theater. Nossos olhos também percebem a fachada em ruínas, a elegante janela de vidro curvada da bilheteria coberta de poeira e atravessada por uma grande rachadura na diagonal, os insetos mortos caídos nas vitrines vazias. Não se pode ignorar a fina poeira suja do estacionamento inalada no fundo de sua garganta como cal, cáustica como pó de cimento. Não se pode desligar o zumbido de caminhões na estrada atrás ou o bufar de serras das motocicletas que passam por eles nos acostamentos estreitos. E não é uma noite quente, mas a ofuscante manhã branca e quente de terça-feira, 5 de fevereiro de 2008.

Acra, em Gana, é uma cidade que certamente não está em seu auge colonial.

Mas que ainda pode estar em algum tipo de esplendor; e o Roxy Theater é um símbolo tão bom quanto qualquer outro. Apesar da ausência de um projetor, uma tela, assentos ou mesmo um teto, o lugar abandonado ainda fica cheio pelo menos algumas vezes por semana. Nesses dias, no entanto, quem está ali não são cinéfilos. São clientes de instituições de microcrédito.

Naquela manhã específica, branca e quente, Jake estava no Roxy Theater para falar com as "líderes comunitárias", mulheres que tinham se destacado ao longo dos anos por empréstimos bem-sucedidos feitos junto à Opportunity International, instituição de microcrédito de Gana. Elas são os pilares do programa de microcrédito. Muitas já contraíram uma dezena de empréstimos ou mais, e a maioria atuou como executivas de seus grupos de empréstimos. E havia algo em comum entre todas elas: nenhuma deixara de honrar um único pagamento sequer. Eram clientes perfeitas.

Jake tivera um breve resumo da situação antes de chegar ao teatro, mas ainda não sabia exatamente o que esperar. Perguntava-se, à medida que subia os degraus irregulares de cimento até o balcão onde todas estavam sentadas: Como seriam essas mulheres? Ele imaginava uma unidade de especialistas de negócios vestidas com calça social. Escarpins, listras finas e ombreiras, seriedade e sabedoria. Elas eram, afinal, a nata do grupo.

A fantasia não tardou a cair por terra. As escadas levavam a um balcão plano de cimento com cadeiras desmontáveis de metal arrumadas em filas ordenadas. Podia-se dizer exatamente como tinham sido arrumadas porque permaneciam no mesmo lugar. Ninguém estava sentado nelas. As mulheres estavam de pé, movimentando-se e conversando. Eram exatamente assim com qualquer outra pessoa: longas saias de tecido estampado, sandálias de borracha nos pés, camisetas de segunda mão, lenços na cabeça. Grandes sorrisos emoldurando dentes muito brancos. E o som das risadas.

Alegria, aprendeu Jake naquela manhã, era outra característica que todas aquelas mulheres compartilhavam. O que não significa que elas não fossem sérias – era justo o contrário. Levavam suas dívidas muito a sério. Não se pede emprestado e paga milhares de dólares ao longo de centenas de meses sem amplas reservas de autodisciplina e determinação. Seu senso de humor surgia exatamente quando outros tomadores de empréstimo se preocupavam; era o que as impedia de se descabelar.

Os empréstimos tomados por essas mulheres eram empréstimos conjuntos; portanto, suas obrigações para com o banco estavam ligadas àquelas dos outros membros do grupo. E, embora as mulheres no Roxy Theater tivessem conquistado a designação de líderes comunitárias devido ao seu histórico exemplar, muitas outras não haviam saldado suas dívidas tão bem. Com sua vasta experiência, as líderes comunitárias já tinham visto de tudo: pessoas incapazes de pagar seus empréstimos no prazo, pessoas incapazes de pagar o montante total, pessoas que pedem emprestado várias vezes determinadas a quitar suas dívidas, membros do grupo que apenas deixavam de pagar e desapareciam. Quando isso acontecia, cabia ao restante do grupo arcar com a responsabilidade. Elas colocavam a mão no bolso e efetuavam os pagamentos em nome dos devedores. Ao longo dos anos, esses pagamentos se somaram.

É difícil atribuir um número a essas coisas, mas o senso de humor de Mercy valia muito mais do que US$1 mil ou, para contextualizar a situação, cerca de uma vez e meia a renda *per capita* anual de Gana.[1] Isso, ela me disse, era quanto pagara durante seus oito anos como cliente para cobrir as dívidas de outros membros do grupo.

Mercy vendia grãos e produtos enlatados em Makola, uma das maiores feiras livres de Acra. Ela estocava mercadorias como macarrão, caixas de fósforo, café instantâneo, extrato de tomate e arenque em lata. Quando tomou o primeiro empréstimo, não passava de uma modesta "camelô": uma das inúmeras mulheres que chegam cedo pela manhã, atravessam os corredores do mercado com uma mesa dobrável e uma caixa de papelão cheia de mercadorias equilibrada na cabeça, armam a mesa na calçada e repetem o processo inverso no fim do dia. Agora, no meio de seu 12º empréstimo, ela fez grandes progressos. Passou a usar um quiosque de alvenaria com porta de metal e um cadeado pesado, de modo que não precisava mais levar as mercadoria de ida e volta de Makola todos os dias. Não mais limitada pela quantidade que conseguia carregar na cabeça, ela estocava uma quantidade maior de produtos mais variados do que antes. Comprava seu estoque em volumes maiores e a custos mais baixos de um distribuidor.

Não havia dúvida – Mercy prosperara em sua carreira como cliente de microcrédito. É claro que o fato do seu negócio ter prosperado ao mesmo tempo que ela fez o empréstimo não significa que o crédito a *tenha levado a* alcançar esse crescimento. Mas, não importa se o empréstimo a ajudou ou não, a pergunta permanece: Ela realmente precisa pagar tal penalidade (os milhares de dólares gastos cobrindo os devedores) para fazer o empréstimo? Será que não existe uma maneira melhor?

No balcão do Roxy Theater, Mercy disse a Jake que achava que esse seria seu último empréstimo. "Por mim, não me importo nem um pouco. Posso pagar. Meu negócio está prosperando. Mas não vou pagar pelo empréstimo dos outros" – e nesse momento ela torceu os cantos da boca em uma careta, fechou os olhos e balançou a cabeça, pensando talvez em seus milhares de dólares – "novamente."

O modelo de empréstimo do famoso grupo

Não é surpresa que Mercy estivesse pronta para sair. Na verdade, poderíamos lhe perguntar por que permaneceu por tanto tempo. Mas a principal pergunta aqui não diz respeito a ela; diz respeito ao empréstimo conjunto em geral. No último capítulo, vimos que, tanto para os pobres quanto para qualquer outra pessoa, é difícil suprimir as necessidades, prioridades e maneiras de buscar a felicidade das pessoas. É por isso que Oti deixou passar oportunidades de negócio para ficar em casa assistindo a um filme com a namorada, e Philip gastou o dinheiro do empréstimo em uma panela de arroz. Faz realmente sentido conectar esses elementos, mesmo que todos puxem em direções contrárias? Algumas pessoas – especialmente as mais corretas, como Mercy – não ficam mais propensas a sair queimadas e desistir do programa? De que adianta um programa de empréstimos que penaliza os clientes, fazendo-os pagar pelos caloteiros?

Por mais estranho que pareça, essa tem sido uma característica do microcrédito moderno desde que Muhammad Yunus, o padrinho do movimento, concedeu o primeiro empréstimo a um grupo de artesãs que trabalhavam com bambu em Bangladesh, no final da década de 1970. Nas três décadas que se seguiram, a maior parte das milhares de organizações de microcrédito que surgiram ao redor do mundo foram moldadas segundo o Grameen Bank de Yunus. Em vez de oferecer empréstimos individuais, cresceram oferecendo empréstimos conjuntos.

No arranjo padrão, o grupo como um todo é responsável pelo empréstimo de cada um dos participantes. Assim, por exemplo, quando 10 clientes pedem emprestado US$100 cada, o microcredor os vê como um empréstimo conjunto único de US$1 mil. O grupo nada (ou afunda) junto. Se o grupo faz os pagamentos em dia, integralmente, todos os membros do grupo são elegíveis para outro empréstimo assim que o atual seja quitado. Se eles atrasam o pagamento, todos os participantes – as maçãs boas, juntamente com as podres – são impedidos de obter futuros empréstimos. (Ou pelo menos deveria funcionar assim. Muitas instituições de microcrédito ameaçam barrar o grupo inteiro quando apenas alguns membros deixam de pagar, mas relativamente poucos agem assim. É uma prática comum separar os bons pagadores de um grupo de devedores e continuar concedendo-lhes empréstimos.)

Essa postura poderia parecer um tratamento injusto para bons clientes como Mercy, mas na verdade é uma solução conciliatória. Em teoria, a responsabilidade do grupo é o motivo pelo qual as organizações de microcrédito funcionam. O modelo de empréstimo conjunto resolve três problemas que historicamente impedia que os bancos servissem aos pobres. Pense nesses problemas como perguntas que os bancos tinham de responder para o empréstimo ser viável.

Em primeiro lugar, quem é essa pessoa que deseja tomar o empréstimo? Em segundo, como podemos ter certeza de que ela honrará o pagamento do empréstimo? E, em terceiro, o que podemos fazer para recuperar nosso dinheiro se as coisas derem errado?

Na maioria dos países desenvolvidos, várias redes de informações e poderosos mecanismos legais ajudam a responder a tais perguntas. Mas os credores em potencial no resto do mundo dispõem de tão poucos recursos para consultar que, muitas vezes, se recusam a operar. A grande inovação do modelo de empréstimo conjunto foi eliminar essas lacunas, utilizando o conhecimento e o poder dos próprios tomadores de empréstimo.

Uma maneira de observar como isso funciona é colocar-se no lugar de um gerente de crédito e comparar o processo de análise de um pedido de empréstimo nos Estados Unidos com o mesmo processo em um país em desenvolvimento – digamos, com o banco de Mercy, em Gana.

Quem é o tomador do empréstimo?[2]

Para um banco nos Estados Unidos, responder à primeira pergunta é simples. Um número de seguridade social ou de identificação de contribuinte para a receita, por exemplo, revela uma constelação de informações confiáveis, de endereços a registros de veículos ou títulos de eleitor. Além disso, as agências de relatórios de crédito como Experian, Equifax e TransUnion compilam as histórias detalhadas de nossa vida como consumidores e as destilam em um simples número de três dígitos – uma pontuação de crédito. A pontuação de crédito informa *ao* banco saber o quão atento um possível tomador de empréstimo foi em relação ao cumprimento de suas obrigações financeiras no passado e é um indicador poderoso de seu comportamento no futuro. Tudo isso, é claro, aparece instantaneamente na tela quando o funcionário do banco digita o nome de um candidato ao empréstimo no computador.

Agora vejamos o caso de Gana. Um banco começa perguntando o nome do tomador do empréstimo, mas de que adianta um nome? Muito pouco, se esse nome não é único, consistente ou verificável. A maioria dos ganenses tem na realidade quatro nomes: um nome de família (o sobrenome), um nome de batismo, um nome local e um apelido referente ao dia da semana em que nasceu. A ortografia e a ordem variam, mesmo em documentos oficiais – *se* é que existem documentos oficiais, para início de conversa. Os endereços são ainda mais difíceis. Em vez de um número de casa, nome de rua, código postal, que tal: "Vá até a junção de Agona, caminhe cerca de 400m em direção a Tema, à direita do outro lado da Igreja Ebenezer. Vá até o caminho sujo atrás do Quincy Chop Bar perto do campo de futebol. Encontre uma casa com um grande muro branco e um portão verde"? Boa sorte.

De qualquer maneira, conhecer o nome ou endereço da pessoa não o levará muito longe, já que não estabelece uma ligação a uma rede de informações relevantes. A maior lacuna é a falta de agências de relatórios de crédito. Gana, como a maior parte dos países em desenvolvimento, não tem nenhuma dessas agências. É praticamente impossível conhecer o histórico econômico de uma pessoa. E, quando não pode conhecer seus clientes em potencial, o banco não pode separar ervas daninhas. Assim, acaba emprestando de qualquer maneira, correndo o risco de escolher tomadores de empréstimo pouco confiáveis.

O modelo de empréstimo conjunto aborda o problema, transferindo o fardo de separar os bons dos maus pagadores aos tomadores de empréstimo. Como o grupo (e não o banco) paga a penalidade quando algum participante não honra seu pagamento, cabe ao grupo descobrir quem é e quem não é confiável. Em um sentido, de qualquer maneira, o grupo está mais bem equipado para o trabalho, devido à falta de informações disponíveis para o banco. Como vizinhos, parentes, membros da paróquia e amigos dos membros do grupo, os tomadores de empréstimos sabem mais uns sobre os outros do que o credor jamais poderia saber.

Como saber se o tomador do empréstimo pode honrar seu pagamento?[3]

Suponha que tenhamos nos convencido de que um tomador em potencial é confiável. Como podemos ter certeza de que honrará os pagamentos depois de conseguir o dinheiro?

Nos Estados Unidos, quem solicita um empréstimo precisa fazer algo em troca. As pessoas conseguem os empréstimos dando como garantia casas, carros e joias. Ou, sem colocar ativos existentes em risco, o contracheque ou o comprovante de entrega da declaração de renda podem provar que um candidato ao empréstimo ganha o bastante para honrar seus pagamentos. No mínimo, as pessoas que buscam empréstimos para fins empresariais costumam ser solicitadas a apresentar um plano de negócios detalhado que mostre como o dinheiro emprestado vai gerar dinheiro suficiente para permitir o pagamento.

Por outro lado, uma garantia provavelmente não é uma opção para um candidato ao crédito em Gana. Para início de conversa, as pessoas em geral não possuem ativos de bom tamanho, e leis fracas incapacitam os que têm. Em uma situação comum, um pedaço de terra herdado é oferecido como garantia para um empréstimo. Ao investigar, o banco descobre meia dúzia de reivindicações pelo pequeno pedaço de terra. São meia dúzia de pessoas que também se acreditam proprietárias da terra – meia dúzia de pessoas que provavelmente impedem a recuperação do dinheiro, se for necessário. É compreensível que os bancos costumem evitar tais situações.

Comprovar a renda não é mais fácil do que comprovar a posse de um imóvel. Como a maioria dos empregos em Gana é informal,[4] as pessoas costumam receber em dinheiro vivo. Isso acontece sobretudo com os clientes de microcrédito, que costumam trabalhar por conta própria. Portanto, os candidatos de modo geral não têm como apresentar um contracheque para comprovar sua renda. Pouquíssimas pessoas mantêm registros detalhados de compra e venda de suas empresas; portanto, planos de negócios e projeções da futura rentabilidade costumam ser rudimentares, quando chegam a existir.

Tudo isso soma-se a muita consternação entre os credores. O que eles realmente gostariam de fazer é olhar sobre os ombros dos clientes – assim, poderiam garantir que as pessoas estavam fazendo bom uso do empréstimo e se esforçando o suficiente para honrar os pagamentos –, mas não podem. Eles não têm efetivo para vigiar a todos de perto. E, assim, algumas pessoas acabam fazendo coisas que os credores não aprovariam. Como Philip, ao comprar uma panela para cozinhar arroz, em vez de pagar o aluguel, por exemplo.

O empréstimo conjunto oferece uma solução orgânica para esse problema. Como no caso da verificação, o segredo aqui é que os clientes conhecem uns aos outros melhor do que o banco conhece qualquer um deles. Os membros do grupo podem monitorar uns aos outros porque compram dos mesmos distribuidores, vendem nas mesmas feiras livres e se encontram na igreja. Assim, escutam quando alguém gasta o empréstimo em uma nova televisão (ou uma panela de arroz). Eles sabem se alguém começa a faltar ao trabalho de uma hora para outra. E, como *todos* têm algo a perder (principalmente a possibilidade de conseguir um empréstimo no futuro), cada membro tem um incentivo material para manter os outros na linha.

Mesmo sem o estímulo ativo dos outros membros, os clientes do empréstimo conjunto sentem a pressão para agir porque arriscam-se a prejudicar sua posição social se deixarem de honrar os pagamentos. As relações comerciais com fornecedores e clientes ficam tensas. O acesso à assistência comunitária em momentos de necessidade pode diminuir rápida e irreversivelmente. Desenvolver uma reputação de caloteiro muitas vezes sai muito caro no longo prazo. As pessoas costumam se esforçar para evitar isso.

Sustentando arranjos financeiros formais com moeda social, o modelo de empréstimo conjunto encontra alavancagem para manter os tomadores de empréstimo na linha.

O que acontece se as coisas não dão certo?

Os bancos americanos resolvem o terceiro problema – como reaver o dinheiro emprestado se o tomador deixar de pagar – através de uma ação legal. As normas e leis variam de estado para estado, mas em geral os credores estão bem protegidos contra a inadimplência. Eles têm o poder de confiscar as garantias, bloquear salários e recuperar outros ativos, se for necessário.

Se as leis são os dentes do sistema, as agências de crédito são as mandíbulas. É difícil para os tomadores faltosos em países desenvolvidos desaparecer e fugir de suas obrigações. Nossos registros, tanto bons quanto ruins, nos seguem como sombras, presos por nossos nomes, números da seguridade social e endereços – coisas das quais é difícil escapar.

Em comparação, é muito fácil desaparecer em Gana. Uma vez, Jake acompanhou um gerente de crédito que saiu em busca de uma cliente que tinha deixado de honrar dois pagamentos. Foi uma incursão desanimadora. Eles foram até a barraca do mercado onde a mulher tinha trabalhado. Tudo o que encontraram foi um mesa de madeira vazia. Depois atravessaram a cidade até sua casa, que estava trancada, sem ninguém. Um vizinho disse que a mulher não aparecia há algumas semanas. "Ela deve estar em Cape Coast, em um funeral", sugeriu o vizinho; mas essa foi a única informação que conseguiram.

O gerente de crédito disse que acreditava que, depois de alguma investigação, a mulher poderia ser encontrada. Mas o esforço valeria a pena? Seu empréstimo era de apenas algumas centenas de dólares e ela pagara a maior parte dele. Uma viagem até Cape Coast, a três horas de distância de ônibus, ou mais dias percorrendo Acra, o deixariam com menos tempo para o resto de seus quase 400 clientes. Envolver a polícia também não seria muito interessante. Levaria mais tempo, provavelmente não teria um bom resultado e, além disso, seria bem frustrante. Se a quantia fosse maior, ele talvez se preocupasse, mas no final ponderou que não valia a pena. Deixou a mulher para lá.

As organizações de microcrédito ao redor do mudo enfrentam a mesma situação. É difícil localizar os inadimplentes, independentemente de onde vivem e de quanto tomaram emprestado; mas, como os microempréstimos costumam ser bem pequenos, os clientes individuais de microcrédito geralmente não devem muito. Ir atrás de um único devedor pode não valer a perda de tempo de um gerente de crédito e, mesmo se o cliente for encontrado, o credor tem pouca força para recuperar o dinheiro. Em um grupo, no entanto, enquanto se acreditar que a ameaça de que *todos* serão impedidos de conseguir um novo empréstimo caso *algum* dos membros atrase o pagamento sem um bom motivo é provável que o banco consiga que o grupo levante uma pequena quantia para honrar o pagamento não realizado.

Mais uma vez, isso equivale apenas a transmitir a responsabilidade do pagamento para os tomadores do empréstimo. Os clientes honestos, assim como o banco, não querem ser prejudicados. Quando pagam por um dos membros do grupo, fazem tudo para ter seu dinheiro de volta. A beleza disso é que, muitas vezes, os clientes são cobradores mais eficientes do que os gerentes de crédito. Não porque sejam necessariamente mais tenazes, mas porque, como moram e trabalham lado a lado com os devedores, estão em melhor posição para fazê-lo.

Outras vantagens do empréstimo conjunto

Além de dar aos credores nos países em desenvolvimento uma maneira de responder às três importantes perguntas, o empréstimo conjunto também transforma o crédito em uma proposta de negócios mais atraente, ao controlar os custos dos credores. Onde se reunir com clientes individuais é uma perda de tempo e dispendioso, os bancos se beneficiam se reunindo com grupos inteiros – ou grupos de grupos – ao mesmo tempo. Não é raro um gerente de crédito realizar uma única reunião de pagamento a cada duas semanas para 10 grupos com uma dúzia de tomadores de empréstimo cada. O processo todo poderia levar duas horas ou um minuto por cliente.

Um dos motivos pelos quais o processo de pagamento pode ser tão agilizado é que o banco não precisa manter registros detalhados de cada cliente. Como se preocupa principalmente com o pagamento conjunto do grupo, deixa a cargo dos membros resolver quem pagará quanto a cada semana. Eis o que costuma acontecer nas grandes reuniões de pagamento: o tesoureiro do grupo registra o pagamento de cada participante, depois apresenta um único pagamento ao gerente de crédito em nome de todos. O gerente de crédito pode pedir para ver os registros individuais se o pagamento do grupo for insuficiente; caso contrário, apenas passa ao próximo grupo. De modo geral, os gerentes de crédito economizam muito tempo – e conseguem atender muito mais clientes.

Os defensores do microcrédito apresentam (pelo menos) mais dois benefícios do modelo de empréstimos conjuntos: a oportunidade de integrar intervenções complementares aos programas de empréstimo e o *empowerment* dos clientes. Mais de cem clientes participando de uma reunião de pagamento a cada 15 dias é plateia cativa. Enquanto eles estão sentados ali, por que não lhes oferecer treinamento em negócios (como a FINCA Peru, que mencionei no último capítulo) ou uma aula sobre nutrição? Alguns bancos realizaram com sucesso programas auxiliares dentro de seus programas de crédito.

O ângulo de *empowerment* vem do simples fato de os clientes se reunirem regularmente. Eles conversam sobre o trabalho e a família, compartilham conhecimentos e ajudam uns aos outros a lidar com os problemas. Servem de inspiração uns aos outros. Algumas organizações de microcrédito – mais notavelmente o próprio Grameen Bank, de Yunus – usam a dinâmica social entre os grupos de tomadores de empréstimo para promover explicitamente uma agenda de *empowerment*. O Grameen o faz tendo clientes comprometidos, em conjunto, com uma lista de comportamentos de defesa da vida – da agricultura de subsistência à educação infantil.[5] Quando o grupo se compromete em conjunto, diz o raciocínio, todos trabalharão juntos para honrar seus compromissos, não apenas por respeito pelo próprio comportamento, mas também por uma questão de solidariedade uns com os outros.

O problema da responsabilidade conjunta

Sendo assim, essas são, resumidamente, as boas notícias sobre a teoria por trás dos empréstimos conjuntos. Os empréstimos conjuntos resolvem os três problemas básicos enfrentados pelos credores (problemas que, antes da experiência ousada de Yunus em Bangladesh, há 30 anos, eram de difícil solução nos países em desenvolvimento), oferecem aos bancos uma maneira de agilizar suas operações e servem como veículo para outras iniciativas socialmente benéficas.

Agora vamos às más notícias. Apesar de todos os méritos, essas características que definem o empréstimo conjunto são apenas compromissos – *trade-offs* que reduzem a carga sobre os credores para que possam operar. Essas cargas não desaparecem. Quando os bancos os deixam de lado, os clientes acabam arcando com o peso extra.

A maneira mais óbvia de os clientes de empréstimos conjuntos compensarem a deficiência é cobrir os pagamentos atrasados uns dos outros – como Mercy fez, até o valor de US$1 mil. Mas há outras maneiras mais sutis de os clientes individuais serem colocados à prova pelo sistema.

Uma é a questão de tempo. Como vimos, realizar grandes reuniões de pagamento é um grande benefício para o banco, pois permite que o gerente de crédito processe grande quantidade de pagamentos dos clientes em poucas horas. Entretanto, isso não é tão vantajoso do ponto de vista do cliente. Em vez de fazer o pagamento no caixa do banco, o que poderia levar 5-10 minutos, é preciso esperar duas horas enquanto o funcionário do banco se reúne com outros clientes. Acrescente-se a isso o tempo do trajeto de ida e volta para as reuniões, e você pode perder metade de um dia de trabalho a cada 15 dias. Para os prazos do empréstimo, é muito tempo perdido.

Outra desvantagem do sistema de empréstimo conjunto é o fato de encorajar silenciosamente os clientes com necessidades modestas a realizar empréstimos excessivos. Eis o motivo: suponha que cada cliente solicite a quantia ideal a ser tomada emprestada. Agora pense no membro do grupo cujo pedido de empréstimo é menor. Como todos os outros estão devendo mais, muitas vezes ele assume muito mais do que sua cota justa de risco, comprometendo-se a cobrir a dívida dos outros. Em uma situação extrema, imagine um grupo com apenas dois membros – um pede emprestados US$10, e o outro, US$100. Se a pessoa que pediu US$10 emprestados é responsável pelo empréstimo de US$100, está fazendo um mau negócio. Os tomadores de empréstimo nivelam o campo de jogo fazendo empréstimos maiores do que precisam, o que leva ao endividamento excessivo e, no longo prazo, a problemas. (Uma possível solução seria tornar a responsabilidade de cada tomador proporcional à sua participação na dívida do grupo como um todo. Algumas organizações de microcrédito fazem realmente isso, mas a grande maioria que conheço não faz.)

Quando surge um problema, um grupo de tomadores se transforma em uma cadeia precária de peças de dominó. À medida que um número maior de participantes deixa de honrar os pagamentos e desaparece, aqueles que ficam para trás afundam cada vez mais em dívidas. Ninguém – nem mesmo o melhor cliente – deseja ser o último idiota do grupo. No final, até mesmo os melhores tomadores devem mais do que têm e todos param de pagar. O resultado é um prejuízo para o banco, que poderia ter recuperado pelo menos parte dos empréstimos a receber, e um prejuízo para os bons clientes, cuja reputação é arruinada, embora não por sua culpa.

É claro que alguns clientes adotam uma abordagem mais proativa. Em vez de esperar que os outros colegas tomadores os coloquem em má situação, quitam um último empréstimo e se retiram. Era o que Mercy estava fazendo. Algumas pessoas vão mais além e evitam totalmente o microcrédito.

A ironia é que essas pessoas – aquelas que não tomam empréstimos por medo de serem arrastadas para o fundo pelas maçãs podres do grupo – são exatamente aquelas que *deveriam* estar se beneficiando do microcrédito! Com recusa de aderir ao programa, demonstram que têm mais confiança em sua própria capacidade de pagar o empréstimo do que na de seus colegas clientes.

Menos é mais: empréstimos individuais simples poderiam ser a resposta

Uma versão de microcrédito que pune ou afasta pessoas como Mercy não é a ideal para os bancos. Mais importante, não é a melhor maneira de ajudar os pobres.

Ironicamente, o principal obstáculo para resolver a questão do microcrédito é o fato de que, aos olhos de muitos, ele não parece apresentar problema algum. Milhares de organizações de microcrédito ao redor do mundo, trabalhando exclusivamente dentro do modelo clássico, operam efetivamente e quase sem nenhuma inadimplência. Os influenciadores do pensamento global, da ONU ao U2, deram seu aval, o que faz o dinheiro de governos, fundações filantrópicas e doadores particulares fluir para os cofres dos credores.

Peça a uma organização de microcrédito para mudar, e a resposta provavelmente será: em time que está vencendo não se mexe.

E uma mudança no time é necessária porque, se estiver perdendo clientes como Mercy, ainda não está totalmente correto. O mundo do microcrédito pouco a pouco está chegando a essa conclusão por conta própria. A década passada testemunhou muitas variações do esquema simples do empréstimo conjunto mais comum. O próprio arquiteto original (e grande defensor) do microcrédito conjunto, Muhammad Yunus, começou a fazer ajustes.

Sua ideia era criar uma nova versão de microcrédito que mantivesse os benefícios do empréstimo conjunto – o dinamismo social do grupo de tomadores e a prática de economia de custos das grandes reuniões de pagamento – sem sobrecarregar os bons clientes. Em 2002, Yunus mostrou sua criação e a batizou de Grameen II. Na superfície, parece muito o seu antecessor: os clientes formam grupos, tomam os empréstimos e se reúnem semanalmente para efetuar os pagamentos em conjunto. Entretanto, nos bastidores, havia uma grande diferença. O Grameen II fazia apenas empréstimos de responsabilidade individual. Os clientes não eram mais obrigados a arcar com a dívida dos outros membros do grupo.

Houve dúvidas se o novo arranjo não iria fracassar. Afinal, teoricamente, a responsabilidade conjunta era a cola que mantinha de pé o modelo de empréstimo conjunto. Proporcionava um poderoso incentivo material para que os clientes verificassem, monitorassem, encorajassem e, finalmente, ajudassem uns aos outros a honrar seus pagamentos em dia. O que aconteceria sem essa cola?

No final, as preocupações revelaram-se infundadas; o Grameen II foi um sucesso. Os tomadores de empréstimo gostaram da nova aparência do microcrédito e provaram sua aprovação aderindo ao programa em números recordes. A base de clientes do banco, que levara cerca de 25 anos para atingir 2,1 milhões de tomadores em 2002, pulou para 3,7 milhões em 2004.[6]

A reforma do Grameen foi um passo importante e visível, mas não modificou, isoladamente, o cenário do microcrédito. Para realizar uma mudança global, milhares de bancos precisam seguir a mesma ideia.[7] E, embora se inspirem e se estimulem com o sucesso do Grameen, as instituições de microcrédito ao redor do mundo ainda têm dúvidas justificáveis. Elas atuam em contextos muito diferentes e enfrentam desafios diferentes; por que devem presumir que o Grameen II, uma solução moldada para as realidades de Bangladesh, funcionará para elas?

A prova

Felizmente, elas não precisam depender de um pressuposto. O sucesso do Grameen II demonstrou que os microempréstimos com responsabilidade individual *podiam* funcionar; foi o suficiente para animar as pessoas. Logo, os microcredores começaram a se associar a economistas para examinar as questões importantes e explorá-las em campo.

Será que os empréstimos com responsabilidade individual poderiam atrair mais ou melhores tomadores do que os empréstimos com responsabilidade conjunta? Será que os empréstimos teriam taxas de inadimplência diferentes? Será que os clientes se comportariam de maneira diferente sob regimes diferentes?

Era preciso responder a essas perguntas para que se pudesse definir qual era o melhor tipo de empréstimo. Assim, em 2004, eu e Xavier Giné, do Banco Mundial, saímos em busca de uma organização parceira para colocar em teste os empréstimos de responsabilidade individual. Na verdade, há algum tempo fazíamos essa busca, sem sucesso. Ficamos surpresos de ver como o mundo estava dividido. As instituições de crédito adotavam uma abordagem ou outra, mas muito poucas estavam interessadas em descobrir rigorosamente que sistema funcionava melhor para elas.

Havia um parceiro em potencial nas Filipinas que acreditamos que daria certo. Omar Andaya, presidente do Green Bank de Caraga, um banco de gestão familiar em Mindanao e um dos bancos rurais de mais rápido crescimento nas Filipinas, é um empreendedor excepcional, com habilidade fantástica de crescer e expandir-se antes dos outros. É também um experimentador inveterado. Está constantemente intrigado e motivado em aprender o que realmente funciona ou não, tanto para seu negócio quanto para seus clientes.

Omar de fato se interessou. Começamos a trabalhar no desenvolvimento de um RCT que colocaria os empréstimos com responsabilidade individual – e os empréstimos conjuntos – em competição direta.[8] Ajudaria a dividir a comparação em três grandes perguntas que o empréstimo conjunto deveria responder em primeiro lugar: (1) A responsabilidade conjunta atrai clientes melhores? (2) Garante que os clientes usem os fundos como disseram que iriam usar e dediquem esforço suficiente aos seus negócios? (3) Nos ajuda a recuperar o dinheiro dos clientes em qualquer caso?

As três perguntas são essenciais, mas não devem ser feitas simultaneamente. Para examinar cada uma delas com atenção, temos de comparar os empréstimos com responsabilidade individual com os empréstimos conjuntos em alguns estágios diferentes no processo de empréstimo. Portanto, o RCT que criamos com o Green Bank de Caraga era, na realidade, um dois-em-um.

Em primeiro lugar, trabalhamos com 169 grupos existentes de tomadores de empréstimos na ilha de Leyte, na região central das Filipinas. Dividimos aleatoriamente os grupos em duas partes: uma parte tomaria empréstimos de responsabilidade individual e a outra metade continuaria com a responsabilidade conjunta, como de costume. Independentemente de serem ou não selecionados para conversão, o processo cotidiano de tomar o empréstimo continuou o mesmo para todos. Os clientes continuavam se reunindo uma vez por semana, e faziam um único pagamento como grupo, mesmo que os participantes não fossem mais obrigados a arcar com os pagamentos dos inadimplentes.

Segundo, fizemos propaganda dos empréstimos para novos clientes em potencial na ilha de Cebu, a alguns quilômetros a oeste de Leyte, atravessando o mar de Camotes. Quando o estudo começou em 2004, o Green Bank ainda não estava emprestando em Cebu, mas já identificara 68 comunidades onde planejava abrir operações no ano seguinte. Pegamos carona em seu plano de expansão e o fizemos anunciar tipos diferentes de empréstimos em áreas diferentes. Um terço das comunidades conseguiu empréstimos simples de responsabilidade conjunta; um terço conseguiu empréstimos de responsabilidade individual; e o resto recebeu um híbrido – o primeiro empréstimo do grupo seria de responsabilidade conjunto e todos os futuros empréstimos seriam de responsabilidade individual. Como em Leyte, superficialmente os empréstimos de responsabilidade individual em Cebu não pareciam ser muito diferentes da oferta padrão. Os clientes formam grupos e fazem o pagamento nas reuniões do grupo. A motivação para esse arranjo, semelhante à de Yunus na criação do Grameen II, foi o fato de o apoio social dos outros tomadores e os benefícios operacionais do empréstimo conjunto ainda poderem ser benéficos, mesmo na ausência da responsabilidade conjunta.

Depois de meses de monitoramento, a história básica que surgiu foi simples: o fim da responsabilidade conjunta retirou um peso dos ombros dos clientes. Os clientes gostam disso; seu patrocínio o prova. Em Leyte, os grupos que passaram à modalidade de responsabilidade individual atraíram outros membros e houve menor número de desistências do que naqueles que continuaram com a responsabilidade conjunta.

A adoção da modalidade de responsabilidade individual também fortaleceu os elos sociais entre os membros do grupo de duas maneiras. Em primeiro lugar, como os membros não precisam mexer no próprio bolso para honrar o pagamento dos caloteiros, os tomadores de empréstimo começam a dar uma colher de chá uns aos outros. Os clientes estavam menos propensos a obrigar uns aos outros a deixarem o grupo. Segundo, a perspectiva de ter de pressionar e mesmo punir os companheiros tomadores de empréstimos, que há muito haviam dissuadido os clientes com fortes elos sociais a levantarem um empréstimo conjunto, desapareceu. As pessoas começaram a convidar os amigos próximos e parentes para se juntarem ao Green Bank.

Como se esperava, os clientes da responsabilidade individual fizeram menos monitoramento, menos buscas, menos coleta e houve menos falta de disciplina do que suas contrapartidas da responsabilidade em grupo; e houve alguns indícios de que os gerentes de crédito fizeram o que podiam. As pessoas que contraíram empréstimos com responsabilidade individual estavam mais propensas a ser expulsas do grupo pela equipe do banco, e os gerentes de crédito em Cebu relataram que as reuniões de pagamento semanais com os clientes de empréstimos de responsabilidade individual duravam cerca de 90 minutos a mais.

Por seu lado, os gerentes de crédito do Green Bank estavam compreensivelmente temerosos em relação à mudança. Antes de tudo, ao abandonar a responsabilidade em grupo, eles estavam abrindo mão de sua principal linha de defesa contra a inadimplência do cliente. Segundo, aparentemente, os empréstimos com responsabilidade individual significariam mais trabalho sujo. Portanto, faz sentido que estivessem relutantes em iniciar as operações de empréstimos de responsabilidade individual. Qualquer um que tivesse emprestado dinheiro para alguém pagar o aluguel, sabendo que essa pessoa saiu e comprou uma panela de arroz, pode entender a situação.

Mas aqui está a grande surpresa: a verdade era que o Green Bank de Caraga não tinha motivo para ter medo! As taxas de pagamento dos grupos de responsabilidade individual e de responsabilidade conjunta foram as mesmas em todos os casos. Na verdade, graças ao desenho do estudo aleatório, podemos dizer alguma coisa ainda mais estimulante. Mesmo se a nossa observação fosse um golpe de sorte e houvesse realmente uma diferença nas taxas de pagamento, essa diferença seria quase, com certeza, muito pequena.

Os resultados do ponto de vista financeiro também são muito bons. Mesmo na pior das hipóteses, se os clientes *são*, de fato, mais propensos a não honrar os pagamentos nos empréstimos de responsabilidade individual, a capacidade da responsabilidade individual de atrair (e manter) mais clientes ainda significa um ganho líquido para o banco de modo geral. O prejuízo com qualquer aumento realista na inadimplência seria facilmente compensado pela receita gerada pelos tomadores de empréstimo adicionais.

Sendo assim, o que os microcredores podem aprender com a experiência do Green Bank? Que lições podemos extrair sobre as possibilidades de erradicação da pobreza mundial?

Primeiro, o microcrédito superou a imagem com a qual nos acostumamos – mulheres em sáris coloridos, sentadas em um círculo e conversando sobre suas barracas de feira. Um retrato exato do microcrédito incluiria um elenco de personagens: de Philip a Mercy, inclusive os tipos no meio de um extremo a outro. Para atender tal espectro de ambições e necessidades, precisamos de variações sobre o tema. Nos Estados Unidos, temos uma variedade de opções de crédito – hipotecas, empréstimo para financiar a compra do carro, crédito estudantil, linhas de créditos para empresas, cartões de crédito, crédito pessoal no cartão de crédito e empréstimos consignados, para citar apenas alguns exemplos. Por que devemos esperar um único tipo para atender as necessidades dos bilhões de pobres ao redor do mundo?

Isso nos leva ao segundo ponto: precisamos ser curiosos e incansáveis. Precisamos desenvolver novos programas, ajustar os existentes e descobrir o que os faz funcionar.

Para as organizações de microcrédito, isso poderia significar fazer mudanças no empréstimo conjunto clássico, oferecer produtos diferentes para alguns clientes ou tentar algo completamente novo. Enquanto experimentam, eles necessitam monitorar e reagir aos resultados: uma nova abordagem os atende melhor do que aquela que substitui? E o mais importante: atende melhor aos pobres? Se quisermos realmente avançar na erradicação da pobreza, devemos nos acostumar a melhorar as coisas de maneiras comprovadas e quantificáveis – e depois passar pelas mesmas etapas para melhorar ainda mais os aperfeiçoamentos realizados. É, e sempre será, um processo contínuo.

A boa notícia é que não precisamos ser fatalistas. Podemos melhorar o microcrédito – radicalmente! – sem demoli-lo e reconstruí-lo a partir dos escombros. Algumas partes do modelo de empréstimo conjunto testadas pelo tempo funcionaram bem; vamos descobrir quais são e nos ater a elas. Quanto às partes que não funcionam, vamos consertá-las ou deixá-las de lado.

O que move o empréstimo conjunto? Um jogo de confiança

Então, vamos tentar chegar ao âmago da questão: O que realmente abastece o modelo de empréstimo conjunto? Em nosso projeto com o Green Bank de Caraga, vimos pessoas continuando a tomar empréstimos e efetuando os pagamentos com responsabilidade, mesmo depois que o elo legal que mantinha o grupo junto foi cortado. Isso sugeria que havia algo na dinâmica do grupo além dos termos do contrato do credor. E, como vimos no capítulo anterior, quando surgem regras externas se opondo às prioridades individuais das pessoas, as regras costumam ficar em posição secundária. Portanto, na verdade, o sucesso tinha menos a ver com as regras e mais com quem somos como indivíduos ou como interagimos socialmente.

Ocorreu-me que, se a integridade pessoal e a dinâmica social natural podiam induzir os tomadores de empréstimo a fazerem um bom trabalho de verificar os tipos de risco com antecedência, não haveria necessidade da responsabilidade conjunta. Os clientes confiáveis fariam de tudo para pagar em dia, mesmo sem a pressão dos companheiros. Certo?

Eu teria gostado de perguntar de supetão aos tomadores de empréstimo: Alguns de vocês estão deixando de pagar apenas porque não são dignos de confiança? Você pode adivinhar o valor que isso teria.

Assim, em vez de fazer uma pergunta capciosa, desenvolvi um experimento com alguns dos clientes de empréstimos da FINCA Peru.[9] Em cada reunião de grupo, convidei os clientes a participarem de um jogo. Primeiro, todos na sala receberam três novos *soles* (cerca de US$1). Em seguida, o grupo de tomadores foi dividido aleatoriamente em pares (algumas pessoas também fizeram par com membros de outros grupos de tomadores), atribuindo-se a cada pessoa uma letra (A ou B). Logo que viam a identidade de seu par, os Bs eram enviados para outra sala.

Aí eu explicava o jogo para os As: "Vocês podem ficar com os três novos *soles* ou podem passar um, dois ou todos três para seu par, que está na outra sala. Eu duplicarei qualquer valor que vocês derem; portanto, se passarem dois novos *soles*, por exemplo, seu par receberá quatro. Então, seu parceiro escolherá devolver o quanto desejar do que recebeu."

Como os pares não tiveram oportunidade de conversar, o jogo exigia alguma confiança implícita e fidelidade. A confiaria em B e passaria todas as três moedas? A esperaria que B mandasse de volta pelo menos o que recebeu e talvez ainda mais? E B exploraria a generosidade de A e nada enviaria de volta? Ou demonstraria ser digno de confiança, em um jogo aberto?

A economia tradicional pode nos dizer exatamente como os Econs vão se comportar no Jogo da Confiança: independentemente de quanto recebeu, B não devolverá nada porque essa é a atitude da "maximização do lucro". E, sabendo disso, A não passará nada para B. Apesar desse empate, a explicação racional, os seres humanos nem sempre jogam assim. Algumas pessoas passam por causa das normas sociais; outras podem passar porque terão chance da desforra após o final do jogo. Cerca de três quartos dos As no experimento passaram pelo menos um novo *sole* para seus pares e mais de três quartos dos Bs que receberam qualquer número de novos *soles* devolveram pelo menos um *sole*.

Meu objetivo era saber se ser digno de confiança no jogo significava *ser* digno de confiança na vida real. Os Bs que devolveram mais dinheiro para seus pares seriam mais propensos a honrar o pagamento de seus empréstimos para a FINCA Peru um ano mais tarde?

Resumidamente: sim. Passado um ano, aqueles Bs que tinham optado por devolver mais do que a generosidade dos As pagaram mais de seus empréstimos à FINCA Peru. Na verdade, vi algo ainda mais forte. A confiabilidade, conforme medida pela ação dos Bs no jogo, parecia ultrapassar as fronteiras do grupo de tomadores. As ações dos Bs no jogo previram igualmente bem a inadimplência na vida real, fosse A um membro do mesmo grupo de tomadores ou não. Isso sugere que o jogo não estava apenas captando uma dinâmica entre os membros de grupos de tomadores em especial, mas detectando características pessoais verdadeiras e substantivas.

Entretanto, a inadimplência depende de muitas coisas, não apenas da confiabilidade inata dos tomadores de empréstimo. Embora a verificação dos clientes sobre os outros vá além de manter os grupos livres de caloteiros, todos nós podemos ter nossos maus momentos. Todos estão sujeitos a choques inesperados. A força do grupo importa quando os indivíduos são forçados ao limite.

Portanto, mesmo se as virtudes intrínsecas como a confiabilidade fizerem o tomador de empréstimo agir sempre da melhor maneira, ainda pode haver semanas em que seu negócio enfrentará problemas, um filho adoecerá ou apenas cometerá um erro. Para se manter na linha durante aquelas semanas, o grupo precisa saber como ajudar. Às vezes, as pessoas precisam de uma folga; em outras ocasiões, devem ser repreendidas.

Assim como a confiabilidade, a dinâmica social especial do grupo não se origina diretamente na cláusula de responsabilidade do contrato de empréstimo. Surge naturalmente na forma de interagir das pessoas. Se pudermos entender por que os fatores sociais tornam alguns grupos mais fortes e outros mais fracos, talvez possamos criar grupos fortes sem prendê-los à responsabilidade conjunta. Tendo isso em mente, vamos examinar alguns estudos que exploram o que faz os grupos funcionarem.

A importância dos chapéus

Na primavera de 1999, imediatamente depois de terminar meus exames no MIT, peguei um avião para o Peru para visitar a família Lanao. Iris Lanao era diretora-executiva da FINCA Peru (a organização com a qual eu acabaria trabalhando no estudo do Jogo da Confiança que acabamos de ver e nos projetos de treinamento de negócios discutidos no Capítulo 5). Seus pais administravam a filial de Ayacucho, que atendia a maioria dos clientes da FINCA Peru. A família Lanao se preocupava muito com seus clientes e sua comunidade, e questionava constantemente a maneira como fazia as coisas, procurando meios de melhorar. Eram curiosos, no melhor sentido da palavra. Assim, quando cheguei, recebi as melhores ordens de avanço possíveis: explore.

Eu tinha visitado a filial de Ayacucho anteriormente, durante meu trabalho como consultor para a FINCA antes da pós-graduação, mas na época passava a maior parte do meu tempo curvado sobre um antigo computador, programando um sistema de software. Eu percebera a existência das reuniões de pagamento conjunto, mas dedicava muito pouco tempo a elas. Dessa vez, mergulhei no processo de grupo, observando, participando das reuniões para aprender como funcionavam e conversando com clientes para saber o que pensavam.

De uma coisa eu sabia: os chapéus tinham peso.

Eu recordava os detalhes das reuniões e pensava sobre as mulheres de chapéu e as sem chapéu. Elas se sentavam e conversavam em círculos separados. Depois, imaginava uma reunião apenas com mulheres de chapéu, todas sentadas em um grande círculo. Um grupo de chapéu (ou sem chapéu) se daria melhor do que um grupo com apenas metade das pessoas com chapéu? Os membros se apoiariam mais ou seriam mais atenciosos uns com os outros? E, se isso acontecesse, seriam melhores tomadores de empréstimo?

Na verdade, minha pergunta ia além dos chapéus. Os chapéus eram apenas feltro e fitas, mas representavam o próprio sangue das pessoas que os usavam. As mulheres de chapéu eram indígenas da região dos Andes. Usavam saias longas de tecido espesso prendiam os cabelos pretos em longas e grossas tranças; e, embora soubessem falar espanhol, falavam em quíchua entre si. As sem chapéu eram *mestizas*, mulheres de linhagem mista ou europeia. Falavam apenas espanhol, usavam jeans e maquiagem, e tinham cortes de cabelo modernos.

Embora se sentassem em círculos separados, as mulheres se davam muito bem. E eram sempre educadas umas com as outras. Mas eu queria mais do que educação – queria ver como as conexões sociais faziam o grupo funcionar. A mim parecia que os grupos cujos membros eram "ligados" (em algum sentido da palavra relacionado com os chapéus) poderiam ter uma vantagem. Se se sentassem juntas em um grande círculo, talvez soubessem mais umas sobre as outras e fossem capaz de estimular as outras com mais eficiência para realizar os pagamentos.

A FINCA Peru tem uma maneira incomum de combinar tomadores de empréstimo que são os parceiros ideais para responder a essa pergunta. Tinha um tipo de randomização já incorporada. Em vez de formar grupos por conta própria, como a maioria dos clientes de microcrédito, as pessoas que queriam tomar empréstimos procuravam a agência e colocavam o nome em uma lista. Quando a lista fica longa o suficiente, a FINCA Peru passava os primeiros 30 nomes para um novo grupo. Isso significava que as pessoas eram reunidas com base apenas no que acontecia quando queriam se candidatar a um empréstimo – não em seus relacionamentos umas com as outras. Consequentemente, o nível de conectividade social entre os grupos variava de maneira mais ou menos aleatória. Isso é o que os economistas chamam de "experimento natural" ou RCT por acaso.

O desafio restante envolvia quantificação e coleta de informações, tanto a respeito das conexões sociais quanto do comportamento do tomador do empréstimo. O último era fácil: a FINCA Peru já fazia o acompanhamento dos registros de pagamento dos clientes. Mas entender as conexões sociais não era tão fácil assim. De qualquer maneira, o que significa, em termos práticos e empíricos, dizer que as pessoas estão socialmente conectadas?

Concentrei-me em dois tipos de conectividade. O primeiro, um índice cultural, na realidade foi inspirado nos chapéus. Era um número entre 1 e 8 que capturava a "ocidentalização" ou "indigenização" de cada pessoa, com base em algumas observações simples – idioma, vestuário e, é claro, os adereços na cabeça. A pontuação cultural de um cliente era a porção dos membros do grupo que compartilhava seu índice cultural. O segundo, uma medida geográfica, era a porção dos membros do grupo que vivia a 10 minutos a pé da casa do cliente.

A questão era se esses tipos de conexões entre os membros do grupo geravam desempenhos melhores como clientes.[10] Depois de acompanhar mais de 600 clientes por quase dois anos, a resposta ficou clara. As conexões sociais importavam. A probabilidade de efetuar os pagamentos em dia entre os clientes com pontuações geográficas e culturais mais altas era maior, e sua probabilidade de sair (ou serem obrigados a sair) dos grupos, mesmo que deixassem de honrar alguns pagamentos, era menor.

Aparentemente, a melhora não vinha apenas da amizade incondicional. Os grupos bem conectados estavam mais propensos a perdoar os caloteiros do que aqueles com conexões ruins. Pesquisando nos dados depois de um ano de projeto, encontrei clientes que tinham maior probabilidade de conhecer as circunstâncias que levavam à inadimplência no grupo se fossem culturalmente parecidos com o inadimplente em questão. Isso sugeria que os clientes em um grupo bem conectado estavam monitorando uns aos outros de maneira mais eficiente e específica; eles sabiam dizer quando um inadimplente tinha uma boa desculpa para não honrar um pagamento e eram menos exigentes com ele. É claro que o excesso de leniência poderia ter sido um convite ao mau comportamento; mas, como entre os grupos bem conectados as taxas de pagamento dos empréstimos eram mais elevadas, aparentemente os clientes estavam se saindo bem.

Ora, o simples fato de os grupos socialmente conectados costumarem se comportar melhor pode não ser algo espetacular, mas saber *como* acontece a inadimplência é algo potencialmente valioso. Se um credor soubesse, por exemplo, que clientes culturalmente semelhantes monitoram uns aos outros de perto, seria possível promover ativamente o monitoramento formando-se grupos culturalmente semelhantes.

As reuniões são importantes

Mesmo que as características intrínsecas e imutáveis como confiabilidade ou preferência por um tipo de chapéu desempenhem papel significativo no sucesso dos grupos de tomadores de empréstimo, um dos principais motivos para o entusiasmo mundial pelo microcrédito é a promessa de transformações pessoais e conjuntas. Os clientes, de chapéu ou sem chapéu, deviam *aprender* a prosperar juntos ao longo do processo de tomar um empréstimo – por meio de conversas, de compartilhamento dos conhecimentos, do apoio e monitoramento uns aos outros. Na verdade, estimular relacionamentos fortes dentro do grupo é um dos benefícios alegados – e muitas vezes uma justificativa – pela prática de realizar reuniões de pagamento dos empréstimos conjuntos duas vezes por semana.

Será que as interações frequentes e obrigatórias entre os participantes levam realmente ao sucesso dos grupos de tomadores de empréstimo, independentemente de quem forem seus membros? As reuniões semanais para pagamento dos empréstimos, típicas do microcrédito, dominam o cenário – mas o que há de tão especial nessa periodicidade? Por que não a cada duas semanas? Por que não uma vez por mês? As respostas a essas perguntas têm importantes implicações para o desenho dos programas de empréstimos conjuntos. Se um regime diferente de pagamento dos empréstimos pudesse gerar taxas aceitáveis de pagamento, espaçar os prazos poderia ser uma opção atraente: economizaria um tempo valioso para os clientes e gerentes de crédito, e daria aos primeiros mais flexibilidade financeira para reduzir o número de ocasiões nas quais precisam estar com o dinheiro em mãos para honrar os pagamentos. A pergunta essencial é: De que modo a frequência das reuniões de grupo realmente impacta o sucesso do grupo?

Esse é exatamente o tipo de relacionamento que pode e deve ser testado nas pesquisas de campo. Entretanto, como no caso da opção entre responsabilidade individual ou conjunta, na prática a maioria dos microcredores toma uma decisão sobre a periodicidade dos pagamentos dos empréstimos (muitas vezes com pouca ou nenhuma informação para orientá-los) e se prendem a ela. A ironia é que se a escolha dos credores for insensata, é provável que sequer o percebam: como a maioria opta por um esquema semanal, é mais provável que peque pelo excesso. Tais erros, às vezes, passam despercebidos.

Era esse o cenário vigente quando dois economistas especializados em desenvolvimento, Erica Field e Rohini Pande, de Harvard, se aproximaram da gerência da Village Welfare Society (VWS), importante microcredor em Calcutá, Índia, em 2006. De acordo com o relatório de final de ano da organização, a VWS está indo muito bem. Em 11 anos de empréstimos, cresceu de modo a atender cerca de 40 mil tomadores – todos mulheres – com empréstimos de até US$300. Os 22% de taxa de juros eram competitivos no mercado de microcrédito da Índia. Mas o número mais marcante encontrado no relatório anual era a taxa de pagamento dos empréstimos pelos tomadores: 99,1%. Trata-se de uma taxa impressionante por qualquer padrão; para efeito de comparação, a taxa de pagamento dos empréstimos feitos a pequenas empresas nos Estados Unidos no mesmo ano foi de aproximadamente 94%. (Seria possível argumentar que as taxas de pagamento do VWS eram altas *demais,* um sinal de que o banco não estava financiando negócios arriscados que, na média, poderiam ter sido rentáveis e bons para o crescimento.)

No entanto, Field e Pande desconfiaram que podia haver lugar para melhorias. Eles também detectaram uma oportunidade de entender *como* – e não apenas se – as frequentes reuniões de grupo eram responsáveis pelo sucesso. Com tudo correndo bem, o VWS podia facilmente ter dito aos economistas que esquecessem a pesquisa, mas felizmente resolveu ouvi-los.

O produto de crédito do VWS na época baseava-se de perto no modelo do Grameen de Yunus: mulheres tomavam empréstimos em grupo, eram responsáveis pelos empréstimos uma das outras e o pagavam em prestações iguais em 44 reuniões semanais. Field e Pande, com Benjamin Feigenberg (hoje aluno de pós-graduação do MIT e do J-PAL), elaboraram um RCT para explorar as relações entre a frequência das reuniões, a dinâmica do grupo e a inadimplência dos clientes.[10] Eles separaram 100 novos grupos de tomadores de empréstimo e os designaram aleatoriamente a um novo esquema de pagamento: 30 grupos mantiveram os pacotes padrões semanais e o restante ficou com reuniões mensais. Nos dois anos que se seguiram, durante os quais a maioria das clientes quitava seus empréstimos e tomava pelo menos mais um, eles monitoraram os registros de pagamento individuais e a dinâmica do grupo.

As diferenças não surgiram imediatamente, mas estavam ali. Durante o curso do empréstimo inicial, parecia mais que as reuniões mensais eram um almoço gratuito. Não havia diferença na inadimplência entre clientes que realizavam os pagamentos semanal ou mensalmente. Mas, com o passar do tempo, ficou claro que as reuniões mais frequentes tinham gerado de maneira lenta, mas certeira, grupos mais fortes. Em cinco meses, os membros dos grupos que se reuniam semanalmente tinham 90% mais probabilidade do que os do pagamento mensal de conhecerem os membros da família das participantes pelo nome e de visitá-los em casa. Depois de mais de um ano, os membros dos grupos que efetuavam o pagamento mensal estavam mais propensos a se socializar e a se comprometer a ajudar uns aos outros no caso de uma emergência de saúde.

A proximidade social dos grupos que faziam os pagamentos semanais também se refletiu em suas escolhas econômicas. Cerca de um ano após o ressarcimento do empréstimo inicial, os economistas elaboraram um jogo com dinheiro de verdade, um experimento de loteria, para ver como os membros do grupo se sentiam a respeito dos outros. Era uma loteria cuidadosamente elaborada, com um aspecto que permitiria observar se os clientes apenas se sentiam mais *altruístas* em relação a seus companheiros de grupo ou se eram realmente mais capazes de *confiar* neles, compartilhando os riscos.

Cada um dos clientes recebia um bilhete para uma rifa de 200 rupias (cerca de US$5). Disseram-lhes que as rifas tinham 11 bilhetes ao todo, 10 deles dados a pessoas de outros grupos. Os clientes poderiam manter seus bilhetes e participar da rifa conforme lhes fora descrito (com 1 em 11 chances de ganhar o bilhete premiado) ou podiam dar até nove bilhetes *adicionais* para outros membros do próprio grupo (o que reduziria sua chance individual de ganhar a rifa para uma em 20, mas aumentaria as chances de alguém do grupo ganhar).

Agora o aspecto novo por eles introduzido: disseram a alguns clientes que a loteria premiaria o sorteado com um único bilhete de 200 rupias para ser usado em uma loja, e a outros que a loteria pagaria quatro bilhetes-presentes de 50 rupias que poderiam ser facilmente compartilhados. Assim, um cliente na loteria do bilhete de 50 rupias podia dar os bilhetes para outros membros do grupo e esperar receber um cartão-presente de volta se um deles fosse sorteado. Por outro lado, o cartão-presente de 200 rupias era indivisível (e fora intencionalmente elaborado para exigir que só o portador pudesse resgatá-lo na loja) e, portanto, menos provável de ser compartilhado.

Assim, se as reuniões semanais realmente levavam as pessoas a serem mais altruístas em geral, os clientes que realizavam os pagamentos semanalmente deveriam dar mais bilhetes aos seus companheiros do que os clientes que faziam os pagamentos mensalmente, independentemente da denominação dos cartões-presentes. Por outro lado, se as reuniões semanais levavam as pessoas a compartilhar melhor os riscos, a confiar mais umas nas outras, os clientes que realizavam os pagamentos semanalmente deveriam dar mais tíquetes adicionais do que os clientes que realizavam o pagamento mensalmente de modo geral – mas tal aumento deveria se concentrar em torno do bilhete de loteria de 50 rupias (onde os doadores dos bilhetes poderiam ser mais facilmente compensados por sua generosidade caso os bilhetes fossem sorteados).

Na verdade, foi exatamente isso que o experimento da loteria revelou.

De maneira básica, os economistas estavam captando a tendência dos grupos a compartilharem os riscos e a cooperação econômica. Para os pobres, que dispõem das piores almofadas econômicas para amortecer os choques, a capacidade de lidar com o risco é essencial. Isso sublinha a enorme importância do resultado da loteria: uma força externa (o credor) chega e exige que as reuniões semanais, em vez de mensais, teve um efeito notável sobre a capacidade dos clientes de compartilhar os riscos!

Com certeza, os efeitos da cooperação econômica refletem-se também nos resultados financeiros do credor: depois que os empréstimos iniciais foram quitados, os clientes dos grupos de pagamentos semanais estavam muito menos propensos a deixar de pagar os futuros empréstimos do que os clientes que realizavam o pagamento nas reuniões mensais.

O estudo de Feigenberg, Field e Pande forneceu fortes indícios de que as reuniões de grupo frequentes levavam ao pagamento dos empréstimos e, nesse processo, lançou luz sobre uma das maiores alegações dos defensores do microcrédito – que os tomadores de empréstimos podem produzir verdadeiras transformações sociais (nesse caso específico, sob maior compartilhamento de riscos). Isso certamente não dá por encerrada a discussão de como cada microcredor específico deve moldar suas políticas, mas é um passo na direção certa.

Os próximos passos

O microcrédito já teve sucesso em um aspecto importante: atraiu a atenção do mundo. Pela primeira vez, milhões de pessoas estão se envolvendo na luta contra a pobreza graças ao apoio de todos, de Ban Ki-moon a Bono, e à abundância de emocionantes histórias reais de transformações pessoais propiciadas pelo microcrédito. Veja os inúmeros cliques no Kiva.org, os US$2 milhões[11] em doações de US$1 para microcredores nos caixas dos supermercados Whole Foods. Entusiasmo e participação são em si um grande passo adiante e estão por trás de qualquer esforço que fizermos. A pergunta é: Estamos usando as ferramentas certas?

E se pudéssemos fazer o dobro do bem com a boa vontade que já temos? E se estivermos serrando as grades da prisão com uma faca cega quando poderíamos usar uma lima de aço?

O microcrédito tem o modelo de Yunus como seu sólido alicerce. Atua de algumas maneiras fundamentais e importantes. Mas está longe da perfeição, e há maneiras simples de aperfeiçoá-lo. Descubra o que realmente move o bom comportamento e estimule-o. Descubra onde está a gordura e corte-a. Isso não acontecerá por si, sem ajuda. É preciso eliminar as lacunas e retirar o excesso, testando o tempo todo. Enquanto não houver um sistema de empréstimo que possa atender tanto a Mercy quanto a Philip – *sem* obrigar um a pagar pela inadimplência do outro –, o microcrédito precisa funcionar.

Aprimorar as práticas de empréstimo é apenas uma parte da evolução do microcrédito. Outra é a expansão dos credores, levando-os a oferecer uma gama mais ampla de serviços aos seus clientes. A maior parte da conversa nos círculos de desenvolvimento gira em torno do micro*financiamento* – muitas vezes, a desculpa é que o micro*crédito* é apenas uma peça do quebra-cabeça. Quando refletimos sobre o papel dos bancos em nossa vida nos Estados Unidos, não pensamos apenas, ou mesmo principalmente, em empréstimos. Também pensamos em caixa eletrônico, poupança, conta-corrente e transferências eletrônicas. Não são operações que nos remetam ao crédito, mas nem por isso são menos valiosas. Facilitam nossa vida.

Há muito pouco tempo, tínhamos de funcionar sem essas conveniências, mas é cada vez mais difícil imaginar o que era o mundo sem elas. Na adolescência, participei de um programa de férias na Duke University que oferecia cursos de matemática e redação (e, sem eu saber, para conhecer minha esposa, Cindy). No meu segundo ano no programa, matriculei-me para três semanas, mas quando estava lá decidi ficar sete semanas. Isso significava que eu precisava de mais dinheiro para a pizza e o refrigerante dos quais sobreviria durante o verão. Ainda me lembro da minha luta para descobrir uma maneira de, estando na Carolina do Norte, ter acesso ao dinheiro da minha poupança na Flórida. Foi uma longa e penosa operação de saque, envolvendo pesquisa, inúmeros telefonemas, o pai de um amigo me levando de carro a um banco que ficava a uma hora de distância e, finalmente, uma reunião pessoal com o gerente de uma agência.

É claro que a onipresença dos caixas eletrônicos torna essa situação inimaginável nos dias de hoje, em grande parte dos países desenvolvidos. Mas para os pobres não é assim. Para os poucos que têm conta em banco, depósitos e saques costumam exigir horas de deslocamento e grande tempo de espera. As transferências de dinheiro são feitas ao vivo e em dinheiro – o que significa que não só consomem tempo como também são arriscadas.

Pode bem ser que os maiores impactos do microfinanciamento venham principalmente de seu lado mundano: acelerar as transações do dia a dia, dar às pessoas a capacidade de transferir o dinheiro de um lugar para o outro rapidamente e com segurança e, de maneira mais ampla, oferecer um modo confiável e principalmente seguro de ganhar dinheiro em um momento no tempo e um ponto no espaço, e gastá-lo em outro. Quando os gastos ocorrem antes dos ganhos, chamamos isso de crédito. Mas, quando os ganhos acontecem antes dos gastos – o que acontece para a maioria das pessoas, na maior parte do tempo –, chamamos de poupança.[12] Sim, a boa e velha poupança, como nossos pais e avós nos ensinaram. No próximo capítulo, vamos aprofundar nossa discussão sobre microfinanciamento examinando algumas abordagens inovadoras para os pobres a poupar.

7

POUPAR

Uma opção pouco divertida

Vijaya era linda e estava sempre rodeada por lindas flores. Ficava sentada em uma sombra da decadente fachada leste do mercado de Koyamedu em Chennai, Índia. Quando Jake a encontrou, ela estava sentada em sua mesa fazendo buquês. Era um trabalho repetitivo. Ela pegava um único broto de jasmim branco de uma pilha de centenas, enrolava um pedaço de fio de náilon em volta de seu pequeno caule e dava um nó, colocando-o junto com outras centenas de brotos que já estavam amarrados. Era como um filamento de DNA, com os pares de brotos espiralados em volta de um eixo central. A parte finalizada ficava sobre a mesa, como uma cobra bela e mansa.

O lugar cheirava a pétalas de flores molhadas e incenso doce, mas nada mais lembrava um spa de luxo. Tampouco as grandes cordas de flores frescas tinham como destino os corredores imponentes de um hotel ou as mesas de jantar dos ricos e famosos. Elas seriam compradas e descartadas por pessoas comuns, que as colocavam aos pés ou ao redor do pescoço de um símbolo religioso em um dos milhares de templos hindus espalhados pela cidade. Demora um tempo para se acostumar, mas a verdade é uma só: é possível ver um homem caminhando descalço, usando um *lungi* rasgado e velho, com o rosto sujo de fuligem, carregando um gigante buquê de rosas frescas. Ele pode ter gasto suas últimas 20 rupias nas flores.

Vijaya e suas vizinhas, que sentavam em mesas parecidas fazendo buquês parecidos, eram mulheres que trabalhavam muito. E tinham um motivo para isso. Escondidas nas dobras de seus sáris empoeirados ficavam pequenos maços de contas amassadas e suadas. Dez rupias, 50 rupias. As rupias normalmente não eram abundantes, por isso mesmo eram tão importantes.

Toda manhã, Vijaya chegava a Koyamedu e comprava 300 rupias (equivalentes a uns US$6,50) em flores no atacadista. Sentava-se ereta diante de sua mesa de trabalho, pegava o carretel de fio de náilon e apoiava um caixote de madeira em sua extremidade, como se fosse um banquinho. Colocava as flores sobre a mesa e começava a trabalhar, amarrando-as automaticamente e com eficiência. Durante todo o tempo que Jake a observou, ela nunca perdeu um nó ou quebrou um único caule. Parava apenas quando um cliente se aproximava de sua mesa. Ele apontava para um dos buquês enrolados e ela media o tamanho pedido no antebraço. Em seguida, cortava com uma lâmina afiada, pegava o dinheiro com a mão direita e o colocava nas dobras do sári.

Ao fim do dia, ela tinha vendido 400-500 rupias. Jake perguntou o que ela fazia com o lucro. Como era de se esperar, a maior parte nunca saía do mercado. Toda noite, quando as flores acabavam, Vijaya recebia a visita de um homem que não estava interessado nos buquês. Ele aparecia para pegar o pagamento diário do empréstimo. Alguns pagamentos diários de empréstimo, na verdade.

Vijaya tinha três ou quatro empréstimos de uma só vez. Esse dinheiro era usado para quase tudo: comprar as flores pela manhã, pagar o aluguel mensal da família, a mensalidade da escola dos filhos e as contas de hospital. Os empréstimos variavam em valor e duração, mas tinham uma coisa em comum: os juros. Isso significa que Vijaya estava gastando mais, normalmente em torno de 3% extras por mês, para arcar com a maior parte dos gastos de sua família.

Quando Jake perguntou qual era o total de juros que pagava por todos os empréstimos, ela relutou: "Juros?" Se eles representavam um peso considerável, ela não deixou transparecer. "Eu dou aproximadamente 100-150 todos os dias para aquele homem que vem aqui. Quando recebo um extra, às vezes também dou um extra. Quando preciso de mais dinheiro, eu peço. É essa a rotação." Ela enfatizou a palavra *rotação*. Sugeria um ciclo estável e contínuo, como o vaivém das monções.

O sistema de contrair empréstimos para despesas maiores, na verdade, assemelhava-se menos a uma monção e mais a uma torneira vazando. Significava que as rupias vazavam constantemente do sári de Vijaya, e definitivamente do cofre da família, sendo drenadas para o ralo do credor na forma de juros. Ironicamente, perder dinheiro dessa maneira, dia após dia, é uma tarefa difícil. Apenas o fato de Vijaya conseguir pagar seus empréstimos prova que ela estava ganhando mais do que o suficiente (o *mais* representa os juros) para cobrir suas despesas.

Aí é que está o enigma.

Por que poupar é bom

Contrair pequenos empréstimos de curto prazo, um em cima do outro, raramente é a melhor maneira de operar, do ponto de vista econômico, mas é exatamente a maneira escolhida por milhões de pessoas. A *rotação* está agitando, nos escritórios iluminados por neon das empresas de empréstimo consignado em Sioux Falls, Dakota do Sul, assim como no mercado de flores de Chennai.

Sempre que acontece é como se os tomadores envolvidos estivessem dizendo: tem uma coisa de que preciso, mas nunca tenho dinheiro suficiente no bolso para comprar. Assim, vou levantar esse valor hoje por meio de crédito e, no fim, pagarei um valor a mais pelo privilégio de conseguir o que quero antes.

Mas de onde virá o extra? Eis uma pergunta especialmente importante para um tomador frequente que pega, por exemplo, US$50 toda segunda-feira e paga US$55 na sexta-feira. Para sustentar essa prática, ele precisa encontrar uma maneira de espremer consistentemente (no mínimo) US$5 adicionais de uma despesa adicional de US$50. Tudo bem, ele sabe como colocar seu dinheiro para funcionar; mas, infelizmente, o dinheiro do credor é o maior beneficiado. No entanto, trata-se de um mecanismo poderoso que transforma US$50 em US$55 no decorrer de uma semana e que talvez pudesse ser remodelado para servir ao tomador, não aos seus credores.

Suponhamos que o tomador resolva economizar US$1 por semana e investi-lo na despesa de US$50 da semana seguinte. (Para efeito de simplicidade, vamos partir do pressuposto de que o negócio continua do mesmo tamanho, sempre precisando de um investimento semanal de US$50 para a aquisição das mercadorias que serão vendidas.) Na segunda-feira depois da primeira semana de economia, o tomador pega emprestados US$49 em vez dos US$50. Na sexta-feira seguinte, o pagamento será de apenas US$53,90 (US$49,00 mais US$4,90, os 10% de juros), economizando US$0,10 de juros. No fim da semana, ele também separa mais US$1, obtendo um total de US$2,10. Da próxima vez, só precisará pegar emprestados US$47,90. À medida que o ciclo continua, a economia de juros compostos e a crescente economia semanal se combinam para reduzir o valor do empréstimo. Tudo terminará mais cedo do que você poderia esperar: após 20 semanas, o tomador ficará completamente livre de dívidas. Agora seu poderoso mecanismo, que vinha sustentando o credor local, passa a produzir US$5 que são guardados pelo tomador toda semana, como um relógio.

Esse exemplo é razoavelmente realista em termos de dólares, centavos e porcentagens, mas também é uma fábula. Existe uma moral nessa história. Economizar, mesmo que seja um pouco de cada vez, pode fazer uma grande diferença.

Por que é difícil poupar

Como muitas coisas que são certas e boas, poupar é uma prática difícil. As pessoas, em geral, podem encontrar indícios suficientes disso em sua experiência pessoal; mesmo assim, vale a pena enumerar alguns dos motivos que levam muitas pessoas de todos os cantos do mundo a considerar muito difícil poupar.

Para começo de conversa, em uma análise inicial, a poupança não é uma coisa muito atraente. Não mata a sede, não enche barriga nem evita doenças; também não é brilhante nem divertida. Prega a abstinência e a paciência, sempre prefere o caminho mais difícil e provavelmente faz parte do sindicato de temperança local. Comparada com outras coisas que chamam a nossa atenção e a atenção de nossa carteira, a poupança é algo entediante.

Em segundo lugar, para aqueles que conseguem enxergar além da simples aparência exterior, é necessário ter disciplina para escolher entre economizar e comprar alguma coisa necessária naquele momento, especialmente quando o objeto da compra imediata parece essencial. Há quem acredite que as necessidades e oportunidades atuais são realmente mais urgentes do que as necessidades e oportunidades futuras. Enquanto a disciplina tira um cochilo, o adiamento entra em ação. A oportunidade de poupar, como uma antiga e rígida professora solteirona em uma túnica de algodão cinza, sempre estará disponível amanhã, por isso pode esperar.

Como isso acontece repetidamente, o nublado futuro se torna um depósito para todas as coisas boas que um dia faremos, e não economizar torna-se uma questão de *momentum* (ou, mais apropriadamente, de inércia). Trata-se, na verdade, de um fenômeno muito comum, documentado na psicologia e na economia comportamental. Acontece com todos nós, e não apenas com nossos bancos ávidos por lucros; a história também faz sentido se substituirmos *poupar* por *parar de fumar, ter uma alimentação saudável* ou *praticar exercícios regularmente*.

Até mesmo no caso de uma pessoa dotada de disciplina e visão, o caminho para a poupança é cheio de obstáculos e perigos. Alguns deles são transparentes e previsíveis, como as taxas de abertura de conta, de saque e exigência de saldo mínimo; mas a maioria dos obstáculos é um bando ordinário e malcomportado. São os demônios sobre os nossos ombros, os macacos em nossas costas e as pessoas necessitadas às quais estamos ligados. O jogo de cartas semanal do seu marido, uma taça de um bom vinho, as ligações insistentes daquele primo pedindo dinheiro emprestado... são todos bestas ferozes que podem devorar centenas de vezes o seu tamanho e nem por isso saciar a fome.

Vijaya estava lutando com uma dessas bestas. Disse isso quando Jake perguntou se ela tinha algum dinheiro guardado em casa. Naturalmente, ela não estava nada satisfeita em dar a maior parte do dinheiro que ganhava diariamente para um credor, em vez de levar esse dinheiro para sua família em casa, mas não via outra alternativa. Ela ria sem demonstrar emoções e batia no braço da mulher sentada ao seu lado, que também dava risada e balançava a cabeça sem tirar os olhos do buquê em suas mãos. Vijaya amarrava outro botão de jasmim quando declarou: "Obviamente não podemos guardar nada em casa. Meu marido gasta com bebida tudo o que levo para casa."

E reproduziu a pantomima universal para bebedeira. As vendedoras de flores ao lado, que tinham escutado seu comentário, concordaram. Elas também conheciam a pantomima.

Quase tão bom quanto guardar dinheiro sob o colchão

Ao enfrentar uma dura batalha em casa e com acesso limitado às instituições bancárias formais, muitos são forçados a desenvolver soluções alternativas de poupança. É basicamente o que Vijaya estava fazendo com seus empréstimos: a cobrança diária era como se fosse uma conta de poupança que ela não tinha.

Outras circunstâncias geraram grande variedade de esquemas informais de poupança em todo o mundo. A África Ocidental tem as associações *susu*, nas quais um cobrador coleta depósitos diários dos clientes em troca de uma taxa mensal; e as ROSCAs (Rotating Savings and Credit Associations), nas quais os membros têm acesso a um rodízio de poupanças mensais e que prosperaram em seis continentes.

Existem muitas variedades, mas os esquemas de poupança mais informais têm pelo menos uma característica em comum: um custo para o poupador. Nos países desenvolvidos, onde existem contas de poupança que pagam juros sem custo algum, soluções como essas não funcionam. Mas metade da população mundial, mais de 2,5 milhões de pessoas, usa serviços financeiros informais para fazer poupanças ou empréstimos.[1] As soluções informais sobrevivem porque, embora tenham um custo, eliminam lacunas que precisam ser desesperadamente eliminadas.

É exatamente nessas lacunas que os programas de desenvolvimento efetivos podem ter um grande impacto. E podemos aprender muito sobre o que é necessário se estudarmos de que maneira as pessoas utilizam os dispendiosos esquemas de poupança na vida real.

Pascaline Dupas, da UCLA, e Jonathan Robinson, da UCSC, realizaram esse estudo na área rural ocidental do Quênia em 2006.[2] Desenvolveram um RCT para avaliar se os obstáculos à poupança eram responsáveis pelo baixo crescimento dos negócios entre os microempresários. Mais especificamente, será que o acesso a uma conta de poupança básica melhora a vida das pessoas?

Primeiro, Dupas e Robinson identificaram e pesquisaram um grupo de empresários – pequenos comerciantes, motoristas de táxi, barbeiros, carpinteiros, vendedores ambulantes e outros. Pediram que esses grupos de empresários mantivessem registros diários detalhados de suas receitas, gastos e condições de saúde. Em seguida, selecionaram metade aleatoriamente e ofereceram-se para abrir contas de poupança para eles na cooperativa local, sem custo algum.

A conta que eles arranjaram não era grande coisa. Não remunerava e cobrava taxas para os saques (portanto, na realidade, tinha uma taxa de juros *negativa*). É óbvio que qualquer pessoa que usasse essa conta ativamente estaria enfrentando alguns tipos de obstáculos para poupar; afinal, a venerável abordagem de guardar dinheiro embaixo do colchão oferece a mesma taxa de juros (zero) e não cobra taxas de saque. Assim, a primeira pergunta deles foi: Será que alguém a utilizaria?

A resposta foi um sim retumbante. Daqueles para os quais a oferta foi feita, 89% abriram uma conta e 55% fizeram pelo menos um depósito em seis meses. Uma resposta tão forte sugere que, para muitas pessoas, uma conta cara e básica na cooperativa da vila era de fato a melhor coisa que acontecia. Para descobrir quais participantes se encaixavam naquela descrição, Dupas e

Robinson observaram os dados coletados na pesquisa inicial. Uma coisa ficou clara: as mulheres usavam muito mais a conta do que os homens (embora a amostra de indivíduos no estudo tenha sido muito pequena para se afirmar com certeza estatística por que isso acontecia). Talvez, como Vijaya, elas enfrentassem mais obstáculos para poupar em casa.

Mas uma dinâmica menos óbvia também se revelou. O mais forte elemento prognosticador da utilização da conta foi a participação em um esquema de poupança caseiro, como as Rotating Savings and Credit Associations mencionadas anteriormente. Ou seja, as pessoas que já estavam economizando (embora não fosse em um banco formal) na época da oferta tinham uma chance significativamente maior de se tornarem usuárias ativas das novas contas. É uma descoberta estranha. Os participantes dos esquemas caseiros de poupança já tinham encontrado uma maneira de guardar dinheiro; então, por que tantas pessoas correram para usar as novas contas? Uma explicação é que as novas contas eram realmente melhores do que as alternativas existentes. A maneira de descobrir era ver como as contas de cooperativas de vilas mudaram a vida cotidiana das pessoas.

Foi então que Dupas e Robinson chegaram aos registros diários detalhados em calhamaços de cadernos simples, repletos de anotações a lápis e a caneta. Apesar de sua aparência modesta, eram valiosos tesouros de informações, contendo registros de tudo, desde compras para o estoque da empresa até o pagamento de contas de hospital. Juntos, os cadernos contavam uma história coerente: poupando nas contas de cooperativa locais, as mulheres investiam mais em seus negócios e aumentavam seus gastos com alimentação e outros bens.

Também havia indícios de que as contas melhoraram a capacidade das mulheres de lidarem com doenças, delas mesmas e de outros familiares. As mulheres sem contas no estudo de Dupas e Robinson reagiram a casos mais sérios de doenças trabalhando menos, esgotando seu capital de giro e vendendo mercadorias a crédito (que provavelmente era uma tática para evitar que estragassem). Isso se soma ao efeito de uma doença que interrompe os negócios – e a renda por eles gerada – exatamente quando ela é mais necessária.

Por outro lado, as mulheres que receberam a oferta das contas se saíram melhor. Podiam usar a poupança para arcar com os custos de um tratamento imediatamente, e assim costumavam manter o ritmo de trabalho mesmo durante as semanas em que adoeciam. Como resultado não eram forçadas a lançar mão do capital de giro ou vender suas mercadorias a crédito. Esses são os passos na direção certa. Mas por que isso aconteceu apenas com as mulheres no estudo de Dupas e Robinson? Foi a pergunta que ficou no ar e que vale a pena estudar mais a fundo. Sua descoberta poderia ser um golpe de sorte ou uma verdade profunda e importante sobre as diferenças entre mulheres e homens, uma verdade que tem implicações para o desenvolvimento dos futuros programas. A reprodução de seu experimento é a melhor maneira de descobrir. Com esse objetivo, Dupas e Robinson estão trabalhando atualmente em estudos complementares no Quênia, e eu também estou trabalhando com eles para reproduzir e dimensionar seu trabalho em Uganda, Malawi, Chile e Filipinas, graças à generosidade da Bill & Melinda Gates Foundation.

O estudo de Pascaline Dupas e Jonathan Robinson no Quênia nos mostrou duas coisas. Primeiro, os candidatos a poupadores estavam em uma situação ruim, para início de conversa. O fato de tantas pessoas optarem por uma conta com taxa de juros negativa prova a quantidade de obstáculos que enfrentavam. Segundo, o fato de as contas de cooperativas locais realmente melhorarem a vida das pessoas sugere que as alternativas disponíveis eram fracas.

Existe uma maneira muito mais positiva de analisar essas descobertas. Ao usar as contas de cooperativas locais, os habitantes do Quênia ocidental mostraram que tinham disposição e vontade de poupar. Se uma solução de poupança tão medíocre pode fazer tanto bem, imagine o que mais poderíamos fazer com um produto melhor. Os impactos das descobertas de Dupas e Robinson são encorajadores. Agora precisamos buscar maneiras de incluir mais pessoas.

Sunny consegue poupar

Mesmo sem marido alcoólatra como o de Vijaya para esvaziar sua carteira, muitas pessoas descobrem maneiras de evitar a poupança. Realizei recentemente a proeza substancial de não economizar quando levei um amigo para um jantar sofisticado de comemoração sem nenhum motivo em particular. Esse tipo de despesa é facilmente considerada frívola, mas geralmente os motivos para gastar são, digamos, razoáveis: reparos ou melhorias na casa, compras para a volta às aulas, ajuda financeira a algum familiar. Sem ostentações.

Infelizmente, a visão de dentro do cofrinho é cruel e simples: ou o dinheiro é depositado no cofrinho ou não é. O saldo da conta não respeita motivos ou justificativas. Basta chacoalhar o cofrinho e ouvir seu barulho. *Clink, clink.* Poucas moedas, o som é triste e baixo. O remorso do comprador se instala. Imaginamos quais compras recentes foram desnecessárias e quais poderiam ter esperado.

Foi assim que aconteceu com Sunny.

Conheci Sunny nas Filipinas, em Butuan, uma cidade ao norte de Mindanao. Sunny tinha alguns objetivos para melhorar sua casa. Queria rebocar as paredes. Ela queria construir um terraço. Queria consertar o banheiro. Cada uma dessas melhorias custaria aproximadamente US$200.

Sunny não era a pessoa mais pobre do quarteirão, mas também não era a mais rica. Certamente não tinha US$200. O que Sunny tinha era uma conta de poupança no Green Bank de Caraga. Então, ela começou a depositar dinheiro nessa conta, pensando em seus objetivos. Colocou US$5 de cada vez e, lentamente, o saldo da conta aumentou. Mas, sempre que conseguia juntar US$50, alguma coisa acontecia. Nada muito grave: uma vez as crianças precisaram de roupas. Na outra, o marido quis comprar uma TV nova, mais sofisticada. O que aconteceu? Ela fez uma retirada e voltou à estaca zero.

Um dia, alguma coisa mudou.

O Green Bank ofereceu a Sunny um novo produto chamado SEED (Save Earn Enjoy Deposit). O SEED era idêntico à sua conta de poupança, com apenas uma exceção: tinha um recurso que bloqueava as retiradas até que ela alcançasse um valor de sua escolha.

Sunny aderiu ao produto e estipulou sua meta em US$200. Economizou US$200, sacou e logo aderiu ao produto novamente. Quando a conheci, em uma pesquisa qualitativa complementar, já estava no terceiro *round*. Nunca tinha conseguido economizar tanto na vida.

O SEED era novidade para o Green Bank e para Sunny, mas a poupança compulsória é um truque antigo. Nos Estados Unidos, as contas do Christmas Club vêm ajudado as pessoas há muito tempo a economizar pouco a pouco para alcançar um objetivo maior. O que define esse tipo de poupança é que os depósitos são bloqueados até data determinada ou até que se alcance um saldo específico na conta.

O que surpreende, da perspectiva da teoria econômica padrão, é que as pessoas realmente se comprometem com essas coisas. O raciocínio por trás da visão padrão é que é melhor ter mais opções, como a liberdade de sacar dinheiro sempre que se desejar. Afinal, você nunca é *forçado* a sacar de uma conta de poupança comum. Tem liberdade para economizar e alcançar o seu objetivo ou não. Pode fazer o que for melhor para você. Por outro lado, um poupador em esquema de compromisso abre mão da opção do saque. Como isso pode ser bom?

Em primeiro lugar, silencia as vozes da tentação. Interrompe o fluxo de todas as coisas que chamam a nossa atenção e atraem nossa carteira. Não podemos fazer compras por impulso quando o dinheiro está bloqueado em um cofre. Só isso já foi suficiente para resolver o problema da Sunny. Mas será que a mesma coisa acontece com outras pessoas? O SEED ou outros esquemas semelhantes de poupança ajudam a melhorar a vida dos pobres?

Convencendo os pobres a pouparem

A verdade é que a maioria das pessoas não tem uma conta poupança, desse ou de qualquer outro tipo, e a sabedoria convencional tem uma explicação simples para isso. As pessoas não poupam porque gastam cada centavo em coisas essenciais (são pobres, lembra?).

Admito que esse raciocínio tem seus atrativos. É claro e faz sentido do ponto de vista da intuição. Mas leva a uma rua sem saída. Se não poupar é um simplesmente um fato inevitável da pobreza, mesmo que encontremos maneiras de ajudar as pessoas pobres a controlarem seus impulsos e resistirem à tentação de gastar, não conseguiremos resolver o problema principal. Elas ainda não terão nada sobrando para poupar depois de suprirem suas necessidades imediatas. Então, não devíamos investir tempo e dinheiro para descobrir maneiras melhores de convencê-las a poupar.

Felizmente, não precisamos aceitar essa linha de raciocínio sem antes testá-la no mundo real.

Quando eu estudava no MIT, conheci Mary Kay Gugerty, na época estudante de doutorado na Harvard Kennedy School of Government. Mary Kay estava escrevendo sua tese sobre os clubes de poupança informais que as mulheres quenianas usaram para superar os problemas de autocontrole. Eu também vinha pensando muito sobre a tentação, não apenas em relação à poupança, mas também em outras áreas da vida. Fomos conversar com David Laibson, economista comportamental de Harvard que havia realizado pesquisas pioneiras sobre o autocontrole.

Fomos à reunião esperando descobrir como testar as teorias dele, mas saímos com uma pergunta muito mais prática: Como podemos usar essas teorias para melhorar a vida das pessoas? Mais especificamente, será que podemos desenvolver um produto que ajudará a resolver o problema da tentação?

Uma semana depois, Mary Kay e eu nos juntamos a Nava Ashraf, outro estudante, e começamos a buscar um produto para testar e um local para testá-lo. Redigimos uma breve proposta e enviamos para toda a nossa lista de e-mails. Descobrimos que muitas pessoas estavam interessadas em tentação e autocontrole. Recebemos dezenas de respostas.

Nava e eu viajamos para as Filipinas em agosto de 2002 para acompanhar algumas delas. John Owens, gerente de uma iniciativa da USAID para ajudar bancos rurais e guru do microfinanciamento, realizou uma reunião com uma dúzia de possíveis parceiros. Sempre me lembrarei daquela viagem por um motivo simples: Nava e eu tínhamos uma tentação em nossa cabeça. Eu pensava nela todos as manhãs, quando tinha de lutar contra a vontade de comer rabanada e pão de banana no café da manhã, enquanto Nava escolhia sem esforço algum um saudável prato de frutas e um iogurte. Ela pensava na tentação quando conversávamos sobre roupas. Descobrimos que eu nunca tinha gasto mais de US$10 em uma camiseta (normalmente uso roupas de *tie-die* e *batiks* da África Oriental ou *kutis* indianos), enquanto Nava precisava esconder seus cartões de crédito para não ceder à tentação.

Sendo assim, tínhamos muita coisa a dizer quando nos encontrássemos com os bancos com os quais poderíamos trabalhar. No dia seguinte, tínhamos como forte parceiro o Green Bank de Caraga, o mesmo banco com o qual trabalhei posteriormente para estudar os empréstimos de responsabilidade conjunta e individual. Eles estavam ansiosos para descobrir e testar novas maneiras de mobilizar a poupança.

Nava, Wesley Yin (estudante de pós-graduação de Princeton) e eu trabalhamos com o Green Bank na criação do SEED, a conta de poupança[3] que mais tarde ajudaria Sunny a reformar sua casa. E, nesse processo, desenvolvemos um RCT para descobrir se um produto do autocontrole poderia realmente funcionar. Queríamos saber quais tipos de pessoas poderiam aderir e como o SEED afetaria a poupança de modo geral.

Começamos realizando um levantamento com aproximadamente 1.800 clientes atuais e antigos do banco. Concluído o levantamento, dividimos os participantes da pesquisa aleatoriamente em três grupos. Os do primeiro grupo receberam a visita de um funcionário do Green Bank, que conversou com eles sobre a importância de poupar e os convidou a abrir uma conta SEED. As pessoas do segundo grupo também receberam a visita de um funcionário e ouviram um discurso de marketing idêntico sobre a poupança, mas não recebiam a oferta das contas SEED. Finalmente, as pessoas do terceiro grupo não recebiam visitas nem ofertas. Faziam parte do grupo de controle.

Nossa pesquisa inicial captou algo além das informações demográficas e domésticas de praxe. Incluiu também uma bateria de perguntas que mediram as "preferências de tempo": a disposição de uma pessoa de desistir de ganhar hoje para obter ganhos maiores no futuro. São perguntas como: "Você prefere ganhar US$5 hoje ou US$6 daqui a um mês? Ou prefere ganhar US$5 daqui a um mês ou US$6 daqui a seis meses?" Ao investigar uma variedade de prazos e valores em dólares, conseguimos esboçar uma boa imagem das preferências de uma pessoa em relação à gratificação imediata *versus* a gratificação posterior. Ou, falando mais claramente, pudemos descobrir informações sobre a paciência. As pessoas impacientes, por exemplo, preferem os US$5 agora, em vez dos US$6 daqui a um mês.

As coisas ficam interessantes quando as preferências mudam de acordo com os diferentes prazos. Pense nas pessoas que são impacientes hoje (ou seja, preferem US$5 agora, em vez dos US$6 em um mês), mas que alegam que serão pacientes depois (ou seja, escolhem os US$6 daqui a dois meses em vez dos US$5 daqui a um mês). Você conhece pessoas assim. São aquelas que nunca têm tempo de começar a praticar exercícios esta semana, mas que alegam que com certeza conseguirão na próxima. Ou que sempre dizem que vão começar a investir uma parte maior do seu pagamento na aposentadoria – no próximo mês. Identificaram metas e maneiras de alcançá-las, mas sempre encontram uma desculpa quando chega a hora de começar. Se você soubesse que é assim, poderia tentar cumprir sua meta bloqueando seu dinheiro em um esquema de compromisso. Foi exatamente o que aconteceu com o SEED.

De maneira geral, o produto foi um sucesso. Mais de um quarto das pessoas convidadas abriu uma conta. Se essa não parece ser uma boa resposta, considere a oferta do Green Bank: uma conta de poupança idêntica à normal (que qualquer pessoa pode abrir), mas *sem* a opção de saque. Vista dessa perspectiva, a taxa de adesão de 28% é impressionante: significa que 28% das pessoas quiseram bloquear seu dinheiro em um lugar que nem elas conseguissem mexer.

Nós também confirmamos nossas suspeitas sobre os tipos de pessoas que estavam optando pela conta. Mulheres com perfil impaciente agora e paciente mais tarde tinham probabilidade 50% maior de aderir ao programa do que as outras mulheres. Assim, de modo geral, o SEED estava alcançando as pessoas certas.

Ficamos animados ao ver as pessoas aderirem, mas a grande dúvida girava em torno do impacto. O SEED realmente ajudaria as pessoas a economizar? Em uma única palavra, sim. Descobrimos que a simples *oferta* de uma conta SEED aumentou o saldo dos clientes normais em 47% nos seis meses seguintes. Esse número subiu para 82% depois de 12 meses. Lembre-se de que essa foi a mudança média nos saldos de poupança de todos que receberam a oferta da conta, independentemente de aceitá-la ou não. Na verdade, o impacto do SEED somente naqueles que realmente abriram a conta foi um impressionante número de 318%. Ou seja, descobrimos que o efeito da oferta da conta SEED para *quem aceita* a proposta é quadruplicar o saldo de sua poupança!

As descobertas do estudo SEED foram importantes por dois motivos. Primeiro, elas confirmam que a experiência de Sunny não é uma exceção: as contas SEED ajudaram muitos clientes do Green Bank a aumentar sua poupança. Segundo, e o mais importante, elas anulam a sabedoria convencional ao demonstrar que, com as ferramentas certas, os pobres *podem* economizar mais, mesmo sem um estímulo à sua renda em geral. Esse é um resultado poderoso e encorajador que sugere que as pessoas podem aplicar melhor os recursos existentes.

Talvez tudo o que elas precisam seja de uma ajuda comportamental ou de um *empurrãozinho*,[4] pegando emprestado um termo do livro de Richard Thaler e Cass Sunstein sobre as soluções comportamentais para os problemas diários.

Percepções de casa

Vimos o que está acontecendo no mercado da parte sul da Índia, no Quênia e no meio do vasto e úmido tabuleiros dos campos de arroz das Filipinas. Mas, e quanto a Decatur, em Illinois? E quanto ao Astoria Boulevard, no Queens, Nova York? As aplicações práticas da economia comportamental ainda estão, relativamente falando, engatinhando, mesmo nos países desenvolvidos, e vale a pena dar uma olhada nos tipos de empurrãozinhos e compromissos que estão funcionando neles, para inspirar novas ideias que podem ser experimentadas em outros lugares. Além disso, à medida que descobrimos que as soluções comportamentais podem ser adaptadas aos ricos e aos pobres, fortalecemos o argumento de que elas realmente respondem a algo fundamental e compartilhado, algo que transcende a linha de pobreza.

Os indícios coletados no mundo em desenvolvimento sustentam essa visão. Ocorre que, quando se trata de poupança, nem o pessoal do mercado financeiro nem (opa!) os professores de economia estão imunes a tendenciosidades e atalhos em seu raciocínio. Os economistas comportamentais Richard Thaler e Shlomo Benartzi observaram que a maioria das pessoas, incluindo seus colegas acadêmicos, costumam dar pouca importância às contribuições para a conta aposentadoria. Quando entram em uma empresa, os empregados escolhem um nível de contribuição para o plano de aposentadoria e costumam não modificá-lo depois. Nunca mais.

Do ponto de vista da economia clássica, trata-se de um enigma. As necessidades e recursos de uma pessoa variam ao longo da carreira e é improvável que um único plano seja adequado o tempo todo. Assim, essas pessoas, com toda a sua sabedoria, não estão tomando as melhores decisões do ponto de vista econômico. Além disso, estão errando por sua própria avaliação. Quando entrevistadas, muitas disseram-se insatisfeitas com o tamanho e a alocação de suas contribuições mensais. Isso foi surpreendente; afinal, foram elas que originalmente definiram esses parâmetros, e tinham liberdade para mudar a qualquer momento.

De quem era a culpa desses erros? Thaler e Benartzi podiam ver adiamento e inércia, dois obstáculos comportamentais à poupança que vimos anteriormente neste capítulo. Eles desenvolveram um plano chamado Save More Tomorrow (SMarT), que eliminava tais obstáculos.

No SMarT, os participantes concordam com uma série de aumentos futuros da poupança de acordo com os aumentos salariais, de modo que a poupança aumente com o passar do tempo, sem diminuir o salário líquido. Como a poupança não aumenta sem que haja aumento salarial, a adesão ao SMarT é indolor, o que é uma excelente notícia para quem gosta de adiar as coisas. O plano é voluntário; por isso, os participantes podem optar por aumentos programados a qualquer momento. Obviamente, fazer isso exige um pouco de iniciativa e ação positiva; assim, para os participantes, a inércia ajuda a economizar, em vez de atrapalhar.

Thaler e Benartzi suspeitaram que tinham alguma coisa em mãos, por isso fizeram uma parceria com uma empresa que concordou em oferecer o SMarT a seus funcionários e acompanhar o seu progresso na poupança.[5] A implementação funcionou da seguinte maneira: primeiro, oferecia-se a todos os empregados elegíveis ao plano de poupança de aposentadoria da empresa uma reunião gratuita com um consultor financeiro. Para aqueles que aceitaram, o consultor calculava a taxa de poupança desejada e recomendava um aumento imediato apropriado nos valores da contribuição para alcançar esse objetivo. Vinte e oito por cento das pessoas que se reuniram com o consultor seguiram sua recomendação; as restantes receberam uma oferta do plano SMarT. O resultado foi uma adesão impressionante de 78% das pessoas. Depois de quatro aumentos de salário, o quadro ficou mais claro. Oitenta por cento daqueles que aderiram ainda estavam registrados no programa SMarT, e aqueles que já tinham aderido estavam poupando 55% mais do que os que aceitaram o conselho do consultor.

De lá para cá, o SMarT pegou. O Fidelity Investments e o Vanguard, dois dos maiores operadores de planos de previdência privada do país, agora oferecem uma versão do plano a seus clientes corporativos. Como resultado, milhões de empregados aderiram ao plano.

Um motivo que tornou o SMarT uma ferramenta tão poderosa é que ele permite que as pessoas se comprometam (não muito rigidamente, pois podem desistir a qualquer momento) a fazer a coisa certa. Economicamente, os participantes estão mudando os preços relativos do bom e do mau comportamento. Sem o SMarT, o bom comportamento (como aumentar a contribuição para a conta de previdência) é mais custoso do que ruim: exige uma visita ao departamento de RH para preenchimento de formulários. Depois da adesão, a coisa muda de figura. O bom comportamento é gratuito, e o mau comportamento (como congelar ou diminuir a poupança da previdência) é atualmente a opção que gasta mais tempo.

E se tivéssemos uma maneira de mudar o preço relativo de outras coisas em nossa vida?

Com essa pergunta em mente, criei o site stickK.com, por meio do qual qualquer pessoa pode fazer contratos de compromisso para alcançar suas metas. O StickK.com permite que os usuários definam o que desejam realizar, o que está em jogo e quem atestará seu sucesso (ou fracasso). Dessa maneira, as pessoas podem mudar diretamente os preços relativos do bom e do mau comportamento, usando dólares e centavos (você também pode colocar sua reputação em jogo ao se comprometer a notificar automaticamente os amigos e familiares do seu sucesso ou fracasso). Suponhamos que você decida ir à academia uma vez por semana, por exemplo. Com um contrato no stickK.com, pode receber uma multa de US$100 de si mesmo a cada semana que deixar de ir.

A coisa muda de figura quando você considera que o destinatário do dinheiro o colocará na linha. Quando faz um contrato no stickK.com, você escolhe se seus US$100 serão transferidos para uma pessoa específica ou para uma instituição de caridade a quem nunca ajudaria. Você não se esforçaria mais para ir à academia se a multa fosse enviar um cheque, por exemplo, para a biblioteca presidencial de Bill Clinton ou George W. Bush, e não para o Unicef? Desconfio que sim! Outras instituições seriam a National Rifle Association e o Educational Fund to Stop Gun Violence; Nature Conservancy e o National Center for Public Policy Research; Americans United for Life e o NARAL Pro-Choice America. Para quem mora na Inglaterra, o site stickK.com oferece instituições de caridade em ambos os lados dos grandes e eternos rivais do futebol: os fã-clubes do Arsenal e Chelsea, Liverpool e Manchester United.

É muito divertido assistir a esse processo. Vimos muitos contratos de pessoas que se comprometem a emagrecer, praticar exercícios físicos e largar o cigarro. Mas a internet tem um jeito de estimular o lado criativo das pessoas. Com o poder dos incentivos e as pontas dos dedos, as pessoas têm usado o stickK.com para obter sucesso de maneiras inesperadas. Algumas metas "personalizadas" não dizem nada:

- Não vou ligar para ele durante duas semanas
- Não vou mais sair com caras idiotas
- Chega de pornografia
- Não vou mais gastar cinco paus no lanche da tarde
- Não vou mais cortar o cabelo
- Vou cuspir o chiclete na lata do lixo e não pela janela

E algumas mais compridas, completas, com explicações:

- Vou acordar e LEVANTAR DA CAMA nos dias de trabalho, no máximo, às seis e meia da manhã para não chegar ao trabalho depois das oito (a meta é sete e meia). Vou enviar um e-mail para meu superior todas as

manhãs para que ele possa ver que cheguei às oito! Prometo tomar um banho de, no máximo, cinco minutos.
- Comprar um carro novo para substituir a porcaria de carro que tenho. O carro terá transmissão manual e VOU COMPRÁ-LO até o final deste ano.
- Evitar falar palavrões se Katie estiver por perto, mesmo quando o time de Philly fizer bobagens...
- A pornografia é destrutiva, doentia e perverte minha maneira de ver o sexo e os relacionamentos. Também pode se tornar obsessivo-compulsiva e uma maneira doentia de aliviar o estresse. O hábito de assistir a filmes pornôs também nos condiciona a procurar os tipos errados de mulheres e os tipos errados da chamada intimidade física, em vez de valorizar a verdadeira natureza feminina. Assim, comprometo-me a não assistir a filmes pornôs mais do que uma vez por semana. [Observação: Com base na abertura veemente, realmente acho que esse contrato era de alguém viciado em pornografia!]

Um empurrãozinho mais de leve

Como o SEED, o stickK.com tem um custo. Há dinheiro em jogo, e o dinheiro é uma ferramenta poderosa para moldar nossas escolhas diante da tentação. Faz sentido: quando estiver em dúvida se deve ou não frequentar uma academia, basta pensar em perder os US$100 (ou ter de avisar seus amigos que desistiu da academia) para voltar para o caminho certo. Há uma dúvida, porém: Até onde podemos ir com um custo menor? E se o problema não estiver relacionado com nossa fraqueza e sim com a negligência? E se a solução estiver no *pensamento* de perder US$100 e não na perda em si? Então, você pode mudar o seu comportamento apenas controlando a atenção. E talvez consiga economizar os US$100 no final.

Essa é uma ideia que pode ser testada diretamente nos países em desenvolvimento. Talvez os pobres não precisem de contas de compromisso (como o SEED) para se comportar melhor. Talvez, se pudessem apenas *pensar* em economizar nos momentos certos, se saíssem melhor. Talvez bem melhor.

Maggie McConnell (com pós-doutorado por Harvard e ex-assistente de pesquisa do IPA no Peru), Sendhil Mullainathan, Jonathan Zinman e eu elaboramos RCTs para testar essa proposição em três países: Bolívia, Peru e Filipinas.[6] A reprodução dos experimentos em contextos diferentes ajuda a lidar com a questão da "validade externa", ou seja, se os resultados de um país ou local do projeto podem ser aplicados a outro. Se você realmente quer saber, teste a ideia em alguns ambientes diferentes! Veja quando ela funciona, quando não funciona e quais são os fatores que levam ao sucesso. Esse princípio foi uma das principais motivações para a criação do IPA, e estamos testando várias intervenções em vários locais exatamente por esse motivo.

Nos três lugares, trabalhamos com clientes que tinham aberto contas de poupança recentes com "metas" e que planejavam poupar todos os meses durante o ano. Escolhemos alguns deles aleatoriamente para dar um pequeno empurrão em direção às suas metas, o empurrão mais simples que podíamos pensar: uma vez por mês, nós os lembrávamos de que precisavam economizar. Nas Filipinas e na Bolívia, enviávamos mensagens de texto. No Peru, o uso do celular não era muito comum, por isso enviávamos mensagens pelo correio.

No Peru, também experimentamos o que acreditávamos ser uma ideia genial: dar às pessoas uma peça de quebra-cabeça todas as vezes que faziam um depósito; assim, depois de 12 depósitos, elas tinham uma imagem completa de sua meta de poupança, como um carro, uma casa ou um estudante no dia da formatura. Suspeitamos que o simples ato de depositar dinheiro era muito abstrato e que a peça do quebra-cabeça tornaria sua meta mais proeminente, além de oferecer um incentivo a mais para os depósitos. Todas as vezes que falávamos da ideia, ficávamos entusiasmados com o retorno positivo das pessoas. Alguns dos primeiros resultados nos deram a esperança de que a ideia funcionaria.

Mas as peças de quebra-cabeça não funcionaram. Elas não aumentaram o número de poupanças nem aproximaram os poupadores de seus objetivos. Onde foi que falharam? Talvez o *timing* não tenha sido correto: as peças eram recebidas depois que o depósito era realizado. Assim, se o problema era causado pela atenção, ou seja, as pessoas não estavam pensando em seus objetivos futuros, talvez a estratégia precisasse ser realizada *antes* do depósito, e não usada como uma recompensa.

Felizmente, os pequenos lembretes realmente funcionaram. O número total de poupanças aumentou em 6% e as pessoas também estavam 6% mais perto[7] de atingir suas metas. O efeito foi ainda maior no caso dos poupadores escolhidos aleatoriamente que eram lembrados de sua meta específica (em vez de uma vaga referência à poupança).

Essas mensagens custam apenas alguns centavos para os bancos. Era praticamente um almoço grátis.

Um almoço praticamente grátis é excelente, mas e quanto a um almoço totalmente grátis? Vamos observar mais um empurrão, que é ainda mais simples (e barato) do que enviar mensagens de texto e que *mesmo assim* faz uma grande diferença no comportamento das pessoas. Esse empurrão está logo aqui em nosso quintal, nos escritórios da H & R Block em St. Louis.

Em 2005, os economistas Esther Duflo, William Gale, Jeffrey Liebman, Peter Orszag e Emmanuel Saez[8] fizeram uma parceria com a H&R Block para ver como a oferta de uma única contribuição à conta de aposentadoria individual afetaria a conta poupança para a aposentadoria. Descobriram, como se esperava, que contribuições correspondentes maiores (por exemplo, de 50% *versus* 20%) geram contribuições maiores dos poupadores. Mas também perceberam algo estranho.

O código fiscal já continha um programa chamado crédito federal do poupador, que era economicamente equivalente às contribuições para a conta de aposentadoria individual que estavam estudando. Mas o crédito federal do poupador era enquadrado como um abatimento. Como os dois eram definitivamente iguais em termos de dólares, eles ficaram surpresos ao descobrir que as pessoas reagiam de maneira diferente a cada um deles. Em particular, um aumento no nível correspondente gerou muito mais poupança do que o aumento equivalente no abatimento.

Emmanuel Saez voltou a St. Louis em 2006 para ver o que estava acontecendo. Novamente, ele fez uma parceria com a H&R Block e desenvolveu um RCT sobre poupanças para aposentadoria,[9] mas dessa vez era diferente. Enquanto o primeiro estudo se preocupou principalmente com as respostas a uma gama de incentivos econômicos, esse se concentrou em apenas um. A única coisa que variou foi a maneira pela qual esse incentivo foi apresentado.

Alguns contribuintes recebiam uma correspondência de 50% nas contribuições ao plano de aposentadoria individual, e outros recebiam um equivalente em abatimento. No estudo de 2005, o abatimento do crédito federal do poupador foi enterrado no denso e ameaçador código tributário, então devemos perdoar os contribuintes por não estarem cientes disso. Mas, dessa vez, o resultado foi simples. Todas as ofertas eram diretas e transparentes. Mesmo assim, os resultados foram semelhantes: 10% dos que receberam a oferta das contribuições com correspondência, em comparação com 6% dos que receberam a oferta do abatimento e 3% daqueles que receberam ofertas especiais.

Os resultados do estudo de Saez realizado em 2006 se encaixam em um crescente volume de indícios de que a correspondência é mais eficiente do que os créditos ou abatimentos equivalentes em um número cada vez maior de contribuições, para instituições de caridade, por exemplo. Saber disso nos proporciona uma oportunidade fácil de moldar melhores produtos e políticas melhores. Apenas pense: não custa nada descrever um abatimento como uma contribuição correspondente, mas isso pode aumentar a participação em dois terços!

Esse é um dos motivos pelos quais os resultados fortes sobre pequenas coisas são tão animadores: eles apontam para os melhores caminhos sem precisar reinventar a roda. Estamos usando nossa irracionalidade para melhorar vidas.

8
PLANTAR
Operando milagres

Plantar tem a ver com crescimento, com fazer algo partindo do nada (ou de muito pouco). Mas a triste realidade econômica é que muitos agricultores não conseguem tirar água de pedra. Diz uma piada antiga que um agricultor ganha na loteria no Kansas e recebe a visita de um repórter do jornal local. O repórter quer saber o que ele planeja fazer com o dinheiro. Ele pergunta: "Você vai comprar um carro de luxo? Construir uma casa maior? Largar seu trabalho e se mudar para Miami?" O agricultor reflete um pouco e responde: "Não, acho que vou continuar plantando até o dinheiro acabar."

Como costuma ocorrer com as boas piadas, essa tem um fundo de verdade. Muitos agricultores têm prejuízo atrás de prejuízo. Nos Estados Unidos, onde muitas vezes eles têm a vantagem de contar com sementes híbridas, fertilizantes, sistemas de irrigação, estradas perfeitas, equipamentos mecanizados, contratos de futuro e fácil acesso aos mercados de exportação, muitos lutam bravamente para manter a cabeça fora da água. E quanto às suas contrapartes nos países em desenvolvimento? Armados com ferramentas que rangem, vindas de uma era mais primitiva, eles trabalham na mesma terra que seus avós trabalharam – muitas vezes da mesma maneira que seus avós trabalhavam. Rumam para os campos ao nascer do sol como os agricultores americanos, mas empurram carrinhos de mão de esterco de vaca em lugar de máquinas com fertilizantes. Levam enxadas em lugar das chaves do trator. Não admira que a prosperidade esteja tão longe para tantos!

No cenário da pobreza, a agricultura é algo importante demais para ser ignorada. Bem mais de um bilhão dos pobres do mundo são agricultores.[1] Se temos a tentação de nos concentrar em outras questões, talvez seja porque os desafios em torno da agricultura nos países em desenvolvimento são tão numerosos, tão variados e tão estreitamente interligados, que a coisa toda parece um nó intratável.

Vamos começar a desfazer esse nó. Em primeiro lugar, há os riscos ambientais que todos os agricultores, ricos e pobres, igualmente enfrentam: secas, inundações, insetos, pragas e afins. Em segundo lugar está a diferença tecnológica, tanto em equipamentos quanto em práticas de cultivo. Quando os agricultores trabalham sem sementes resistentes a secas – e pragas – e bons fertilizantes, sem testar a química do solo para escolher quais tipos de produtos plantar e sem sistemas sofisticados de irrigação e drenagem, ficam mais propensos a perder colheitas para o mau tempo e as pragas. E, finalmente, há desafios estruturais. Pouca informação e acesso a mercados rentáveis fazem oscilar os preços das mercadorias, e os elevados custos de transporte e armazenamento enfraquecem mesmo os agricultores que conseguem uma colheita abundante.

Juntos, esses obstáculos são responsáveis por um fato que certamente sabemos sobre a agricultura nos países em desenvolvimento: é um osso duro de roer.

O DrumNet e a abordagem de pia de cozinha

O emaranhado de problemas relacionados com as terras agrícolas cultivadas pelos pobres não se mostrou muito mais maleável a organizações de ajuda ou políticos do que aos próprios agricultores. Mas houve alguns avanços.

Uma ideia é oferecer um conjunto integrado de serviços que aborde diversos desafios de uma só vez. Nessa área, isso significa fazer mais pelos agricultores do que apenas proporcionar treinamento ou oferecer empréstimos para insumos agrícolas. Em alguns casos, isso significa direcioná-los para novas técnicas de cultivo ou mesmo para produtos inteiramente novos.

O DrumNet, um amplo programa de desenvolvimento agrícola na região central do Quênia, fez exatamente isso. O DrumNet foi uma invenção da PRIDE AFRICA, uma organização agrícola de microfinanciamento e sem fins lucrativos, com sede nos Estados Unidos, que atende a cerca de 200 mil clientes em toda a África Oriental. Com toda a sua experiência na região, a PRIDE AFRICA desenvolveu as competências locais para transmitir informações úteis aos agricultores do Quênia; surpreendentemente, o fato mais importante em oferta era que os europeus gostam de vagem francesa e minimilho.

Quando o DrumNet entrou em cena, em 2003, muitos pequenos agricultores do Quênia estavam cultivando alimentos que poderiam utilizar ou vender localmente, como milho, batata, couve e banana. Alguns estavam cientes dos ricos mercados europeus de exportação, mas aqueles que queriam vender no exterior enfrentavam dificuldades significativas.

Em primeiro lugar, informação era um problema. Os agricultores que viviam em aldeias rurais de Gichugu Constituency, no bairro de Kirinyaga, no pé do Monte Quênia, estavam fora do circuito. Eles não tinham acesso aos preços atuais de dezenas de variedades de produtos agrícolas no mercado mundial. Em segundo lugar, a confiança era um problema. As relações com os exportadores – que, para começar, eram escassos – eram carregadas de desconfiança mútua. Os agricultores temiam que os exportadores arbitrariamente avaliassem para baixo seus produtos ou encontrassem outras maneiras de lhes passar a perna. Os exportadores, por sua vez, temiam que os agricultores se recusassem a vender pelo preço combinado ou deixassem de produzir uma safra adequada. Em terceiro lugar, as restrições de crédito tinham seu papel. Exportar para os mercados europeus altamente regulados significava pagar pela certificação e classificação, além dos habituais insumos agrícolas. Sem empréstimos, esses investimentos extras estavam fora do alcance dos agricultores, de modo geral. O último obstáculo para a exportação era o transporte – organizar e arcar com o custo de caminhões para o transporte da produção do campo até o porto.

A PRIDE AFRICA viu em todos esses obstáculos os fios entrelaçados de uma única corda atando as mãos dos agricultores e desenvolveu o DrumNet para cortar todos os fios de uma só vez. O programa ajudaria os beneficiados em cada passo da transição para a exportação: treinamento em práticas agrícolas e normas europeias agrícolas, contato com os exportadores, abertura de conta de poupança e oferecimento de empréstimos em espécie de insumos agrícolas. Embora o DrumNet fosse um programa sem fins lucrativos, foi desenvolvido para ser "sustentável", ou seja, gerar receitas suficientes para cobrir seus custos.

Compreender os impactos de tal programa rico e multifacetado foi uma tarefa difícil (e emocionante). Com tantas partes móveis, é difícil ver claramente o que cada uma está fazendo. Mas, às vezes, é bom começar com uma abordagem de pia de cozinha, ver se a coisa toda funciona para depois ampliar e descobrir o valor de cada componente. Em abril de 2004, Nava Ashraf (do projeto SEED de contrato de poupança, como vimos no último capítulo), Xavier Giné (do projeto de responsabilidade social nas Filipinas, discutido no Capítulo 6) e eu estabelecemos uma parceria com a PRIDE AFRICA para fazer exatamente isso e avaliar o DrumNet com um RCT.²

Quando o programa começou, diferentes tipos de brotos começaram a aparecer nos campos arados de Gichugu Constituency. Vagem francesa e minimilho surgiam lentamente onde antes dominavam milho e couve. Os agricultores estavam respondendo com entusiasmo à oportunidade apresentada pelo conjunto de serviços do DrumNet. Aqueles que haviam sido convidados para participar do DrumNet estavam quase 50% mais propensos a produzir culturas de exportação do que aqueles destinados ao grupo de controle.

Curiosamente, os agricultores que já estavam cultivando produtos para exportação no início mantiveram-se firmes, mesmo que tivessem se inscrito no DrumNet. Não destinaram uma parte maior das terras aráveis às culturas de exportação. A maior parte do aumento na produção de vagem francesa e minimilho veio de policultores – agricultores que ativamente deram o salto de agricultura de subsistência ou produtos básicos para exportações como resultado do programa. Como diz o ditado, ao homem ousado a fortuna estendeu a mão: ao final do ano, a renda familiar dos policultores havia aumentado quase um terço em comparação à dos grupos de controle.

Plantando melhor com o auxílio da química

O DrumNet estava em atividade, colocando dinheiro nos bolsos do Quênia e hortaliças nos pratos europeus, até que atingiu o equivalente econômico a um trem de carga desgovernado. Foi um acidente confuso e desanimador, sobre o qual veremos um relato completo mais à frente. Mas, antes de nos voltarmos para esse desastre de trem, vamos considerar o que o programa fez certo: descobriu uma solução viável (pelo menos inicialmente viável) para os problemas específicos que os agricultores quenianos enfrentavam. Seu sucesso inicial não se deu ao acaso; foi fruto de um planejamento ponderado e vasto conhecimento do local. A PRIDE AFRICA sabia – a partir de sua experiência na área – que os agricultores eram contra a falta de informação, uma relação tênue com os exportadores e restrições financeiras. Além disso, arregaçou as mangas. Estudou o solo de Gichugu Constituency e sabia que vagem francesa e minimilho poderiam ser cultivados ali.

Se o DrumNet tivesse sido lançado no resto do país – nas planícies tropicais da costa, no norte árido ou até mesmo no outro lado do Monte Quênia –, as circunstâncias talvez tivessem moldado um programa radicalmente diferente. Mesmo que os agricultores estivessem digladiando com os mesmos problemas econômicos, talvez o solo não tivesse sustentado a vagem francesa e o minimilho, talvez a PRIDE AFRICA os tivesse incentivado a plantar outra coisa.

A questão é que o que funciona na agricultura é altamente específico no contexto; sendo assim, é pouco provável que defender uma única prescrição técnica – sobre o que plantar ou como plantar – funcione para todos.

Mas não os impede de tentar. Se os agricultores do DrumNet em Gichugu Constituency tivessem se encontrado com qualquer agente de extensão do Ministério da Agricultura do Quênia, poderiam ter aprendido por conta própria. O ministério tinha um plano para todos os agricultores do país. Dependendo do lugar, recomendava um dos 24 regimes específicos de uso de fertilizantes e de variedades de sementes.

Nos campos de milho de Busia District, 400km a oeste de Gichugu, na fronteira com a Uganda, o regime oficial requeria sementes híbridas e dois tipos de fertilizante – um a ser aplicado no momento do plantio e outro como adubação de cobertura quando as plantas estivessem na altura do joelho. O ministério estava confiante em sua recomendação, que foi baseada em indícios gerados por testes em fazendas, mas, infelizmente, os campos dos agricultores nem sempre eram semelhantes às fazendas de teste do ministério. Elas variavam em química do solo, água e exposição ao sol. Essas variações eram tão significativas que os fazendeiros nem sempre podiam reproduzir a alta produtividade das colheitas obtidas nos experimentos do ministério.

Isso talvez explique por que tão poucos seguiram as orientações do governo. Em uma pesquisa realizada em 2000 com os produtores de milho de Busia, Esther Duflo, Michael Kremer e Jonathan Robinson descobriram que menos de um em cada quatro produtores havia utilizado *qualquer* fertilizante no ano anterior; menor ainda era o número dos que haviam utilizado sementes híbridas. Por que tantos ignoravam o conselho do ministério? Será que nunca tinham ouvido falar nas orientações? Seriam apenas ignorantes? Os pesquisadores deram aos agricultores o benefício da dúvida. Talvez eles soubessem de alguma coisa que o ministério desconhecia. Talvez, para os agricultores de Busia, seguir os conselhos do governo fosse um erro.

Duflo, Kremer e Robinson começaram a desenvolver um RCT simples para descobrir.[3] Selecionaram centenas de produtores de milho aleatoriamente e trabalharam com eles para preparar três pequenos terrenos adjacentes, cada um deles medindo em torno de 1,58m², no campo de cada agricultor. Durante as seis estações de cultivo seguintes, testaram diferentes quantidades e combinações de sementes e fertilizantes – inclusive a recomendação do ministério – em dois ou três lotes, sempre deixando um para comparação. Ao final de cada estação, mediram a produção de cada lote. Com todos os dados coletados, eles tinham uma boa noção da relação entre sementes, fertilizantes e produtividade das colheitas.

Como o ministério havia alegado – e como os agricultores sabiam –, sementes de melhor qualidade e maiores quantidades de fertilizante levavam a uma produtividade de colheita maior. Em seguida, os pesquisadores deram um passo adiante e calcularam o lucro líquido para cada combinação, subtraindo do preço de venda do produto final o custo dos insumos. Foi então que a escolha dos agricultores com relação aos fertilizantes começou a fazer muito mais sentido. O pacote recomendado pelo ministério produzia a maior produtividade de colheita de todas, mas os insumos eram tão caros que o investimento em fertilizantes gerava um prejuízo líquido para os agricultores – em torno de *menos* 50% do montante anualmente gasto em fertilizantes. Ora, fertilizante não é a maior despesa para os agricultores; logo, perder 50% de um número relativamente pequeno não é necessariamente devastador. Mas, com certeza, não ajuda.

Assim, o Ministério da Agricultura não estava acertando, mas os agricultores também não. Em geral, estavam usando muito – de acordo com as recomendações do governo – ou não estavam usando o suficiente.

O teste dos pesquisadores mostrou que havia um meio-termo rentável. Revelou que utilizar apenas meia colher de chá de fertilizante como adubação de cobertura em cada planta (o ministério recomendava uma colher de chá cheia por planta, além de fertilizantes no plantio e sementes híbridas) aumentava o rendimento da colheita em quase 50% nos lotes comparativos e, mais importante, era bom para os negócios. O agricultor que seguisse o regime de meia colher de chá teria um retorno anual de 52% a 85% sobre seu investimento em fertilizantes. Embora seja importante observar novamente que o fertilizante representa uma parcela pequena do custo global da manutenção de uma fazenda, trata-se de um retorno anual muito alto para um investimento (para efeito de comparação, é ligeiramente melhor do que o melhor ano no mercado de ações dos Estados Unidos nas últimas oito décadas).

Os agricultores também são seres humanos

Muitos agricultores, ainda alheios a esses lucros potenciais, continuaram a cultivar os campos como haviam feito durante gerações – com pouco ou nenhum fertilizante. Os pesquisadores perceberam que muitas pessoas tinham um bom motivo para recusar o dinheiro. Por que os fertilizantes não haviam sido aceitos? Foram pesquisados modelos de padrão econômico, testando explicações sobre aversão ao risco e retornos variáveis, mas os dados não batiam. No último parágrafo de seu artigo a respeito do experimento sobre rentabilidade, concluíram: "Pode haver um propósito para o comportamento não totalmente racional que explique as decisões de produção (por exemplo, a quantidade de fertilizante a ser utilizada)."

Não muito racional, talvez, mas completamente humano. Os pesquisadores queriam dizer que os agricultores do Quênia, como as pessoas em geral, não se comportam como Econs. Seus processos de pensamento, como os nossos, são suscetíveis a todos os tipos de atalhos, tendenciosidades e filtros.

Lições específicas de economia comportamental – coisas que podemos alavancar para ajudar os agricultores – são verdades sobre o funcionamento dessas peculiaridades. Embora provavelmente não seja um produtor de milho de Busia, você há de concordar que as peculiaridades que vamos discutir são comuns a ricos e pobres. O que os leva a ter tamanho impacto no Quênia é o simples fato de que os pobres têm muito menos espaço de manobra para cometer erros.

Enxurrada de informações: a inércia e o status quo

Sente-se em um banquinho de madeira em uma casa de barro e deixe seus olhos se acostumarem. Observe como ela é escura, apesar de a luz do sol do meio-dia do lado de fora ser tão intensa que o recorte da janela aparece como um quadrado branco ofuscante. Sinta o calor estático. Agora pense: a época de plantio se aproxima rapidamente. O que plantar nessa temporada? Milho, sorgo, painço, soja ou mandioca? Quanto de cada um e onde devem ser plantados? Quanto de fertilizante você deve comprar, de que tipo e onde?

A variedade de escolhas pode ser debilitante. Todas pedem atenção ao mesmo tempo, cada uma defendendo sua própria causa, para que nenhuma outra seja ouvida. Enquanto isso, chegam informações de todos os lados. Você pode ver o que seus vizinhos estão plantando e perguntar como escolheram. Você sabe o que plantou nas últimas temporadas e sabe no que resultou. Talvez também tenha recebido uma visita de um agente de extensão do Ministério da Agricultura.

Quando você depara com uma enxurrada de informações, o que prevalece?

Às vezes, a abundância de opções e orientações nos leva, ironicamente, a não escolher nada. Como vimos no Capítulo 3, é o que os clientes do mercado americano fizeram quando foram confrontados com muitos sabores exóticos de geleia. Passaram direto pelas geleias.

Os consumidores americanos podem ir para casa sem geleia, mas os agricultores quenianos precisam escolher *alguma coisa* para plantar, mesmo que as opções os sobrecarreguem. Para eles, não escolher normalmente equivale a não mudar, a fazer a mesma coisa.

Isso começa a explicar um dos fenômenos mais largamente observados na economia comportamental: a inércia, ou a força inexorável do *status quo*. Frequentemente vemos as pessoas rejeitarem novas oportunidades em favor do que já é conhecido. É uma das razões pelas quais nosso agricultor – refletindo em sua cabana escura de barro sobre as opções de plantio – está propenso a plantar exatamente o que plantou na última temporada ou porque, nesse caso, é provável que ele esteja plantando da mesma forma que seus pais e avós.

Nossa preferência pelo habitual é dominante e instintiva. Vem de algum lugar de fora da mente racional. Uma empresa de energia elétrica da Califórnia entrevistou seus clientes para decidir que tipo de serviço prestar. Revelou-se que os clientes que viviam em áreas com boa infraestrutura praticamente não ficavam sem luz, e aqueles que viviam em áreas com infraestrutura inadequada ocasionalmente ficavam sem luz, mas pagavam cerca de 30% a menos pela energia elétrica. A empresa pensava em atualizar a infraestrutura em áreas necessitadas e queria saber se os clientes estariam dispostos a pagar mais por um serviço melhor.

O questionário enviado aos clientes pedia para enumerarem, por ordem de preferência, seis diferentes combinações de preço e qualidade de serviço (o preço real das combinações de preço e serviço existentes em ambas as áreas, boas e necessitadas, foi incluído). Ao somar os resultados, descobriu-se que, apesar de não haver consenso sobre qual seria a melhor combinação, de modo geral as pessoas tinham uma clara preferência pelo *status quo*. Cerca de 60%

dos clientes de boa e de má infraestrutura classificaram sua própria combinação de preço/serviço como a melhor.[4]

Como vimos no capítulo anterior, nem mesmo os economistas, a quem temos de agradecer por catalogar o fenômeno para começar, estão imunes. Quando Shlomo Benartzi e Richard Thaler, a dupla por trás do plano de aposentadoria Save More Tomorrow, acompanharam a atividade de centenas de contas de aposentadoria de professores, descobriram que o *status quo* também exerce forte atração gravitacional sobre eles.[5] Veja bem, ninguém melhor que um economista para ajustar sua carteira de investimentos ao longo do tempo de modo a suprir as necessidades de mudança. Mas os professores tendiam a escolher uma alocação inicial e ater-se a ela, pouco ligando para sofisticação e aperfeiçoamento. Na verdade, o plano mostrou que o professor mediano não fazia nenhuma mudança em sua carteira de investimentos ao longo da vida! Isso é que é inércia!

O que se destaca: novidade e disponibilidade

Com nossas tendências comportamentais nos impelindo a fazer a mesma coisa, o mais provável é que nos oporemos à mudança. Mas cada um de nós, pelo menos de vez em quando, corta seus laços com a inércia e se aventura, livre, em um novo território. Mesmo assim, carregamos tiques de comportamento conosco. Voltemos ao nosso agricultor em sua cabana escura de barro. Suponhamos que ele resolva fazer algo diferente e melhor nessa temporada. Como vai decidir quais mudanças fazer?

Se ele for como nós, em geral não vai pegar uma calculadora ou correr em busca das últimas tabelas atuariais sobre produção agrícola. Vai olhar por cima do muro para o campo do vizinho ou relembrar a experiência do primo que tentou plantar sorgo no ano passado. Apesar da insistência dos clássicos modelos econômicos para que as escolhas sejam feitas de forma sistemática, pesando-se impassivelmente cada alternativa em sequência, pensamos em histórias que aconteceram. Nós nem sempre vemos o panorama geral, estabelecido em todo o vasto eixo de espaço, tempo e experiência – vemos exemplos específicos. Eventos locais, recentes e extraordinários se destacam em nossa mente e pesam mais do que deveriam nas decisões.

Um exemplo clássico desse fenômeno é o aumento na venda de seguros contra terremotos nos dias seguintes a um grande terremoto.[6] Na realidade, a chance de que um terremoto destrua sua casa não aumenta depois de um incidente qualquer, mas é fácil ver por que os tremores de terra levam as pessoas a ligarem na mesma hora para os corretores de seguros. Novas imagens no noticiário – ou, ainda pior, vistas em primeira mão – de viadutos desabados e de edifícios em ruínas se espalham e enegrecem rapidamente a pequena probabilidade estatística de um terremoto. De repente, o seguro parece ser um bom negócio.

Daniel Kahneman e Amos Tversky, dois pioneiros da economia comportamental, utilizaram um inteligente e elegante experimento de laboratório para demonstrar quão poderosamente os exemplos marcantes e específicos podem distorcer nossa noção de risco global de ocorrência de determinado evento.[7] Os participantes foram divididos aleatoriamente em dois grupos e tiveram de responder a uma única pergunta. Os que estavam no grupo A tiveram de responder: "Em quatro páginas de um romance (cerca de 2.000 palavras), quantas palavras que tenham sete letras e terminem com *–ndo* você esperaria encontrar?"

Os que estavam no grupo B tiveram de responder: "Em quatro páginas de um romance (cerca de 2.000 palavras), quantas palavras com sete letras e *n* como sexta letra você esperaria encontrar?"

A média das respostas do grupo A foi 13,4; a do grupo B foi apenas 4,7. É estranho que os participantes do grupo B tenham chutado um número muito menor, pois a lógica simples mostra que o número que eles estavam procurando na verdade deveria ser o maior dos dois: uma lista de todas as palavras de sete letras e com *n* como sexta letra incluiria, no mínimo, todas as palavras de sete letras que terminam em *–ndo* e muitos mais. Novamente, erramos porque pensamos em termos de exemplos. É fácil construir palavras de sete letras com *–ndo* ao evocar verbos de quatro letras e colocar um sufixo, mas não pensamos imediatamente nessa estratégia quando ouvimos "sete letras com *n* como sexta letra". Em vez disso, buscamos palavras que por acaso tenham o *n* próximo à última parte, como *carbono* (foi só o que me veio à cabeça). Como essas são palavras mais difíceis de lembrar, subestimamos sua ocorrência.

Usando nossos tiques comportamentais de uma vez por todas

A economia comportamental começa a ficar interessante quando vamos além de explicar nossas escolhas e as melhoramos. Essa é exatamente a motivação por trás de inovações como SMarT, stickK.com e SEED, que vimos no capítulo anterior. Estamos longe da perfeição, mas se pudermos identificar onde costumamos falhar geralmente poderemos criar ferramentas que nos ajudem a permanecer um passo à frente de nós mesmos.

Ainda em Busia, Esther Duflo, Michael Kremer e Jonathan Robinson tentavam orientar os agricultores quenianos, que pareciam oscilar para lá e para cá. Os lotes experimentais dos pesquisadores não haviam deixado dúvida: os agricultores poderiam ter ganhado mais dinheiro se utilizassem mais fertilizante em seus campos. As abordagens econômicas padrões ainda não tinham identificado o que estava errado, muito menos encontrado uma solução. Os agricultores sabiam da existência dos fertilizantes e sabiam onde eles eram vendidos; logo, não era um problema de educação ou informação. Os fertilizantes poderiam ser comprados em quantidades pequenas ou grandes, em qualquer época do ano; logo, não era um problema de armazenamento. Finalmente, os próprios agricultores muitas vezes falaram sobre o desejo de usar mais fertilizantes no futuro; logo, não era um problema de falta de vontade ou de preferências.

Mas era, indubitavelmente, um problema. Os fatos estavam claros como o dia. Em geral, os agricultores apenas não estavam usando o suficiente.

Duflo, Kremer e Robinson perceberam que, se os agricultores já sabiam a respeito dos fertilizantes e queriam usá-los, talvez só precisassem de um empurrão comportamental na direção certa. Assim, fizeram uma parceria com o ICS Africa, um operador internacional sem fins lucrativos que atuava na região, e desenvolveram o programa de cupons Savings and Fertilizer Initiative (algum tempo depois, depois de avaliar o programa, o IPA assumiu as operações do ICS Africa nesse e em outros projetos).[8]

Representantes da Savings and Fertilizer Initiative visitaram agricultores em suas casas logo após a colheita e deram-lhes a chance de comprar um cupom de fertilizantes. Dessa forma, eles poderiam pagar adiantado pelo fertilizante que seria entregue (de graça) a tempo para a temporada seguinte. Na época do plantio, os agricultores estavam empolgados com o dinheiro da venda de sua colheita e tinham a produtividade agrícola em mente. Se havia uma ocasião em que estariam dispostos a gastar com fertilizantes, notaram os pesquisadores, era essa.

E estavam certos. O uso de fertilizantes subiu mais de 50% para os agricultores que tiveram a oportunidade de comprar os cupons. Os agricultores, finalmente tendo sucesso em seus desejos de longa data de comprar fertilizantes, plantaram mais, e os vendedores venderam mais de 50% mais fertilizantes sem baixar um só centavo do preço.

Esse programa de cupons é um excelente exemplo do tipo de solução em que todo mundo ganha e que obtemos da economia comportamental. É sutil, barato e extremamente eficaz.

Há duas armadilhas. Em primeiro lugar, não é uma solução imediatista. Os problemas que ela aborda – tendências dos agricultores à procrastinação e à miopia – brotam ano após ano. O conserto deve ser igualmente persistente. É assim com nossos tiques comportamentais: geralmente são fáceis de tratar, mas também podem ser impossíveis de erradicar. Assim, quando a Savings and Fertilizer Initiative acabou, após um período de teste de uma estação, todos os ganhos de fertilizantes desapareceram. Os agricultores voltaram à estaca zero.

Em segundo lugar, ela só pode dar certo por conta própria. A Savings and Fertilizers Initiative é um excelente exemplo da forma como produtos pequenos e cuidadosamente projetados que levem em conta nossos tiques comportamentais podem fazer grandes diferenças no comportamento. Mas traduzir essas mudanças de comportamento em aumentos significativos e duradouros nos padrões de renda ou de vida por vezes requer um pouco mais de força bruta. Os problemas que os agricultores enfrentam são endêmicos e entrelaçados. Não adianta muito cultivar mais de um produto se você não tiver um bom lugar para vendê-lo, estradas para chegar ao mercado, preços ou agentes nos quais você possa confiar. Essas são exatamente as lacunas que o programa DrumNet – que vimos anteriormente neste capítulo – tentou eliminar com sua abordagem multifacetada. Que tal associar programas como o DrumNet juntamente com a Savings and Fertilizer Initiative? Ora, é uma ideia com potencial de crescimento.

Abacaxis virais e aprendizado social

Talvez o caminho para fazer um número maior de melhorias duradouras em nossas decisões seja pegar carona em soluções comportamentais sobre o que já fazemos. Para os agricultores, um dos primeiros passos essenciais para escolher o que, quando e como plantar é olhar por cima do muro para os campos dos vizinhos. Eles obtêm informação e inspiração das pessoas que os cercam e depois agem, inspirando outros, por sua vez. É um *loop* de feedback natural, é lançar moda. Pense em vídeos virais no YouTube. Ou em outras coisas virais, como... abacaxis?

Nas mãos de Chris Udry, colega de Yale e meu mentor, os abacaxis virais são um canal para aprender sobre como as pessoas aprendem. Em 1996, Udry e Timothy Conley, ex-colega de Udry da Northwestern University e guru da econometria espacial, decidiram estudar como os agricultores aprendem a adotar novos instrumentos e técnicas.[9] Eles se estabeleceram no Akwapim South District de Gana, a uma hora ao norte da capital Acra.

Era um bom lugar para trabalhar porque as mudanças estavam acontecendo nas colinas de Akwapim South. Durante gerações, os agricultores haviam cultivado milho e mandioca, fazendo rodízio entre suas duas colheitas a cada estação. Mas, em 1990, os primeiros espetos das folhas suculentas e lisas podiam ser vistos saindo do solo. Uma pequena parcela dos agricultores, menos de um a cada 10, tinha começado a cultivar abacaxi para exportar para a Europa. Conforme os primeiros intrépidos produtores iam tendo sucesso, outros os imitaram. Em 1996, época da pesquisa de Conley e Udry, quase metade dos agricultores de Akwapim South estava no negócio de abacaxis.

Aqueles que fizeram a mudança tinham muito a aprender. Em comparação com o milho e a mandioca, o abacaxi é um produto que faz uso intensivo de mão de obra e insumo. Precisa ser plantado cuidadosamente e requer mais fertilizantes. Infelizmente, os abacaxis não vêm com manual de instruções. As especificidades de espaçamento dentro de um lote e o tempo e a quantidade de aplicações de fertilizantes têm de ser descobertos manualmente. Mas não necessariamente em *primeira* mão – um produtor de abacaxi poderia se poupar uma grande quantidade de tentativas e erros conversando com os outros, aprendendo com seus sucessos e fracassos.

Conley e Udry queriam saber: isso estava acontecendo? Os agricultores estavam compartilhando informações? E se estavam, como o faziam?

Uma vez que não tem tamanho nem forma, nem cor, odor ou sabor, informação é uma coisa muito difícil de acompanhar. As palavras faladas, veículos para a maioria das informações dos agricultores, desapareciam no ar. Mas mesmo que não possamos ver a coisa em si, podemos acompanhar seu impacto. Essa era essencialmente a estratégia de Conley e Udry – modelar a propagação de informações entre os produtores de abacaxi, monitorando suas decisões de fertilizantes em busca de indícios de aprendizado.

Para começar, eles tinham de mapear os caminhos por onde a informação poderia fluir. Por isso, visitaram 180 casas de produtores de abacaxi em Akwapim South e perguntaram com que outros produtores eles conversaram sobre o plantio. O resultado foi uma série de redes interconectadas – "bairros de informação" – ligando cada produtor às pessoas com quem poderiam aprender ou a quem poderia ensinar.

Durante os dois anos que se seguiram, Conley e Udry monitoraram regularmente os agricultores para ver o processo de trabalho. Os bairros de informação estavam a todo vapor. As pessoas estavam aprendendo. Quando um agricultor experimentava um novo regime de fertilizantes, por exemplo, seus vizinhos de informação tomavam nota. Se o novo tratamento levasse a lucros acima da média, os vizinhos estariam mais propensos a seguir o exemplo. Por outro lado, quando um agricultor via os lucros baixos de determinado regime de fertilizantes, seus vizinhos de informação tornavam-se mais propensos a experimentar algo diferente na próxima oportunidade de plantio.

Além de confirmar a presença do aprendizado em geral, os dados de fertilizantes também revelaram uma hierarquia natural. A quem as pessoas ouvem mais e quem é que ouve mais? Agricultores novos no cultivo do abacaxi eram os mais suscetíveis à influência de seus vizinhos de informação, enquanto os produtores veteranos de abacaxi tinham mais influência. A riqueza de experiência dos veteranos traduziu-se em influência de duas formas: em primeiro lugar, os bairros de informação tendiam a ser maiores e, em segundo lugar, as pessoas desses bairros prestavam atenção especial às suas ações e estavam mais propensas a imitá-las.

A notícia de que novatos se orientavam pelas atitudes de veteranos pode não ser tão surpreendente, mas é importante se quisermos conceber programas que funcionem.

Por exemplo, suponhamos que você tenha encontrado uma perfeita variedade de culturas e mistura de fertilizantes, mas só tenha dinheiro suficiente para financiar uma dúzia de lotes de demonstração. Onde deveriam ficar? Você poderia escolher aleatoriamente, espalhá-los de maneira uniforme em toda a região ou, ainda, colocá-los perto da maior aldeia, mas há uma maneira melhor de transmitir a mensagem. Assim como você gostaria de colocar seus anúncios em sites de maior visitação, deveria colocar seu lote de demonstração nos campos mais vistos. Dadas as conclusões do estudo do abacaxi viral, esses campos pertencem a agricultores experientes.

O colapso do DrumNet

Por ter vivido cerca de 200 anos antes do surgimento do conceito, o poeta escocês do século XVIII Robert Burns não poderia ter conhecimento da economia de desenvolvimento. Sendo assim, ele certamente não teria suspeitado, quando as escreveu, que suas famosas linhas seriam tão relevantes para o mundo dos programas de combate à pobreza no alvorecer do novo milênio. Ele escreveu:

> Os melhores planos de ratos e homens
> Por vezes se arruínam,
> Deixando-nos imersos em tristeza e dor,
> Em lugar da prometida alegria![10]

Ou, parafraseando Robert Burns: apesar dos nossos esforços para prever problemas e planejar com antecedência, as coisas dão errado, reduzindo a entulho nossas grandiosas visões.

O que nos traz de volta ao DrumNet, o programa queniano que incentivou e ajudou os agricultores a cultivarem vagem francesa e minimilho para exportar para a Europa. Quando fomos embora, os fazendeiros do DrumNet estavam se saindo bem. Em 2004, os participantes tiveram um bom lucro vendendo aos exportadores a safra da primeira temporada, que por sua vez a vendiam aos supermercados europeus. Quando retornaram às suas terras no ano seguinte, os agricultores do DrumNet enfrentaram novo desafio: a EurepGAP, um conjunto de normas alimentares de segurança para produtos agrícolas, adotado em geral pelos supermercados europeus no início de 2005.

Se quisessem continuar a exportar produtos, os participantes do DrumNet teriam de seguir os critérios de certificação do EurepGAP. Isso significava que os agricultores tinham de ter um bom galpão, instalações seguras de armazenamento químico com descargas e pisos de cimento, um arsenal de pulverizadores mecanizados, modernas roupas de proteção para usar quando manuseassem produtos químicos, registros detalhados das variedades de sementes e tratamentos de fertilizantes de todas as plantas cultivadas e análises profissionais da água e do solo feitas todo ano. Infelizmente, esse rol extenso estava fora do alcance da maior parte dos agricultores do DrumNet e era um estorvo mesmo para os poucos que potencialmente poderiam gerenciá-lo.

Nem um único participante do DrumNet poderia ter obtido a certificação do EurepGAP sem fazer mudanças na fazenda.

Sendo assim, havia uma opção: aderir às normas ou sair. Investir em galpões, armazenamento, pulverizadores e o restante ou sair do programa. Um estudo independente estimou que o custo por agricultor para obter a certificação do EurepGAP era de US$581, ou cerca de 18 meses de renda para um membro do DrumNet. Não havia muita escolha; a grande maioria não podia arcar com esse custo.

Algo tinha de acontecer, e esse algo era o próprio DrumNet. Em 2006, no final de seu segundo ano agrícola, o programa entrou em colapso quando os exportadores declararam que não comprariam os produtos, pois eles não tinham obtido a certificação do EurepGAP. Sem os exportadores para fazer a entrega das colheitas, a corrente se partiu. Os caminhões deixaram de buscar os recipientes de minimilho e os sacos grandes de vagem francesa; não demorou para que a safra ficasse encalhada. Parte da colheita apodreceu; a parte que conseguiram vender foi para os intermediários, geralmente com uma perda significativa.

Quando outro ano se passou, o programa DrumNet em Gichugu Constituency não era nada além de uma lembrança ruim. Os agricultores voltaram a plantar milho, batata e couve, tal qual alguns anos antes – exatamente como seus pais e avós o faziam.[11]

Alicerces sólidos

Embora insights comportamentais, como o abacaxi viral e o programa Savings and Fertilizer Initiative tenham muito a oferecer, não podem vencer sozinhos. O alicerce sobre o qual os programas de desenvolvimento são construídos – o alicerce de mercados abertos, sistemas jurídicos, infraestrutura, e assim por diante – tem de estar em ordem também.

Alterações no alicerce podem machucar (como ocorreu quando a adoção de padrões de exportação do EurepGAP demoliu o DrumNet), mas também podem ajudar. Elas têm o poder de abrir novos e vastos espaços econômicos, de afastar as fronteiras que cercam os pobres. No estado de Kerala, na costa sudoeste da Índia, um horizonte econômico mais amplo significou que mais gente poderia comer peixe.

Desde o começo dos tempos, os pescadores de Kerala transportam aos montes a generosidade do mar cor de prata brilhante para a terra, no intuito de vender nos mercados que pontuam os 160km de litoral do estado. Durante a maior parte dos últimos 2.000 anos, pilotaram seus barcos até a praia mais próxima a cada noite, até o mercado mais perto de suas casas, onde o fruto da pescaria do dia seria comprado por varejistas. Esse sistema tinha a vantagem da simplicidade, mas estava longe de ser eficiente. O número de peixes transportados para o mercado em determinado dia muitas vezes ultrapassou o número de bocas famintas para comê-los ou vice-versa. Ironicamente, cidades a apenas alguns quilômetros de distância muitas vezes tinham problemas opostos. Analisando todo o estado, pode ter havido equilíbrio entre oferta e procura, mas não entre o número de compradores e vendedores – para a sua mútua desvantagem –, devido ao costume inflexível dos pescadores de venderem exclusivamente em seus mercados locais.

Em 1997, Robert Jensen, economista da UCLA (e cineasta!) organizou uma pesquisa semanal de 15 mercados costeiros para controlar as vendas de peixes ao longo do tempo.[12] O que ele encontrou foi um monte de oportunidades perdidas. Em um dia típico, 8 dos 15 mercados tinham excesso de compradores ou vendedores, o que significava que clientes esperançosos voltavam para casa decepcionados em algumas cidades, enquanto em outras os produtos excedentes estragavam. Os preços, trabalhando para alinhar oferta e procura, oscilavam muito de um dia para o outro, de cima a baixo na costa. Onde havia muitos peixes, os vendedores tinham de literalmente distribuí-los; onde não havia peixe suficiente, os compradores pagavam 10 rupias por um quilo de sardinha. Resultado: o mercado era um lugar incerto tanto para os consumidores de peixe quanto para os pescadores.

Isso mudaria com a introdução da telefonia celular em Kerala, entre 1997 e 2000. A instalação de torres ao longo da costa não fazia parte de um programa de ajuda, mas um investimento em infraestrutura de uma empresa de comunicação com fins lucrativos. Também passou a ser uma solução perfeita para o problema dos mercados de peixe. Agora, em vez de escolher cegamente vender no mercado interno toda tarde, um barco de pesca pode ligar para outros e verificar os preços nos mercados próximos, a fim de rumar para o mais rentável.

Ao estimar o impacto global do acesso ao telefone celular no mercado de peixe, Jensen aproveitou o fato de a rede de telefonia celular ter expandido torre por torre, abrindo gradualmente para a comunicação novas áreas do litoral. Ele criou o que os economistas chamam de "experimento natural" – algo muito semelhante a um RCT, só que as pessoas são alocadas ao grupo de tratamento ou ao de controle por um processo natural (nesse caso, a construção de torres de telefonia celular), e não por meio da randomização explícita e proposital.

Quando cada nova região de Kerala entrou na área de cobertura da telefonia celular, as tarifas e a disponibilidade de peixes praticamente se estabilizaram do dia para a noite. A tabela de preços semanais da sardinha entre os mercados dessa região – que antes parecia o sismógrafo de um terremoto catastrófico – convergiu para um patamar estável em torno de seis rupias por quilo. Daí em diante, os clientes poderiam contar com a compra de peixes a preços razoáveis sempre que iam ao mercado. Os pescadores podiam contar com a venda do pescado todos os dias e com uma renda estável. A empresa de telefonia celular deve ter ficado satisfeita com todas as comunicações entre barcos e o pessoal em terra, e até mesmo os economistas aproveitariam a eliminação de um peso morto: não havia mais peixes encalhados e deixados ao relento para estragar. Foi uma vitória para todos.

Por que, afinal de contas, o combate à pobreza é como a ciência de foguetes

O economista de Harvard Michael Kremer é um otimista inveterado e acredita firmemente que podemos fazer grandes avanços no combate à pobreza se usarmos ferramentas e métodos que comprovadamente funcionam. É por isso que, em vez de tirar férias, ele passa seu tempo livre entrevistando alunos no Quênia sobre sua exposição aos parasitas e porque ele pensa constantemente em como fazer os governos e organizações ampliarem a aplicação de ideias comprovadamente eficazes. Ele também é o principal do triunvirato de grandes ganhadores do Prêmio Genius da Fundação MacArthur que fazem parte desse movimento (Esther Duflo e Sendhil Mullainathan são os outros dois). Se realmente acreditasse que o desenvolvimento econômico é como um desastre de ônibus espacial, não investiria tanto de si nisso. Ainda assim, ele foi conhecido por dar o pontapé inicial numa discussão sobre desenvolvimento com a história do *Challenger*.[13]

Observando o ônibus espacial – rompendo suavemente como uma grande baleia de metal sobre o Oceano Atlântico – de repente explode em chamas e se dispersa em anéis araneiformes de fumaça branca, imagina-se imediatamente que a culpa poderia ser de uma falha mecânica. A voz do controle da missão estala em um assustador zumbido, enquanto o entulho que cai desenha a forma retorcida de um galho de árvore sem folhas em um céu sem nuvens: "Obviamente, um defeito..."

Entretanto, depois, quando os destroços foram recuperados do fundo do oceano e cuidadosamente inspecionados, a Nasa concluiu que o culpado era um simples anel em O de borracha. Tornou-se frágil no ar frio da manhã no dia do lançamento e não conseguiu manter a vedação.

O argumento de Kremer é que o *Challenger*, uma maravilha mecânica composta de milhares e milhares de peças em movimento, milhões de cavalos-vapor e três tanques de combustível da altura de um prédio de 15 andares, baseava-se totalmente em um frágil anel de borracha, como aqueles encontrados na torneira do banheiro. Na verdade, baseava-se completamente em inúmeras coisas vulgares e esquecíveis. A falha de um simples rebite, anel ou circuito também poderia ter causado uma catástrofe com igual facilidade.

Como os ônibus espaciais, os programas de desenvolvimento são sistemas complexos que apresentam muitos possíveis pontos de ruptura – preços, crédito, infraestrutura, tecnologia, leis, confiança e até mesmo condições climáticas. O fracasso do DrumNet mostra o quão são vulneráveis. Quem imaginaria que as políticas de compra de supermercados italianos poderiam descarrilar agricultores quenianos?

A boa notícia é que cada possível ponto de ruptura é também uma oportunidade. Não é difícil resolver um problema como uma válvula de ar; basta continuar testando. Afinal, quem imaginaria que um simples cupom de fertilizantes poderia mudar gerações de práticas agrícolas?

9
APRENDER
A importância da presença

Em setembro de 2002, a ONU lançou uma ambiciosa campanha contra a pobreza, anunciando os Objetivos de Desenvolvimento do Milênio (ODM), um conjunto de oito *benchmarks* de desenvolvimento que, se alcançados, constituiriam uma redução drástica no sofrimento e nas privações ao redor do mundo. Era um plano grandioso em um palco grandioso, e o entusiasmo foi grande. A declaração constando com os ODMs foi adotada por 189 países e assinada por 147 chefes de Estado e governos.

Tal consenso foi um momento divisor de águas no diálogo global sobre desenvolvimento e pobreza. Finalmente, os poderosos chegaram a um acordo (não um acordo perfeito, é claro – muitos reclamaram que suas iniciativas favoritas ficaram de fora), se não sobre os princípios que deveriam guiar o desenvolvimento ou os grandes problemas cuja necessidade de atenção era urgente, pelo menos sobre objetivos específicos e indicadores claramente definidos para medi-los. Ora, há quem argumente que o apoio para metas e objetivos pode ser conquistado de maneira fácil demais – e tem pouca importância – quando as próprias pessoas que os apoiam não enfrentam consequências imediatas pelos erros. Citando Esther Duflo: "Ninguém virá de Marte e dirá 'Vocês não atingiram as metas, então vamos invadir' – não há ônus [pelo seu não cumprimento]."

De qualquer maneira, uma coisa que todos poderiam apoiar seria a educação, tópico de consenso geral. (Afinal, você já viu uma propaganda política anunciando uma plataforma contra a *educação*?) Próximo ao topo da lista dos ODMs – atrás apenas de "Erradicar a pobreza extrema e a fome" – figura o objetivo "Atingir o ensino básico universal". Há bons motivos para a prioridade desse objetivo, entre eles o fato de que a educação influencia muitos dos resultados de desenvolvimento com os quais nos importamos. Pessoas instruídas têm empregos melhores, saúde melhor e maior igualdade entre os sexos.[1] Muitos também argumentam que a educação é um fim em si, que a capacidade de lidar com letras e números é essencial para uma vida mental ativa que, em última análise, é sua própria recompensa. Portanto, politicamente, a educação seria uma vitória fácil para a ONU.

As coisas não estavam tão claras para Anthony, que vivia em uma pequena aldeia na região central de Gana. Como a ONU, Anthony estava convencido de que a educação é valiosa, tanto para seu próprio bem quanto pelas portas que abriria no futuro; portanto, ele queria mais. Infelizmente, a assinatura dos líderes não bastava.

No entanto, se lhe pedissem, ele certamente poderia ter colocado seu nome na declaração da ONU; quando Jake o conheceu, ele acabara de terminar a prática de caligrafia.

A mãe de Jake foi visitá-lo em Gana durante a época em que ele era assistente de pesquisas no país. Eles tinham viajado pela autoestrada esburacada até o Lago Bosumtwi, um grande disco prateado limitado pelas íngremes paredes da cratera de um vulcão extinto. Dirigiram à beira do lago por uma estrada de barro que subia por uma encosta e fazia uma curva até um patamar enlameado, sob a sombra de árvores altas e largas. As crianças da cidade devem ter ouvido o carro chegando, pois estavam por toda parte antes mesmo que parasse. Eram um grupo colorido, de diferentes formatos e tamanhos: adolescentes altos, magros, transmitindo autoridade, jovens indisciplinados aterrorizando uns aos outros, meninas pré-adolescentes com irmãos e irmãs pequenos no colo. Podia-se dizer pela comoção que não recebiam muitos visitantes.

Jake e a mãe foram cercados pela pequena multidão e guiados por alguns dos meninos mais velhos pelas árvores e um pequeno pântano de juncos além da margem do lago, onde foram convidados a apreciar a vista. Foi o que fizeram. Um adolescente, que parecia ter mais ou menos 17 anos, se aproximou enquanto Jake estava olhava o lado e o cutucou no ombro. Ele tinha um sorriso enorme. Disse: "Boa tarde!"

"Boa tarde. Obrigado por nos ter trazido até o lago."

"Ah, esse lago." Ele apontou e olhou para além do dedo esticado sobre a água e continuou sorrindo. "Esse é o Lago Bosumtwi."

"É, eu ouvi falar."

"E eu sou Anthony."

"Oi, Anthony. Prazer em te conhecer. Sou Jake."

"*Tjchek*?"

"Ou Jacob. Pode ser Jacob também."

"Ah, Sr. Jacob! Estamos muito contentes de conhecê-lo." Anthony continuava sorrindo. Tinha olhos amendoados grandes e serenos, que olhavam em volta e brilhavam de entusiasmo.

"Também estou contente. Você pode me chamar apenas de Jacob. Não preciso de senhor."

Mas o dado fora lançado. Para Anthony, Jake era o Sr. Jacob naquele dia e em todos os outros que se seguiram. Meia hora mais tarde, quando estavam saindo da aldeia, Anthony disse *Sr. Jacob* ao pedir o número do celular de Jake e, ao anotá-lo em seu bloco de papel ofício, escreveu "Sr. Jacob" ao lado, com letra caprichada, com caneta esferográfica azul. Foi quando mostrou as páginas de prática de caligrafia. As páginas traziam basicamente seu nome escrito inúmeras vezes, espaçado de maneira igual pelas linhas, disposto em colunas ordenadas. "Fiz hoje de manhã", disse.

Anthony ligou para Jake algumas semanas depois. Disse que queria discutir algo muito importante e que iria até Acra para se encontrarem. Como a ida até a capital lhe custaria US$6 (sem mencionar as oito horas em uma camionete velha), Jake sugeriu que deveriam conversar pelo telefone, mas não desistiu. Ele estaria lá na sexta-feira, disse.

Na sexta-feira, chovia tanto que as ruas pareciam rios lamacentos no degelo da primavera. De algum modo, Anthony conseguiu abrir caminho pelo pântano da estação central de *trotro* da capital, com sua quantidade de caminhonetes cambaleando e derrapando, e subiu até o prédio dos Correios, onde Jake o encontrou sentado sob o toldo na hora marcada. Suas roupas estavam molhadas, mas não enlameadas; ele tinha o mesmo sorriso aberto, e seus olhos brilhavam de entusiasmo.

Ficaram sob o toldo; a água da chuva caía pelas laterais. Por causa do ruído da chuva, praticamente tinham de gritar para se fazerem ouvir. Anthony descreveu sua situação difícil. Ele acabara de terminar o exame do ensino médio, que determinaria sua possibilidade de cursar o terceiro grau – universidade, escola politécnica ou formação vocacional – e estava preocupado. Seus pais, explicou, tinham arriscado todas as suas fichas na educação, mas não tinham como seguir em frente.

Anthony não era filho único, mas era o mais velho – e, por enquanto, o único que estaria preparado para prestar o exame do ensino secundário e continuar estudando. Seus pais sabiam que não tinham dinheiro para que todos os filhos continuassem estudando depois do ensino fundamental, por isso reuniram seus recursos limitados e investiram nele. O sacrifício de seus irmãos significava que Anthony podia continuar estudando, pelo menos durante algum tempo. Os pais, de sua parte, argumentavam que os filhos mais jovens não estavam abandonando a escola para sempre; assim que Anthony terminasse a faculdade e conseguisse um emprego adequado, ganharia o bastante para mandar os irmãos e irmãs de volta à escola.

A família fizera recentemente um esforço heroico, economizando para pagar as taxas dos exames do ensino médio; agora, não sobrara mais nada. Notas altas no exame do ensino médio poderiam significar a conquista de uma bolsa de estudos para uma faculdade, mas primeiro ele tinha de se inscrever. A taxa de inscrição era US$40. Era aí que Jake entrava.

Como ele podia recusar? Se US$40 (ou US$80 ou US$120) era realmente o elo que faltava em uma corrente que levaria Anthony e seus irmãos para o alto da pirâmide educacional, então, com certeza, era um despesa que valia a pena. Mas, como bom doador, Jake tinha algumas perguntas. A primeira era: Para qual faculdade você deseja ir e por quê?

Jake esperava que essa fosse uma boa maneira de iniciar uma conversa, mas deixou Anthony sem palavras. Por um momento seu sorriso desapareceu e ele olhou para a chuva, ainda torrencial, ainda ensurdecedora. Logo se recuperou e listou os nomes de três instituições importantes: uma universidade de artes liberais, uma escola politécnica de engenharia e uma faculdade de pedagogia. Ele disse: "Quero ir para a universidade para conseguir meu diploma. Assim vou progredir na vida e encontrar um trabalho melhor."

"Mas esses lugares que você mencionou são muito diferentes. Um forma professores, e outro forma cientistas. O que você quer estudar? E que tipo de trabalho quer fazer no futuro?"

"Sem dúvida, quero estudar geografia. Quanto ao trabalho, pode ser em uma empresa. Eu poderia ser gerente."

"Gerente de quê?"

"Ah, serve qualquer tipo de empresa. Ou um banco."

Estava ficando claro que Anthony não sabia exatamente o que queria. A parte mais complicada, parecia, estava bem diante dele. Anthony não tinha uma boa ideia do que fosse a educação universitária – do que temos que dar e o que recebemos em troca. Especificamente, ele nunca falava em adquirir *expertise* ou habilidades que pudessem ser utilizadas em um trabalho. Mas falava com grande reverência sobre o diploma universitário (*qualquer* diploma universitário), como se fosse um talismã muito poderoso que conferiria automaticamente riqueza e prestígio ao seu portador. Seu sorriso voltava sempre que falava sobre isso. Os pormenores – o tópico de estudo, a instituição educacional, o futuro empregador – desapareciam. O valor da educação superior, parecia, residia inteiramente em obter acesso ao misterioso poder do diploma. Era algo que ele jamais pensara em questionar.

Não era algo que se pudesse usar contra ele; é claro, o mesmo acontece com milhões de formandos do ensino médio que vão para a universidade, tanto nos Estados Unidos quanto em outras partes do mundo. Muitos de nós (como Jake e eu) só nos decidimos por um caminho profissional específico depois que concluímos o ensino médio. Optamos por conseguir um diploma universitário porque sabíamos que era bom tê-lo, mesmo sem termos exatamente certeza de como iríamos usá-lo. Quando entramos na universidade, experimentamos novas coisas, esbarramos em um campo de estudo interessante, acabamos em um emprego – nossos caminhos são improvisados e incertos. Mas parecia que, com tanto dos recursos familiares investidos em sua educação, uma parte tão grande do futuro de seus familiares pesando na balança e tão pouco espaço para erros, talvez fosse bom para Anthony ter algum tipo de estratégia.

Assim, Jake o pressionou sobre isso, pouco a pouco. Tentou abordar o assunto de trás para a frente: comece com um objetivo realista ("conseguir um emprego em um banco") e identifique a melhor maneira de consegui-lo (estudar administração, economia ou contabilidade em um curso universitário de quatro anos). Ele tentou abordar o assunto de trás para diante: comece com o que você gosta de fazer ("jogar futebol"), agora tente novamente ("ajudar meu irmão com a matemática") e veja onde poderia acabar se seguisse esse caminho (ensinar matemática em uma escola de ensino fundamental ou médio).

Logo naquela tarde os contornos do futuro de Anthony foram se revelando, mas ele concordou que jamais pensara sobre as coisas dessa maneira antes. Estava lentamente começando a elaborar um plano.

Eles conversaram por quase uma hora. Estava ficando tarde e, embora estivessem sob a sacada o tempo todo, ambos ficaram molhados de chuva. Os respingos de um cano de uma calha de onde jorrava água os tinha encharcado. Anthony disse que precisava voltar para a estação de *trotro* para não perder a última caminhonete para o norte. Seus olhos grandes e inquietos olhavam para a rua com água enlameada escorrendo e o lodaçal impraticável da estação. Jake perguntou se ele tinha planos de voltar a Acra, para que pudessem conversar mais e decidir como agir.

"Conversar mais?", perguntou. "Pensei que o senhor me ajudaria com a taxa de inscrição."

"Mas para onde você vai enviar as inscrições? Já decidiu depois de nossa conversa?"

Lá estavam o sorriso e a confiança; essa, sim, era uma pergunta para a qual estava preparado. "Já. Enviarei para as três" – e, então, ele relacionou os mesmos três nomes novamente – "como eu disse antes. Então o custo é três vezes 40, ou 120."

Jake ficou desanimado. "Mas, e o que nós conversamos sobre planejar um caminho de estudo e planejar como ele levará a um emprego específico?"

"Ah, sem dúvida, Sr. Jacob, vai levar sim." Sorrindo, acenando com as mãos. "De qualquer maneira, não sabia que estávamos falando sobre esse período de inscrição exatamente. Pensei que fosse depois. Mas, por favor, Sr. Jacob, a inscrição é agora, posso contar sua ajuda?"

Anthony, provavelmente, não ficou satisfeito em caminhar de volta na chuva com meros US$15 para pagar a passagem e a comida; e, felizmente, a história não acaba aqui. Voltaremos a Anthony logo. Mas já ouvimos o bastante para abrir uma janela sobre um dos problemas mais urgentes e presentes da educação para os pobres.

Primeiro passo: Acrescentando alunos

Honestamente, não podemos alegar saber com exatidão como surge a educação – o verdadeiro aprendizado. Mas sabemos algumas coisas sobre ela. Começaremos pelo óbvio: nas escolas, a educação é algo que acontece entre professores e alunos. Disso nós sabemos. Mas, embora os alunos sejam um ingrediente essencial dessa receita, pelo menos 115 milhões da crianças em idade escolar ao redor do mundo não estão na escola.[2] Por que não?

Uma explicação é o preço: é caro demais enviá-las à escola. Em alguns países, o governo não oferece escolas públicas, mesmo no nível fundamental, e nesses casos o custo da mensalidade da escola particular coloca a educação fora do alcance de muitos. Mas há cada vez menos países como esses e eles constituem apenas uma fração da falta de acesso à escola no mundo inteiro. Grande parte do problema está nos países onde a educação está disponível – pelo menos na teoria. Gana, por exemplo, tecnicamente oferece educação pública gratuita até o ensino médio. Portanto, por que os pais de Anthony não podiam custear a educação secundária para os filhos?

A resposta, que sem dúvida não vale apenas para Gana, é que nem a educação gratuita é completamente gratuita. Em primeiro lugar, há o custo de oportunidade da educação, ou seja, o dinheiro que um aluno *poderia estar ganhando* se não estivesse na sala de aula. E também há muito dos custos explícitos e regulares. Os alunos precisam adquirir os próprios uniformes, cadernos, livros, canetas e lápis, ter dinheiro para o almoço e para o transporte. Depois, há as taxas da associação de pais e mestres, encargos adicionais para a preparação para os exames (mesmo do caso de Gana, quando acontece durante o horário escolar) e as taxas de inscrição para os testes padronizados em todo o país, como os exames para o ensino médio de Anthony.

O peso desses custos suplementares é suficiente para manter muitos alunos pobres fora da escola. É uma nuvem escura, mas revestida com uma camada prateada. Significa que a vontade e o desejo de ter acesso à educação já existe. Os pais podem não mandar os filhos para a escola por falta de recursos, mas o fariam se pudessem. Isso, em si, não serve de consolo; felizmente, indica o caminho para uma solução. Se as pessoas querem educação mas não podem arcar com seu custos, os programas de desenvolvimento poderiam ajudar a oferecê-la a um número maior de alunos apenas tornando a educação mais barata.

A outra boa notícia é que podemos fazer mais do que especular. Vários programas no mundo inteiro almejam colocar mais crianças nas salas de aula reduzindo os custos associados à educação, e vários deles foram rigorosamente avaliados. Tais programas variam em escala e complexidade, de programas que distribuem uniformes para estudantes até as iniciativas nacionais com incursões em saúde pública. Vamos examinar alguns deles.

A roupa faz o estudante

Michael Kremer, o economista de Harvard que elaborou a teoria do "anel em O" do desenvolvimento econômico, continua convencido de que os aspectos básicos realmente importam. Os anéis em O precisam funcionar. Ele e dois estudantes, David Evans e Muthoni Ngatia, desconfiavam que coisas simples – uniformes, livros didáticos, cadernos e coisas desse tipo – eram o elo perdido. Talvez os alunos que não tinham esses materiais ficassem com vergonha de ir à escola. Eles propuseram testar uma solução simples com um RCT.[3] Ofereceriam uniformes gratuitamente a alguns alunos e veriam se a frequência à escola iria melhorar.

Fizeram parceria com a ICS Africa (a mesma organização que trabalhara na Savings and Fertilizer Initiative, que vimos no último capítulo), que realizava um programa de patrocínio para alunos do ensino fundamental no oeste do Quênia. O programa usou parte do dinheiro dos doadores para comprar um uniforme por ano para alunos patrocinados e para financiar alguns benefícios para toda a escola – uma bolsa para a construção e salas de aula e livros, várias visitas por ano de duas enfermeiras e o treinamento dado por um representante agrícola que organizou clubes de alunos para cultivar hortas no terreno das escolas. Os benefícios para a escola como um todo foram disponibilizados igualitariamente para todos os alunos, não apenas para aqueles que recebiam os patrocínios.

Doze escolas de ensino fundamental foram escolhidas para participar do RCT, e havia patrocínios suficientes para atender cerca de metade dos alunos. Os beneficiados foram escolhidos da seguinte forma: em primeiro lugar, os alunos que haviam perdido um ou ambos os pais foram identificados e selecionados; depois os patrocínios restantes foram alocados por sorteio. Os coordenadores de campo fizeram visitas-surpresa à escola para monitorar a frequência, tanto dos alunos patrocinados quanto dos não patrocinados. Eles também monitoraram o desempenho de todos os alunos em testes anuais padronizados.

Durante o período de três anos do programa, aqueles que haviam recebido uniformes do ICS frequentaram a escola mais do que os colegas que não tinham recebido. No início do programa, a taxa de ausência ficou em torno de 18% – portanto, a maioria dos alunos perdia cerca de um dia de aula por semana. Com base em dados de monitoramento, os pesquisadores descobriram que receber um uniforme reduzia esse número em 7% – mais de um terço.

Dividindo os alunos em subgrupos, constataram outro resultado surpreendente. Entre aqueles que receberam os uniformes do ICS, os aumentos da frequência às aulas concentravam-se nos alunos que não tinham sequer um uniforme quando o programa começou. A taxa de ausência desses alunos caíra 13% – mais de dois terços! – enquanto a mudança na frequência entre os alunos que tinham pelo menos um uniforme no princípio foi pequena e estatisticamente quase igual a zero.

Parecia que a suspeita inicial dos pesquisadores estava se confirmando. Fornecer um uniforme para o aluno que não tinha nenhum fez grande diferença, mas oferecer um uniforme adicional para o aluno que já tinha pelo menos um não fez.

A equipe de Kremer e o ICS tinham atingido uma solução fundamentada no bom senso – solução que muitas das mães dos alunos com certeza teriam elas mesmas empregado, se tivessem meios para tal. Eles reconheceram que as crianças tinham vergonha de ir à escola sem uniforme e as ajudaram a se sentir mais à vontade. Para usar a analogia do anel em O de Kremer, fornecer os uniformes aos alunos que não tinham uniforme algum garantiu que muitos dos anéis em O no caminho da educação mantivessem a vedação.

Distribuindo cheques

Fornecer uniformes de graça é uma maneira de colocar os alunos em sala de aula, mas com certeza não é a única – e pode não ser a melhor. O que queremos saber realmente, para cada dólar gasto, é que abordagem nos oferecem os maiores ganhos educacionais. Não podemos avaliar uma única ideia e ir embora. No final do dia, temos de escolher entre muitas ideias aparentemente boas. E é aí que o resultado do uniforme acaba virado do avesso.

Outra abordagem para baratear a educação é fazer isso diretamente, pagando as pessoas para frequentarem a escola. Programas como esses são chamados de "transferências condicionais de dinheiro" porque consistem em pagamentos diretos aos participantes, condicionados a seu comportamento. Uma história de sucesso no alívio da pobreza através da educação é o programa mexicano Progresa (atualmente chamado de Oportunidades), um programa condicionado de transferência de renda aplicado pelo governo, que paga às mães pobres se os filhos tiverem 85% de frequência à escola.

Quando foi iniciado em 1997, o Progresa era um dos maiores e mais ambiciosos programas de seu tipo já implementados. Tinha custo alto, e o governo queria saber exatamente quais foram os benefícios obtidos por todo aquele investimento. Assim, foi feita parceria com economistas e elaborou-se um RCT para medir os impactos sobre a educação, integrando-o à introdução gradual do programa. Na realidade, essa opção transformou um orçamento moderado em vantagem: no princípio, não havia dinheiro suficiente para lançar o Progresa em todas as 495 comunidades almejadas, por isso selecionaram-se aleatoriamente dois terços das comunidades para receber o programa imediatamente, e monitorando-se o restante como grupo de controle por um período de dois anos. Ao final desse período, com a disponibilização de novas verbas, o Progresa foi implementado nas comunidades de controle. Assim, foi possível realizar uma avaliação rigorosa sem excluir comunidades que desejassem ajudar.

Paul Schultz, economista de Yale, computou os números do impacto do Progresa sobre a matrícula escolar.[4] O experimento acertou em cheio. Como se esperava, a probabilidade de evasão entre os alunos elegíveis nas comunidades que participavam era muito menor. A redução da evasão escolar manifestou-se nas diferentes séries, mas se concentrava onde precisava estar – entre os alunos do ensino médio que tinham apresentado as mais altas taxas de evasão escolar antes do programa.

Tal eficácia também chamou a atenção das pessoas. O governo mexicano foi merecidamente aplaudido por ter tido a visão de integrar a avaliação ao lançamento do programa. Mais importante, países ao redor do mundo começaram a seguir o exemplo do México. Atualmente, graças em grande parte ao Progresa, Colômbia, Honduras, Jamaica, Nicarágua, Turquia e vários outros países estão oferecendo programas de transferência de renda com condições parecidas a milhões de famílias.

De bom para melhor

O programa Subsídios, em Bogotá, Colômbia, é um dos descendentes do Progresa. Na fase inicial de planejamento, o governo tinha imaginado um programa que seguisse de perto o exemplo mexicano: as famílias qualificadas receberiam transferências mensais se seus filhos tivessem 80% ou mais de presença na escola. Eles também seguiram o exemplo do sucesso do México e contrataram uma equipe de economistas – Felipe Barrera-Osorio, do Banco Mundial, Marianne Bertrand, da Chicago Graduate School of Business, Leigh Linden, da Columbia University e do IPA, e Francisco Pérez-Calle, da G-Exponential – para elaborar uma avaliação.[5]

Os economistas viram uma oportunidade de fazer uma boa ideia ficar ainda melhor. Sugeriram que o governo de Bogotá testasse dois ajustes que poderiam melhorar a eficácia do programa sem aumentar demais seu custo. A primeira variante foi apenas uma mudança no *timing*: em vez de receber o pagamento total a cada mês, um terço do dinheiro seria mantido em uma conta de poupança, podendo ser sacado na época do ano em que os alunos voltassem a se matricular na escola. A segunda variante na realidade mudou a estrutura e as condições do pagamento. Como na primeira, as famílias qualificadas recebiam dois terços da quantia regular a cada mês, mas nessa variante recebiam um generoso bônus se o aluno se formasse. Se, depois da formatura, ele se matriculasse imediatamente em uma instituição de terceiro grau, a família poderia sacar o bônus mais cedo; se não se matriculasse, teria que esperar mais um ano antes de sacá-lo.

Essas duas variações vieram diretamente da economia comportamental. Elas reconhecem que as pessoas não fazem escolhas com base apenas no valor monetário dos incentivos, mas que esse *timing* também é importante. Pense novamente em Vijaya, a vendedora de flores que vimos no Capítulo 7, cujo dinheiro nunca estava a salvo da sede insaciável do marido. Um programa padronizado de transferência condicional nos moldes do Progresa talvez não servisse muito bem à sua família (embora o marido alcoólatra provavelmente fosse gostar dos polpudos cheques mensais), mas os ajustes no *timing* poderiam fazer grande diferença.

O fato de o *timing* do pagamento do bônus coincidir com o período de rematrícula dos alunos era também uma vantagem a mais. Alivia o peso das despesas do início de um ano letivo e, assim, aumenta a probabilidade de as famílias fazerem essas compras essenciais. Pense no quão mais fácil é comprar o material escolar para a volta às aulas se você tiver acabado de descontar um cheque polpudo.

Os pesquisadores lançaram o programa básico com as primeiras variantes em um único RCT para que elas pudessem ser comparadas lado a lado e realizaram um segundo RCT para avaliar a segunda variante. Monitoraram tanto a frequência quanto a matrícula de cerca de 13 mil alunos: oito mil que haviam sido aleatoriamente designados para um dos três tratamentos (o programa padrão e as duas variantes) e cinco mil que foram monitorados como grupo de controle. Depois de um ano de observação, ficou claro que, de modo geral, a abordagem do incentivo funcionou, como havia funcionado no México. Os alunos qualificados para os tratamentos tinham cerca de 12-26% menos ausências do que seus colegas do grupo de controle.[6]

Havia indícios também de que as variações funcionavam melhor do que o programa de transferência condicional de renda – que Bogotá havia, de fato, realmente encontrado meios de aperfeiçoar o modelo bem-sucedido do Progresa. Especificamente, as duas variações tiveram impactos maiores nas taxas de matrícula do que o programa básico nos moldes do Progresa. Ocorre que os alunos qualificados para o tratamento básico não pareciam mais dispostos a se matricular para o ano seguinte do que os alunos do grupo de controle, enquanto entre os que recebiam as variações a probabilidade de rematrícula no ano seguinte era significativamente maior. A maior parte do aumento da matrícula de ano para ano foi determinada por alunos que apresentavam maior probabilidade de evasão. Isso significa que os incentivos estavam alcançando as pessoas que mais precisavam deles.

Mas a diferença mais surpreendente entre o programa padrão e as duas variações de motivação comportamental se deu nas matrículas para o nível superior. Aqui, o impacto do programa básico foi estatisticamente nulo, enquanto as variações elevaram substancialmente as matrículas. Começando com uma taxa de matrícula de 21% no grupo de controle, as duas variações representaram grandes melhorias: a primeira aumentou a matrícula no nível superior em quase 50% e a segunda mais do que a triplicou![7]

Não queremos nos perder nos números, mas é importante observar como os detalhes – a exemplo do *timing* – podem ser poderosos. Como vários outros "empurrões" comportamentais que vimos até agora, as variações do programa básico de transferência condicional de renda implementadas em Bogotá me animaram. São elegantes e inteligentes. Mais importante: são atraentes para as pessoas responsáveis pela elaboração de políticas, que entendem – e prefeririam evitar – os desafios inerentes de revisar completamente ou elaborar novos a partir do zero.

Melhorias sutis como essas, que alavancam a importância do *timing* nos processos decisórios familiares, podem ter tremendas consequências.

Um fator surpreendente: vermifugação

Quando tudo o mais foi dito e feito, existe um programa de frequência escolar definitivamente superior ao resto; e, com toda sinceridade, teve resultados surpreendentes para os pesquisadores.

Michael Kremer estava trabalhando novamente no Quênia, dessa vez com Edward "Ted" Miguel, da University of California, Berkeley, sobre o inconveniente problema dos parasitas – ancilóstomos, nematódeos, tricurídeos e esquistossatídeos. Muitos conhecem esses personagens principalmente como os vilões das histórias de viajantes, nas quais eles costumam se transformar em aborrecimento; mas os vermes e parasitas são uma realidade muito mais trágica da vida diária para bilhões de pessoas, especialmente em países em desenvolvimento. Infectam uma em quatro pessoas no mundo.

Infecções graves por parasitas podem causar sintomas como infecções abdominais graves, anemia e desnutrição, que podem nocautear uma pessoa; mas a grande maioria dos casos é mais branda. Ironicamente, essa é uma grande parte do problema. Os vermes podem causar mal-estar geral e persistente – letargia, náusea leve – com o qual as pessoas se acostumam. Muitos convivem com os sintomas o tempo todo.

Biologicamente, os vermes são parasitas que vivem e se desenvolvem nas fezes humanas e dos animais. Costumam ser contraídos quando as pessoas entram em contato com água ou solo contaminados por matéria fecal. As características específicas da transmissão variam ligeiramente de verme para verme, mas todos são extremamente fáceis de apanhar. Dependendo da espécie, ingerir uma pequena partícula de sujeira contaminada, levar as mãos sujas à boca, brincar em água doce ou mesmo andar descalço em poças perto de onde pessoas ou animais infectados defecaram – qualquer um desses comportamentos comuns pode provocar uma infecção. Não é preciso muita imaginação para perceber por que os vermes são uma causa de aflição para as crianças nos países em desenvolvimento.

Felizmente, existe um tratamento altamente eficaz para esses parasitas – um único comprimido de um vermífugo que erradica aproximadamente 99% dos vermes presentes no corpo e confere proteção por cerca de quatro meses. Ainda melhor, o custo total de fabricação, transporte e administração do tratamento para crianças em risco é de mais ou menos US$0,20 por comprimido.[8]

Do ponto de vista da saúde pública, proporcionar uma cura tão barata para qualquer um que a deseje é praticamente óbvio, se nos basearmos apenas nos benefícios para a pessoa, mas há na realidade um motivo mais forte para se oferecer vermifigação gratuita. A disseminação de vermes é uma reação em cadeia: os vermes se espalham através do solo e da água contaminados; o solo e a água se contaminam pela presença de fezes contaminadas; as fezes são contaminadas apenas se as pessoas que as produzem tiverem vermes. Portanto, quando existe em uma comunidade um número maior de pessoas infectadas, cria-se um ambiente perigoso para todas as outras. Ao contrário, quando há um número menor de pessoas infectadas, o restante da comunidade também se torna mais seguro.

Um caso como esse, no qual o público em geral se beneficia quando um indivíduo consegue tratamento, praticamente implora por uma intervenção. Devemos fazer o possível para livrar as pessoas dos vermes – não apenas para seu próprio bem, mas para o bem de todos. Esse motivo lógico foi um dos fatores que levaram Kremer e Miguel a se envolver na avaliação de um programa que fornecia vermífugos de graça aos alunos de escolas de ensino fundamental no oeste do Quênia em 1998.[9]

Mais uma vez, fizeram uma parceria com o ICS (a mesma organização que deu os uniformes escolares) e elaboraram um programa simples. O pessoal do ICS se reuniria primeiro com os pais dos alunos na escola para descrever a vermifugação e obter seu consentimento para o programa. Depois, voltariam e administrariam as pílulas a todos os alunos cujos pais tivessem concordado. A maioria dos pais (cerca de 80%) inscreveu os filhos no programa.

Kremer e Miguel elaboraram um estudo para testar o impacto do programa, tanto do ponto de vista da saúde quanto da educação. O ICS havia identificado 75 escolas de ensino fundamental com as quais trabalhar, e os pesquisadores as dividiram em três grupos. Vinte e cinco escolas receberiam o programa em 1998, 25 escolas em 1999 e o restante em 2001. Como a avaliação do Progresa no México, a elaboração da fase de introdução do programa permitiu que o ICS fornecesse o tratamento a todos que desejassem (ainda que ao longo do tempo) e também gerasse indícios rigorosos sobre seu programa.

Devido à comprovada eficácia dos vermífugos, os pesquisadores esperavam detectar ganhos perceptíveis na saúde dos alunos. Eles não ficaram decepcionados. O programa reduziu à metade o número total de infecções por parasitas – não apenas entre os alunos que tomaram as pílulas, mas para *todos* os alunos na escola onde a vermifugação foi oferecida. Era a história dos benefícios em cascata à comunidade, exatamente como eles tinham esperado: romper o ciclo de infecção fez com que mesmo aqueles que não estavam tomando o medicamento melhorassem. Havia menos vermes por perto para infectar as pessoas.

Mas surgiu outro resultado que os pegou de surpresa, pelo menos em sua magnitude: os alunos começaram a frequentar mais as salas de aula. Muito mais. A taxa de falta às escolas do programa apresentaram queda de mais ou menos um quarto. Para a satisfação dos pesquisadores – e dos alunos –, o ICS descobrira uma maneira extremamente poderosa de colocar as crianças em sala de aula.

A comparação de custos não deixa margem para dúvidas. Os outros programas de presença funcionavam, mas, em comparação com o programa de vermifugação, custam uma exorbitância. Segundo os cálculos, um ano adicional de matrícula na escola em decorrência do Progresa correspondia a cerca de US$1.000 por pessoa. Gerar um ano extra de frequência escolar com um programa de doação de uniformes custa aproximadamente US$100 por aluno. Um ano adicional de frequência pela vermifugação custa US$3,50. É isso mesmo.

Certamente, os resultados marcantes do estudo inicial de Miguel e Kremer abriram caminho pelos países em desenvolvimento. Não tardou para que houvesse interesse na vermifugação nas escolas para muito além do Quênia. Miguel e Kremer confiavam na pesquisa que fizeram, mas não estavam preparados para recomendar a vermifugação nas escolas sempre e em toda parte. Eles reconheciam que uma única avaliação não seria suficiente.

Ao final do dia, tinham fortes indícios a favor de uma teoria simples: nos casos em que as taxas de ausência escolar e de infecção por vermes são elevadas, a vermifugação nas escolas pode ser um poderoso incentivo à frequência escolar. Como ocorre com qualquer teoria científica, a única maneira de conferir credibilidade à teoria deles era colocá-la à prova novamente.

Eles não precisaram esperar muito. Em 2001, exatamente enquanto o estudo do Quênia estava terminando, Miguel, junto com Gustavo Bobonis, da University of Toronto e Charu Puri-Sharma, da Niramaya Health Foundation da Índia, elaboraram um RCT para avaliar um programa de vermifugação para alunos do pré-escolar em Délhi, Índia.[10] Lá, eles estavam enfrentando mais do que os parasitas intestinais, que afligiam cerca de um em três alunos. O outro problema era a anemia, outro flagelo das crianças nos países em desenvolvimento, que pode ser tratada de maneira confiável com pouco dinheiro (nesse caso, com suplementos de ferro), mas que raramente o é. Um percentual impressionante (69%) de alunos do pré-escolar em seu estudo sofria da doença.

O programa era muito semelhante ao queniano: os coordenadores do programa pediram permissão aos pais dos alunos, depois administravam vermífugo, ferro e vitamina A três vezes ao ano nas escolas. As taxas de ausência realmente caíram cerca de 20% – quase o mesmo percentual que tinham caído no Quênia.

Reproduzir o resultado queniano inicial fortaleceu bastante o argumento a favor de aumentar a vermifugação em escolas ao redor do mundo. Com uma teoria sensata – de que a vermifugação nas escolas pode funcionar em contextos nos quais as infecções por vermes são comuns – e indícios crescentes a seu favor, os defensores logo estavam fazendo festa. Seus argumentos foram posteriormente sustentados pela pesquisa de Hoyt Bleakley, na University of Chicago, sobre dados históricos do sul dos Estados Unidos, onde os esforços da Fundação Rockefeller para erradicar os ancilóstomos em 1910 geraram aumento na renda no longo prazo.[11] Indícios que continuam vindo do Quênia[12] corroboram essa história. Pesquisas de acompanhamento com participantes do estudo sobre vermifugação original de Kremer e Miguel revelaram que, uma década mais tarde, os alunos que foram atribuídos aos primeiros grupos de tratamento (e, portanto, haviam recebido dois ou três anos adicionais de tratamento de vermifugação em escolas) estavam trabalhando 13% mais horas e ganhando 20-29% mais do que suas contrapartes que fizeram o tratamento mais tarde. São ganhos significativos e de longa duração baseados em comprimidos cujo custo era de US$0,20.

Felizmente, essas boas notícias chamaram a atenção das pessoas. A vermifugação em escolas é uma das grandes histórias recentes de sucesso dos processos decisórios baseados em indícios no desenvolvimento, com mais de 20 milhões de alunos em 26 países livres dos vermes somente em 2009.

De volta a Anthony

Quando deixamos Anthony, ele estava caminhando na chuva em direção à estação de *trotro*, correndo para chegar a tempo de pegar a última caminhonete que partia para o norte de Acra. Ele não tinha uniforme de graça, bolsa de estudos por mérito ou transferência condicional de renda à sua espera; mas tinha aspirações e um benfeitor em potencial, o que era melhor do que nada. Algumas semanas mais tarde, depois de outras conversas (dessa vez, felizmente, por telefone), Jake concordou em pagar as taxas de duas inscrições. Uma foi para os quatro anos da universidade de artes liberais e outra para os dois anos na faculdade de preparação de professores. Anthony estava ansioso, à espera das cartas de admissão.

Em meados de junho, ligou para dizer que tinha sido aceito na faculdade para preparação de professores e, algumas semanas depois, veio a notícia de que "poderia ter uma oportunidade" na universidade. Ele parecia animado. Quando Jake perguntou o que "poderia ter uma oportunidade" significava, ele explicou que alguns candidatos eram aceitos imediatamente, outros rejeitados e a outros era oferecida "uma oportunidade" de se matricular – o que significava que podiam subornar um funcionário encarregado das matrículas para conseguir uma vaga. Aparentemente, não seria apropriado o funcionário estipular um preço específico, mas Anthony imaginava que algumas centenas de dólares seriam suficientes.

Agora o quadro estava ficando claro e parecia ruim. Jake disse a Anthony que estava disposto a pagar pela mensalidade, mas não pelo suborno. Mas Anthony estava inflexível e insistia em que não era exatamente um suborno. Era assim que as coisas funcionavam. Ainda assim, Jake sentia o estômago revirar só de pensar na possibilidade – um cara alto e sorridente tomando nas mãos gordas um maço de notas nos fundos de algum escritório abafado, enquanto Anthony esperava de pé nervoso, também sorrindo, os olhos vagando de um lado para o outro para não se fixar no dinheiro. Além disso, onde isso ia acabar? Anthony admitiu que os alunos que entravam pela porta dos fundos são, às vezes, chamados a pagar um novo suborno mais tarde.

Então, Anthony optou por sua segunda escolha, a faculdade de preparação de professores. A boa notícia era que o mero fato de estar matriculado lhe dava a oportunidade de começar a trabalhar imediatamente, como professor de meio período em uma escola particular do ensino fundamental. Ele encontrou emprego em uma cidade perto da faculdade e começou a trabalhar naquele verão. Colocou a conversa em dia com Jake alguns meses depois quando ligou para pedir um empréstimo para pagar o aluguel. Ele vinha alugando um quarto de solteiro em uma pensão perto da escola.

Jake ficou confuso. "Anthony, por que você mesmo não paga? Você não está ganhando dinheiro dando aulas?"

"Estou, Sr. Jacob, estou sim. Estou ganhando dinheiro dando aula. Mas é que eu não tenho recebido."

"Não tem recebido o quê?"

"O dinheiro."

"Como assim? A escola não lhe paga?"

"Sim. Não. Isto é, o dono da escola, ele está nos devendo. Ele disse que queria nos pagar, a nós, os professores, mas não está ganhando nada."

"Ah. Como ele pode fazer isso? Como pode contratar você para trabalhar para ele se não tem dinheiro para lhe pagar?"

"É, esse é o nosso desafio. Quanto ao pagamento, disse que não pode nos dar o que ele mesmo não tem."

"Bem, quando recebeu seu último pagamento?"

"Ainda não recebi nenhum."

Anthony tinha trabalhado quatro meses e não vira um centavo. No entanto, ele e os outros professores tinham um plano, e seu plano fazia sentido. Se o proprietário não pudesse pagar, eles não trabalhariam. Era simples assim. O único senão, ao que parecia, eram os alunos.

Segundo passo: Levando os professores para as salas de aula

Como dissemos antes, embora não possamos alegar conhecer a receita completa para a educação, temos certeza pelo menos quanto a dois ingredientes: alunos e professores. Até aqui neste capítulo examinamos vários programas inovadores que ajudaram a levar os alunos à sala de aula. Mas uma questão não quer calar – na escola de Anthony, por exemplo – diante do quadro-negro vazio. Cadê o professor?

Se você observar bem, verá essa mesma pergunta sendo feita em híndi. A Índia tem cerca de 250 milhões de crianças em idade escolar,[13] muitas das quais sofrendo regularmente da falta de professores. Uma série de visitas-surpresa a escolas em regiões rurais do país revelou que um quarto dos professores estavam faltando e que a metade que estava nas salas de aula não estava dando aula! Isso provavelmente ajuda a explicar alguns fatos desoladores sobre as condições do aprendizado no país: uma pesquisa nacional realizada em 2005 revelou que 65% dos alunos de escola pública da segunda até a quinta série não sabiam ler um simples parágrafo e que 50% não sabiam realizar operações aritméticas básicas.[14]

São números ruins e refletem realidades cruéis daquelas crianças que conseguem chegar à escola na hora certa. Por que o professor deve ser um adversário, e não um aliado, na luta pela educação? É claro que os professores não deveriam deixar de ir à escola, mas o problema não é inteiramente deles. Parte da culpa é dos diretores e administradores, que deixam de verificar se há professores nas salas de aula ou, pior ainda, que toleram suas faltas. O que também não quer dizer que seu trabalho seja fácil: mesmo com as regras certas em vigor, monitorar a presença dos professores em pequenas escolas rurais é cansativo e demorado.

Uma foto vale mil rupias

A Seva Mandir, uma ONG indiana, conhece bem esses problemas. Administra cerca de 150 escolas pequenas na remota e montanhosa região próxima a Udaipur, bela e antiga cidade de Rajasthan, estado no oeste da Índia. As escolas normalmente têm um único cômodo nas aldeias tribais, com um único professor cada. A resposta da Seva Mandir para o problema da ausência dos professores foi inovar.

Trabalhando com Esther Duflo e Rema Hanna, economista de Harvard, eles chegaram a uma possível solução com uma combinação de monitoramento e incentivos. Como verificar a presença diretamente era complicado demais, imaginaram uma maneira inteligente de os próprios professores fazerem isso usando câmeras descartáveis que custam poucos dólares cada. No início e no final de cada expediente escolar, um aluno era escolhido para fotografar o professor e o resto da classe juntos. As câmeras registravam a data e a hora da fotografia, dados à prova de adulteração. Desse modo, os administradores da Seva Mandir na sede podiam verificar a frequência dos professores durante uma semana analisando um rolo de filme.

A presença das câmeras nas escolas rurais resolveu o problema do monitoramento, mas ainda era necessário oferecer aos professores um motivo para não faltarem. O programa precisava de reforços. Então, a Seva Mandir decidiu associar os salários dos professores aos seus registros de presença. No antigo regime, os professores recebiam mil rupias (cerca de US$23) por mês, desde que aparecessem para dar aula pelo menos durante 20 dias, e eram advertidos de que poderiam ser demitidos se faltassem. Na prática, porém, as demissões eram muito raras, mesmo quando estava claro que eram bem merecidas. O novo plano era pagar um valor fixo de 500 rupias (US$11,50) por mês por 10 ou menos dias de aula, mais um adicional de 50 rupias (US$1,15) por dia acima de 10. As câmeras eram exatamente a ferramenta de que precisavam para reforçar a nova estrutura de incentivos.

Eles acreditavam ter encontrado o caminho, mas não tinham certeza. Como organização, a Seva Mandir leva as avaliações tão a sério quanto as inovações. A gerência acredita firmemente que a melhor maneira de ajudar os pobres é atrair recursos para os programas que demonstraram ser eficazes e ajustar ou abandonar os programas que não o fizeram. Duflo e Hanna coordenaram um RCT e designaram aleatoriamente metade de mais de 100 escolas da Seva Mandir para o novo sistema. O restante era monitorado como grupo de controle.

Não foi preciso realizar nenhuma análise sutil para ver o que estava acontecendo. A combinação de câmeras e incentivos fez os professores comparecerem mais – muito mais. As ausências caíram pela metade, de 42% nas escolas do grupo de controle, para 21% nas que usavam o novo sistema. Embora as taxas de frequência dos alunos não tenham mudado em resposta ao programa, apenas o aumento nos dias em que os professores ministravam aulas significava que os alunos estavam obtendo quase um terço a mais de instrução do que sob o antigo regime. Além disso, uma série de visitas-surpresa às escolas confirmou que os professores estavam realmente dando aula durante esses dias adicionais, e não apenas comparecendo às escolas.

Tudo ficou claro quando chegou a hora das provas, quando os alunos das escolas com as câmeras tiveram desempenho bem melhor do que seus colegas nas escolas onde vigorava o antigo sistema. Encorajada pelos fortes indícios da avaliação, a Seva Mandir transformou o programa em política padrão para todas as suas escolas. Os ganhos na frequência dos professores persistiram, e as crianças continuam colhendo os benefícios até hoje.

Quando é preciso mais do que frequência

Em Mumbai, a questão não era os professores não comparecerem à escola; era a insuficiência de professores nas escolas. O número de professores não era suficiente para todos os alunos.

A Pratham, uma ONG indiana, abordou o problema com bom senso. Se não temos a quantidade suficiente de professores, vamos contratar mais. Em parceria com as escolas do governo, a ONG desenvolveu um programa que tirava os alunos com pior desempenho da sala de aula durante duas horas por dia para trabalhar as competências básicas com um instrutor contratado e treinado pela Pratham. Os instrutores eram chamados de *balsakhis* – "amigos da criança", em híndi.

Esther Duflo, com o colega Abhijit Banerjee, economista do MIT, Shawn Cole, da Harvard Business School, e Leigh Linden, da Columbia University, iniciaram um estudo para descobrir se (e como) o programa dos *balsakhis* afetava o aprendizado dos alunos.[15] Eles monitoraram as notas das provas de cerca de 350 escolas durante dois anos, das quais quase a metade foi designada aleatoriamente para ser submetida ao programa. Como era de se esperar, os alunos com dificuldades nas escolas onde se implantou o programa de reforço escolar se saíram melhor. Mesmo os otimistas se surpreenderam com o tamanho da melhora, embora o reforço oferecido pelos *balsakhis* tenha gerado uma melhora tão grande nas notas das provas quanto meio ano de ensino regular.

No caminho certo

Claramente, os alunos afetados com o programa dos *balsakhis* se beneficiaram da atenção extra que receberam. Mas eram esperados outros impactos – mesmo entre os alunos que nunca precisaram de reforço –, pois a retirada dos alunos com o pior desempenho efetivamente reduzia o tamanho da turma à metade durante duas horas por dia. Os defensores das turmas pequenas há muito argumentam que pequeno número de alunos para cada professor significa mais aprendizado, devido ao aumento da atenção individual e da instrução moldada para atender as necessidades de cada aluno.

Quando as turmas menores são criadas dividindo-se os alunos de acordo com sua habilidade, a técnica é conhecida como acompanhamento. Os defensores afirmam que o acompanhamento permite que os professores moldem mais eficientemente o ensino no nível dos alunos. Por outro lado, quando deparam com uma variedade maior na habilidade dos alunos, são forçados a "ensinar para a média", prejudicando os alunos com dificuldade e servindo mal aos mais fortes. O argumento contrário é que todos se beneficiam de compartilhar uma sala de aula com os melhores e mais inteligentes e, portanto, a divisão das turmas por grau de habilidade rouba dos alunos mais fracos um recurso valioso.

Ainda não se sabe ao certo o valor do acompanhamento em geral, mas podemos dizer uma coisa sobre ele: em muitos contextos, é uma alternativa viável. Para uma escola que já contrata professores adicionais para reduzir o tamanho das turmas, o acompanhamento – agrupar os alunos de acordo com suas notas no fim do ano anterior, por exemplo – é barato e fácil. Também pode ser muito muito poderoso.

O programa dos *balsakhis* em Mumbai era essencialmente um esquema de acompanhamento de meio período. Durante duas horas do horário escolar, as turmas eram efetivamente acompanhadas quando os alunos mais fracos eram retirados de sala de aula para receber aulas de reforço escolar. Mas os alunos que não se encontravam com os *balsakhis* não pareciam se beneficiar muito. Na verdade, os pesquisadores não podiam descartar a possibilidade de que o programa não teve efeito algum sobre eles. Como vimos, o programa em geral causou alguns impactos positivos significativos, mas a avaliação não diz se o acompanhamento em especial foi uma parte importante da explicação, já que analisava o esquema como um todo: aulas diárias durante duas horas com um *balsakhi* especialmente treinado para alguns alunos, mais turmas menores e acompanhamento de meio período para todos. Além disso, precisamos de um RCT que isole o impacto do acompanhamento em si.

Não surpreende que Esther Duflo, Pascaline Dupas e Michael Kremer estivessem no caminho certo, dessa vez no Quênia. Fizeram uma nova parceria com o ICS Africa, nosso velho conhecido pela doação de uniformes e pelos programas de vermifugação, e elaboraram um novo RCT.[16] O ICS estava lançando um programa que identificava as escolas de ensino fundamental com apenas um professor de primeira série e lhes dava dinheiro para contratar mais um professor, dividindo efetivamente cada turma da primeira série em duas.

Era uma oportunidade de ouro para testar diretamente o acompanhamento. Na metade das escolas, os alunos eram alocados às partes diferentes da turma com base em suas notas no ano letivo anterior. Nas demais escolas, a alocação dos alunos foi aleatória. Assim, a única diferença entre as escolas era o método de alocação – por nota ou por sorte –, o que deu aos pesquisadores exatamente o que queriam.

O programa foi um sucesso. Nas escolas do acompanhamento, as notas dos alunos nas provas em *ambos* os grupos melhorou mais, em média, do que as dos alunos nas escolas sem acompanhamento. Portanto, ao contrário do programa dos *balsakhis*, os benefícios pareciam se aplicar a todos os alunos – não apenas aos alunos com pior desempenho. Outro indício poderoso veio dos alunos que estavam entre uma coisa e outra: eles melhoraram da mesma maneira, independentemente de serem alocados ao grupo com maior habilidade ou ao grupo com menor habilidade. Os melhores alunos do grupo com menor habilidade e os piores alunos do grupo com maior habilidade saíram-se igualmente bem. Foi uma grande vitória para o acompanhamento, pois sugeria que nenhum aluno sairia prejudicado.

O que não significa dizer que os argumentos dos oponentes estejam desprovidos de razão; na verdade, o estudo descobriu indícios de que os alunos inteligentes *realmente* afetam de maneira positiva o aprendizado dos colegas. Provavelmente, os estudantes nos grupos com alunos de pior desempenho das escolas do acompanhamento eram deixados de lado, mas parecia que suas perdas eram encobertas pelos ganhos da adaptação, pelos professores, das aulas ao nível dos alunos. As notas das provas sustentavam essa história: os alunos no grupo de pior desempenho melhoraram nas matérias básicas, enquanto os alunos no grupo de melhor desempenho melhoraram em tópicos avançados.

Essa abordagem é hoje um dos esforços de aplicação geral do IPA, com o lançamento recente de um programa-piloto de grande porte em Gana sob a liderança da diretora da pesquisa Annie Duflo. Caso tenha sucesso nesse contexto, terá sido lançada a base para a aplicação em todo o país e sua reprodução em outros países, com o generoso apoio e o entusiasmo da Children's Investment Fund Foundation no Reino Unido.

Outro fator surpreendente

A maior parte dos programas de educação – e todos os que vimos até agora – concentra-se em levar professores e alunos para as escolas. Era de se esperar. Como eu disse no início do capítulo, esses são dois ingredientes a respeito dos quais todos concordam.

Mark Twain foi sempre excêntrico e, se estivesse vivo hoje, poderia ser uma voz destoante. Um de seus conselhos mais famosos era: "Jamais deixe seu aprendizado interferir em sua educação." Talvez ele soubesse alguma coisa que os outros não sabiam sobre o segredo para o aprendizado ou talvez estivesse apenas falando sobre a importância da experiência de vida. Mas, provavelmente, não teria adivinhado o quão oposto seria seu comentário para alguns cantos do mundo um século depois de tê-lo proferido. Se ele pudesse ver as decrépitas instalações escolares de Uttar Pradesh, Índia, aposto que teria coisas ainda mais fortes para dizer.

O sistema escolar em Uttar Pradesh estava falido. O índice de repetência, em todas as matérias e séries, era altíssimo. Uma pesquisa[17] realizada em 2005 com crianças de 7 a 14 anos de idade gerou números desalentadores: uma em cada sete crianças não sabia reconhecer uma letra escrita, uma em cada três não sabia ler números, e dois terços eram incapazes de ler uma história escrita para alunos da primeira série. A pesquisa também revelou que as deficiências dos alunos mal eram notadas pelos pais. Nos casos mais graves, nos quais as crianças não sabiam reconhecer as letras escritas, apenas um terço dos pais estava ciente da extensão do problema. A maioria pensava que os filhos sabiam ler muito bem.

Isso acontecia apesar do programa do governo que tentava fazer as comunidades locais se envolverem no aperfeiçoamento do sistema escolar. O veículo para a participação no nível local era o Village Education Committee, composto de três pais, do principal professor da aldeia e do chefe do governo da aldeia. Como ponte principal entre os habitantes da aldeia e a administração da educação distrital, os comitês desempenhavam muitas funções, do monitoramento e elaboração de relatórios sobre atividades em sala de aula até a contratação e dispensa de professores e a alocação de fundos federais às escolas. Parecia haver oportunidades para as pessoas comuns fazerem uma diferença na educação, fosse trabalhando por meio dos membros do comitê ou juntando-se a ele.

Talvez essas oportunidades fossem miragens ou talvez as pessoas estivessem apenas apáticas. Talvez as duas coisas. Seja qual for o caso, não é surpresa que os pais também estivessem negligenciando os Village Education Committees, dada a extensão de sua falta de informações sobre a vida escolar dos filhos. A ignorância a respeito dos comitês era quase universal; menos de um em cada 20 pais estava ciente de sua existência.

Surpreendentemente, essa ignorância se estendia aos próprios membros do comitê! Quando perguntados sobre as organizações às quais eles pertenciam, apenas um terço dos membros mencionou o Village Education Committee; quando perguntados especificamente sobre ele, um em quatro não tinha resposta. O parco conhecimento dos membros sobre os comitês era superficial. Quase ninguém conhecia os papéis e as responsabilidades do comitê.

Apenas um em cinco membros sabia que podia receber dinheiro do governo e apenas um em 25 sabia que o comitê podia solicitar fundos para contratar mais professores. O resultado final foi que os Village Education Committees eram completamente ineficazes, e os alunos foram privados de um defensor valioso.

A Pratham, maior ONG educacional da Índia, não ficou satisfeita em deixar as crianças de Uttar Pradesh sofrerem. Acreditava que, se os habitantes da cidade (entre eles os membros do comitê) conhecessem os poderes e os deveres dos comitês, talvez respondessem. Assim, fez uma parceria com os pesquisadores Abhijit Banerjee, Esther Duflo e Rachel Glennerster, e com Stuti Khemani, do Banco Mundial, para testar três programas elaborados para fazer a educação da cidade funcionar.[18]

No primeiro e mais básico programa, a Pratham organizou uma série de encontros que culminaram em uma reunião envolvendo toda a aldeia para discutir as condições da educação, o papel do Village Education Committee e os recursos educacionais disponibilizados pelo governo federal.

O segundo programa tinha todos os elementos do primeiro, além do treinamento em uma ferramenta de teste que permitia aos habitantes avaliar o nível do aprendizado dos alunos. As avaliações eram realizadas localmente e compiladas em "boletins", que eram discutidos na reunião com toda a aldeia. Os habitantes da vila também foram treinados em uma ferramenta de monitoramento para acompanhar o progresso nas conquistas dos alunos ao longo do tempo.

O terceiro programa tinha todos os elementos do segundo, mais o treinamento no programa "Read India" da Pratham, um currículo de habilidades de leitura baseado em grupos. Uma vez treinados, os cidadãos eram encorajados a criar campos de leitura para os alunos locais e organizá-los como voluntários.

A Pratham selecionou 280 cidades em Uttar Pradesh e designou aleatoriamente um quarto para receber cada programa. O quarto restante foi monitorado como grupo de controle. Depois que os programas estavam funcionando há um ano, realizavam uma pesquisa para identificar o que havia mudado.

Sua primeira descoberta foi animadora: em todos os três programas, as reuniões tiveram boa frequência, com a participação de 100 cidadãos, em média. No entanto, em uma inspeção mais rigorosa, parecia que as reuniões eram perda de tempo. Houve também aumento marginal na consciência dos comitês, ainda que mínima em relação aos índices de comparecimento às reuniões – tão pequena, na verdade, que realmente implicava que muitos habitantes locais que apareciam na reunião jamais souberam da existência dos comitês.

Independentemente do impacto da consciência, o funcionamento dos comitês e a situação do ensino – os verdadeiros objetos das iniciativas – permaneceram inalterados. Não houve aumento na contratação de professores, nenhuma mudança no engajamento dos pais com as escolas (por exemplo, visitas, trabalho voluntário, doações), nenhum indício de crianças mudando de escola e nenhuma mudança na frequência de alunos e professores. É difícil concluir qualquer outra coisa senão que as reuniões haviam fracassado.

Felizmente, houve alguns pontos positivos e talvez se tenha encontrado o segredo para o ingrediente secreto na receita para a educação. Embora os comitês permanecessem praticamente inúteis, os campos de leitura prosperavam. Das 65 cidades às quais foi oferecido treinamento no programa Read India, da Pratham, 55 tinham iniciado campos de leitura, atendendo a uma média de 135 crianças por aldeia. Os campos fizeram enorme sucesso, especialmente entre as pessoas que mais necessitavam. As crianças, que no início não sabiam identificar letras escritas, melhoraram muito com os campos de leitura – todas aprenderam a identificar as letras. Para efeito de comparação, menos da metade das crianças comparáveis das aldeias sem os campos de leitura deu o salto.

O enorme sucesso dos campos de leitura nos dá motivos para ter esperança. Mesmo onde as escolas são praticamente inúteis e onde os pais são, na melhor das hipóteses, incapazes de coordenar seus nobres esforços para melhorar (e, na pior, totalmente apáticos), ainda há maneiras de ajudar. Precisamos apenas usar a criatividade.

A descoberta do ingrediente secreto

É fácil concordar a respeito dos alunos e professores, mas não a respeito do mecanismo que faz tudo funcionar. Alguns dos resultados mais promissores surgem quando menos se espera.

Temos de lançar uma rede ampla para buscar soluções em educação. O impacto incrível da vermifugação na frequência dos alunos e o poder dos campos de leitura de melhorar os níveis de leitura são provas positivas de que nem todos os caminhos para o aprendizado começam e terminam na sala de aula.

Nós, nos países desenvolvidos, nos fartamos da educação de qualidade o tempo todo, mas de certa forma não sabemos o que estamos comendo. Um motivo da dificuldade de identificar o(s) ingrediente(s) secreto(s) é que os sistemas escolares nos países ricos costumam ter muitas coisas que suas contrapartes mais pobres não têm, de salas de aula bem aparelhadas a alunos mais saudáveis, passando por associações de pais e mestres funcionais. Isso significa que descobrir o efeito de um fator isoladamente analisando apenas um sistema com bom funcionamento muitas vezes é impossível. (Na verdade, a mesma dificuldade também se aplica às pesquisas sobre melhorias na agricultura, no sistema bancário, na assistência médica e em outras áreas da vida que afetam a todos nós, ricos e pobres, igualmente.)

O que *podemos* fazer é sair em campo e testar poucos acréscimos e mudanças, uma ou duas de cada vez, para descobrir o que faz a educação funcionar. Mencionamos aqui algumas ideias inovadoras, mas esse é apenas o começo. Para início de conversa, milhões de escolas ao redor do mundo ainda têm enorme necessidade de dois dos mais básicos componentes: alunos e professores. Quantas histórias como a de Anthony existem por aí?

Evidentemente, há também perguntas sobre livros didáticos, salas de aula, carteiras e vários outros fatores. Quanto mais aprendemos por meio de rigorosos testes e avaliações, mais conseguimos acertar e mais perto chegamos de uma receita para a educação capaz de nutrir a todos.

10
MANTER-SE SAUDÁVEL
De fraturas a parasitas

Durante pouco mais de um ano, Jake morou em uma casa num complexo em Ring Road, em Acra, Gana. Por recomendação de um amigo, contratou uma empregada para limpar a casa e lavar roupa duas vezes por semana. Seu nome era Elizabeth e, em janeiro de 2008, ela machucou a perna.

Jake descobriu sobre o incidente algumas semanas após o ocorrido, quando ligou para Elizabeth para perguntar por que ela não tinha ido limpar a casa. Ele disse: "Elizabeth, você sumiu."

"Oh, Irmão Jake. Desculpe por não ter ido. Quebrei a perna."

"Elizabeth! O que aconteceu?"

"Eu estava na feira e caí numa vala."

"Puxa! Eu lamento. Você foi ao médico?"

"Sim, fui ao hospital."

"E o médico disse que sua perna está quebrada?"

"Sim. Ele disse que foi uma torção. Perto do pé."

"Ah, então está torcida. Mas o osso está quebrado?"

"Sim. O osso não está quebrado."

Eles chegaram ao limite da capacidade de se comunicar por telefone. Estava claro que precisariam de gestos para se entender. Elizabeth disse que estaria bem o suficiente para trabalhar na segunda-feira. E então contaria como tudo aconteceu.

Quando ele chegou do trabalho na segunda-feira seguinte, encontrou-a sentada no alpendre. A perna esquerda estava esticada desajeitadamente em frente, inchada abaixo do joelho e enrolada em uma atadura elástica, gasta, da canela até o pé. Ela deu seu largo sorriso habitual e cumprimentou-o amavelmente.

Enquanto conversavam, ela descreveu o acidente. Estava em uma feira livre, atravessando uma vala por uma tábua larga que havia sido colocada como ponte. A tábua quebrou sob seus pés e ela caiu no chão. O filho de dois anos de idade, Godswill, preso firmemente em suas costas por um tecido à moda ganense, teve sorte de não ser esmagado. Alguns dias depois, ela procurou o hospital e o médico sugeriu alguns métodos possíveis de tratamento.

Elizabeth escolheu o mais tradicional. Foi a um herborista. Ele a colocou em um regime de aplicação diária de um creme tópico e exames semanais. Todo o pacote custava 60 cedis (cerca de US$60) por mês, metade de seu salário. Mas, apesar de todo esse dinheiro, Elizabeth não sabia exatamente o que estava recebendo como tratamento. Os herboristas de Gana raramente revelam a seus pacientes o conteúdo dos bálsamos, pomadas, compressas e tinturas que prescrevem, pois os ingredientes geralmente podem ser adquiridos no mercado local por centavos. Fosse o que fosse, Elizabeth gostava, pelo menos o suficiente, para continuar tomando. Quando o frasco do primeiro mês acabou, ela comprou mais um.

Infelizmente, sua perna não estava tão convencida disso. Após dois meses de tratamento, ainda havia dias bons e dias ruins. Às vezes, sentia-se completamente normal e sem dor alguma; outras vezes, quando estava inchada, Elizabeth tinha de caminhar com muito cuidado ou não caminhar. Ela desenrolava e enrolava de novo a atadura na perna, mais apertado. A dor nesses dias vinha "de dentro", ela dizia apontando para a área acima do tornozelo.

Era uma triste situação – passados dois meses, o bolso estava ficando vazio e a perna ainda doía –, mas, devemos admitir, não inteiramente surpreendente. Se a perna estava realmente quebrada, a pomada do herborista não poderia adiantar nada.

O que quer que estivesse acontecendo sob a pele, era doloroso até mesmo olhar para Elizabeth. Esforçava-se ao máximo para seguir em frente, realizando a faxina na maior parte dos dias marcados, muitas vezes mancando ao varrer o chão, sentando no tanque de roupa com a perna inchada e arqueando para o lado. Jake aconselhou-a a voltar ao hospital para fazer uma radiografia e uma consulta.

Ninguém disse que seria fácil. Elizabeth foi ao Hospital-Escola Korle Bu na manhã de segunda-feira, preencheu a ficha e esperou. Por volta do meio-dia, foi informada por uma enfermeira que o médico não viria e que ela deveria voltar na quarta-feira. Assim, lá estava ela novamente na quarta-feira de manhã, o nome na lista, sentada na cadeira dobrável. Ficou lá durante toda a hora do almoço. À tarde, uma mulher saiu de trás do balcão da recepção e disse a Elizabeth que havia visto seu nome na ficha com "radiografia" escrito ao lado e a tinha visto sentada ali durante toda a manhã. Será que ela não sabia que estava no hospital errado? Radiografias eram realizadas no Ridge Hospital, do outro lado da cidade. No entanto, agora já era tarde demais para ir até lá, por isso ela deveria ir na manhã seguinte, logo cedo. Ela o fez. O médico deveria estar na quinta-feira no Ridge – ele não havia ligado para avisar que estava doente –, mas ninguém conseguia encontrá-lo. Certamente – disse a recepcionista no final da tarde – ele virá amanhã. (Como veremos, essa não é uma ocorrência incomum. Tal como acontece com os professores, fazer médicos e enfermeiras darem as caras no trabalho é uma parte importante do problema de saúde nos países em desenvolvimento.)

Na verdade, ele foi na sexta-feira e Elizabeth estava lá esperando por ele. Deve ter sido um momento emocionante, já que a expectativa veio crescendo por cerca de 20 horas em várias salas de espera ao longo da semana.

O médico fez uma radiografia de sua perna e a analisou com ela. O que havia sido uma pequena fratura em janeiro tornou-se, no intervalo de dois meses, uma fissura maior, o que ajudava a explicar por que o inchaço e a dor persistiam. Ele estava convencido de que o gesso era a única opção. Caso contrário, Elizabeth poderia vir a sofrer uma amputação mais adiante. Esse acabou sendo um argumento convincente. Ela concordou com o gesso na hora, embora fosse passar outras 16 horas durante três dias na sala de espera antes de conseguir colocá-lo.

Desculpe, mas estamos (sempre) fechados

Jake ficou decepcionado quando Elizabeth disse que estava se consultando com o herborista. Parecia que estava sendo enganada, metade do salário por um frasco de uma pasta antiga era superstição. Na melhor das hipóteses, feitiçaria. Em todo caso, não era a cura para osso quebrado. Ele tinha certeza disso.

Mas, ao ouvir a história de seu(s) regresso(s) ao hospital, das dezenas de horas de espera, dos funcionários totalmente indiferentes, foi mais fácil entender seu drama. Quando ela foi ao herborista para o exame semanal, foi direto ao seu consultório, sentou-se, teve sua consulta e foi embora. O que quer que se diga sobre seus métodos medievais, ele obviamente sabia como cuidar de um paciente.

Em comparação com seus vizinhos e com outros países em desenvolvimento, Gana na verdade tem um bom sistema de saúde pública, com ampla cobertura até mesmo em áreas rurais, e bastante pessoal bem treinado. Mas o atendimento ao cliente, claramente, não é seu ponto forte. Quando Jake narrou a alguns colegas ganenses a odisseia de uma semana de Elizabeth para conseguir uma radiografia, eles nem pestanejaram. Um deles disse: "Quando você vai para o hospital, é assim. Já sabe que vai esperar. Quando é só a perna doendo, você pode esperar até duas ou três semanas. Quando quer ser atendido por um médico rápido, para qualquer coisa, procura um herborista."

Por que o herborista prestaria um serviço tão eficiente e atencioso enquanto o hospital não conseguia? Vemos isso em todas as facetas da vida nos países em desenvolvimento. As pessoas se contentam com o segundo melhor porque o primeiro melhor é inconveniente. Tomam dinheiro emprestado com agiotas a taxas altíssimas porque os bancos especializados em microfinanciamento têm cronogramas de pagamento inflexíveis. Guardam dinheiro em contas de depósitos não remunerados porque elas oferecem cobrança de depósito em empresas de contribuintes. Enviam seus filhos para as escolas particulares mais caras porque as mensalidades de escolas particulares podem ser pagas em prestações. E tratam os ossos quebrados com pomadas à base de plantas para não ter de aguentar uma semana na sala de espera – e perder os lucros de uma semana no processo.

No outro lado do mundo, nas montanhas rurais do Rajastão, na Índia, os pacientes enfrentavam o mesmo problema. Quando iam a clínicas públicas, também enfrentavam esperas intermináveis – quando conseguiam ser atendidos. Uma pesquisa de 2003 com unidades de saúde na região constatou que as clínicas, que supostamente deveriam abrir seis dias por semana, durante seis horas por dia, ficavam fechadas durante espantosos 54% do expediente.[1] Médicos e enfermeiras não apareciam. Ao longo do tempo, as pessoas aprenderam a levar seus problemas de saúde para outros lugares, clínicas privadas mais caras ou curandeiros tradicionais. Menos de um quarto das visitas ao médico ocorreu em clínicas públicas.

Seva Mandir, a ONG indiana que tinha conduzido a pesquisa de 2003, viu nessas descobertas uma lamentável perda, tanto de recursos do governo quanto do tempo das pessoas. Ela também viu uma possível solução. Se quiser que o pessoal apareça – argumentaram – você tem de fazer valer a pena. Inversamente, se quiser reduzir o número de faltas, você tem de transformar a falta ao trabalho em algo dispendioso. Em suma, os salários dos funcionários das clínicas tinham de estar ligados aos registros de frequência.

Essa não era a primeira vez que a Seva Mandir tinha encontrado uma forma de combater o absenteísmo por meio de incentivos. Como vimos no Capítulo 9, seu esquema envolvendo câmeras descartáveis e pagamento baseado no comparecimento mostrou-se extremamente eficaz ao convencer os professores a irem trabalhar. Esperavam que os funcionários das clínicas estivessem igualmente suscetíveis ao poder da rupia.

Embora certamente fosse encorajada pelos resultados anteriores – e justamente por isso –, a Seva Mandir não é uma organização que goste de ficar conjecturando. Ela está empenhada em testar rigorosamente muitos de seus programas.

Fez parceria com o governo local (que empregava os trabalhadores das clínicas) para implementar o pacote de incentivos e trabalhou com Abhijit Bannerjee, Esther Duflo e Rachel Glennerster da J-PAL para desenvolver os detalhes do programa e avaliá-lo com um RCT.[2] O programa deveria ser lançado em cerca de 50 clínicas; assim, a Seva Mandir identificou 100 clínicas para o estudo, e os pesquisadores basicamente decidiram na sorte. Alocaram 49 ao programa de incentivos e monitoraram as 51 restantes do grupo de controle.

O esquema de incentivos em si era similar ao seu antecessor educacional. Os trabalhadores recebiam o salário integral do mês se trabalhassem pelo menos metade dos dias. Se trabalhassem menos da metade, teriam de pagar uma multa por dia que tivessem faltado. Dois meses consecutivos de poucos atendimentos (menos da metade) seriam motivo para demissão sumária.

Para sustentar todo o rígido discurso, a Seva Mandir precisava de uma maneira confiável de acompanhar o atendimento. Em vez de usar câmeras descartáveis para isso – como havia feito nas escolas –, providenciou para as 49 clínicas selecionadas máquinas que perfuravam os cartões de papel com um carimbo à prova de falsificações de data e hora. Cada funcionário tinha um cartão próprio e era instruído a bater o ponto três vezes em cada dia de trabalho – uma vez pela manhã, uma vez ao meio-dia e uma vez à tarde – para ganhar o crédito de frequência. No final do mês, os salários dos trabalhadores eram calculados pela contagem de créditos de presença.

Os trabalhadores reagiram aos incentivos rapidamente e com entusiasmo. A frequência, observada em uma série de visitas-surpresa às clínicas, aumentou vertiginosamente. Durante os três primeiros meses, os funcionários das 49 clínicas do programa apareceram para trabalhar em cerca de 60% dos dias, em comparação com 30-45% nas clínicas de controle. Parecia que a Seva Mandir havia conseguido novamente. Mas a reação começou a perder força com o passar dos meses. Depois de um ano, a festa claramente havia acabado. A frequência em todos os 100 centros havia se estabilizado em um patamar desanimador, em torno de 35%. Os incentivos, assim como os próprios funcionários, haviam deixado de funcionar.

A deterioração era mais preocupante do que intrigante; no entanto, a Seva Mandir estava confusa. Embora estivesse claro desde as visitas inesperadas que os funcionários estavam faltando muito, estava igualmente claro que eles não estavam sofrendo as consequências. Os contracheques – e os valores das frequências internas das clínicas, a partir dos quais eram calculados os salários – estavam altos como nunca.

A Seva Mandir saiu em busca de respostas, analisando as pilhas de cartões de ponto. Certamente, algo fedia. Os cartões de algumas clínicas tinham longos períodos sem marcação de tempo, o que, de acordo com os supervisores da clínica, não correspondia às faltas do pessoal, mas aos períodos em que a máquina de carimbo estava enguiçada. Ao consultar seus registros, a Seva Mandir descobriu que as máquinas muitas vezes ficavam quebradas durante semanas até os auditores descobrirem que estavam quebradas. Algumas até pareciam ter sido danificadas intencionalmente – algumas "pareciam que tinham sido arremessadas contra uma parede".[3] Em vez de chamar a Seva Mandir para solicitar reparos, os supervisores das clínicas tratavam essas falhas de equipamento como dias de folga. Eles assinavam manualmente os cartões para mostrar que os trabalhadores estavam aparecendo, mesmo que não estivessem.

Investigações posteriores revelaram que o golpe do defeito de equipamento era apenas a ponta do iceberg. Os supervisores tinham outro ás na manga – o poder de justificar uma falta. Essa prerrogativa foi incorporada ao sistema de incentivos em resposta a preocupações de que ele seria muito rígido. Por que um empregado deveria ser penalizado se, por exemplo, estivesse cumprindo deveres relacionados com o trabalho fora da clínica? Dessa forma, os supervisores eram autorizados a conceder "dias de isenção" – e você pode imaginar no que deu. Em todas as 49 clínicas do programa, os funcionários tinham praticamente uma falta justificada a cada seis dias. Não ficou claro se os supervisores estavam acobertando ativamente seus subordinados ou deixando de investigar as desculpas que os trabalhadores lhes traziam, mas do ponto de vista da frequência ao trabalho isso na realidade não importava. Como um tratamento odontológico agressivo, a brecha propiciada pelos dias de isenção arrancou os dentes do sistema de incentivos. Daí em diante, a reação dos funcionários das clínicas não deixou dúvidas: eles não tinham medo de uma boca sem dentes.

Comparada ao sucesso de seu programa de incentivos com professores, a experiência da Seva Mandir nas clínicas de saúde do Rajastão ressalta um dos grandes temas da história do desenvolvimento, que também é a motivação central da pesquisa do IPA: o contexto importa. Às vezes, falamos de iniciativas de desenvolvimento, como oferecer ferramentas às pessoas para melhorarem sua vida, mas não basta distribuir chaves de fenda. É algo que se assemelha mais a um transplante. Às vezes, o enxerto e o receptor são compatíveis; outras vezes, não. Nesse caso, o sistema público de saúde era tão fraco que não aguentava uma ferramenta aparentemente eficaz para corrigi-lo.

Na verdade, mesmo no caso de programas concebidos com base em princípios aparentemente universais como incentivos, o sucesso e o fracasso são situacionais. Mais uma razão para testá-los – repetidamente e em vários contextos – a fim de saber que tipos de receptores aceitarão que tipos de enxertos. Na medicina, sabemos alguma coisa sobre a teoria (por exemplo, que o tipo sanguíneo importa), o que nos ajuda a entender quando o receptor e o enxerto serão compatíveis e quando não serão. Em economia, podemos ter a mesma abordagem. E, às vezes, a resposta é bastante intuitiva: os incentivos só funcionam se a ferramenta de monitoramento para administrá-los for imune à corrupção.

Quando é preciso pagar aos pacientes para ir ao médico

É fácil ver por que os doentes não buscavam as clínicas rurais de saúde pública do Rajastão. Quando a Seva Mandir começou a trabalhar na região, o paciente que chegasse durante o horário comercial tinha mais probabilidade de encontrar o lugar fechado do que aberto. Isso mudou, ainda que brevemente, durante os meses iniciais do esquema de incentivos da Seva Mandir, mas as pessoas pareciam não perceber. Apesar do período de aumento de frequência do pessoal, o número médio de visitas por dia nas clínicas permaneceu inalterado durante todo o projeto. Se os incentivos tivessem sobrevivido e a frequência dos funcionários se mantido, talvez o público tivesse reagido ao longo do tempo, indo mais vezes; infelizmente, não temos como saber. Mas é possível que as clínicas tivessem sido subutilizadas, mesmo se conseguissem continuar abertas durante o horário comercial.

Na visão do governo federal mexicano, esse foi um dos problemas enfrentados pelo país em 1997. Havia no país uma rede nacional de clínicas de saúde prontas para prestar atendimento e aconselhamento em várias áreas, mas não havia um número suficiente de pessoas para usá-la. Condições facilmente evitáveis e altamente prejudiciais, como baixo peso em recém-nascidos e desnutrição infantil, eram extremamente comuns. Assim, o governo incorporou as consultas ao médico ao seu programa referencial de transferência condicionada de renda, o Progresa. Ouvimos falar do Progresa no capítulo sobre educação, onde foi usado para estimular a frequência escolar. Nessa parte do programa, famílias pobres estariam aptas a receber um pagamento em dinheiro se seus filhos frequentassem a escola. No componente da saúde, as famílias pobres poderiam ganhar dinheiro fazendo uso das clínicas públicas.[4]

Considerando-se todos os fatores, era um bom negócio. Em troca de aceitar assistência preventiva gratuita, vacinação, cuidados pré e pós-natal e suplementos nutricionais, comparecer em programas de educação nutricional, higiênica e de saúde, as famílias poderiam receber em dinheiro um valor equivalente a um quarto de sua renda mensal. O programa focava especificamente o baixo peso em recém-nascidos e a desnutrição infantil; portanto, mães e crianças recebiam maior atenção. Mas, como todos os membros da família tinham de se comprometer a realizar pelo menos um *check up* preventivo anual, todos seriam beneficiados.

Claro, a coisa toda provavelmente chegaria a um impasse se encontrasse um obstáculo como o que a Seva Mandir encontrou nos supervisores do Rajastão. O pessoal das clínicas de saúde poderia ter prejudicado os incentivos do Progresa dizendo que os participantes haviam comparecido aos programas de educação ou às consultas quando, na realidade, não haviam. Nesse caso, diversos outros elementos do programa, administrativos ou legais, poderiam facilmente ter falhado. Ciente de todos os possíveis elos fracos, o governo considerou os dois primeiros anos de implementação do Progresa como período de avaliação.

Havia também a preocupação de que a política pegasse carona no programa. No México, há uma longa história de novos governos (inclusive do mesmo partido político), ao tomarem posse, de suspenderem todos os programas sociais anteriores e criarem novos. Trata-se de um processo caro e dispendioso, mas parece ser inevitável – a menos que os programas anteriores tenham recebido excelentes críticas. No caso do Progresa, o governo procurou realizar uma avaliação rigorosa, que estaria acima das disputas políticas. Dessa forma, se o programa funcionasse, o próximo governo teria dificuldade de se livrar dele.

As avaliações normalmente são concebidas e realizadas por pessoas com experiência no país. A ideia é que a expertise local ajude a melhorar a qualidade da avaliação. Mas nem sempre é assim que funciona. Em 1991, Paul Gertler, professor de economia em Berkeley, recebeu um telefonema de um funcionário do governo mexicano. Você fala espanhol? Não. Tem alguma experiência de trabalho no México? Não. Perfeito! Eles queriam alguém completamente novo para o México, tão distante da política mexicana que sequer falasse o idioma, muito menos conhecesse alguém do país. Assim, não poderia haver a suspeita de partidarismo ou jogo sujo por parte do avaliador.

Foi um processo de seleção irônico, mas provou ser extremamente eficaz. Até hoje o Progresa – e o estudo de Paul[5] – continua a ser uma das luzes que norteiam tanto a política quanto a prática de avaliação. Em muitas reuniões das quais participei na América Latina, a mera menção de "fazer algo como o Progresa" desperta o interesse dos profissionais e inspira o diálogo.

A versão completa do Progresa, que no ano 2000 já atingia 2,6 milhões de cidadãos mexicanos, tinha uma escala tão ambiciosa e um custo tão elevado que o governo estava determinado a demonstrar seus impactos sobre a saúde dos beneficiários. Pelo menos pretendia mostrar conclusivamente que as melhorias deviam-se ao Progresa, ajudando a justificar os custos. Um RCT seria essencial para determinar se o programa era uma ferramenta eficaz em termos de custo. Esse era um verdadeiro sonho para um pesquisador na área de desenvolvimento – um estudo rigoroso em larga escala (cerca de 80 mil pessoas em 505 comunidades) que forneceria dados concretos sobre os impactos do programa.

Acabou por ser um benefício também para os defensores do Progresa. Quando os resultados começaram a surgir, uma coisa que poderiam dizer, sem sombra de dúvida, era que o público tinha gostado do programa. Nas 320 comunidades que utilizaram o Progresa durante o estudo, 97% das famílias qualificadas aderiram ao programa. Mais impressionante é que 99% das pessoas que participaram acabaram recebendo o pagamento, o que significava que haviam cumprido todos os requisitos de saúde. Ao contrário de suas contrapartes no Rajastão, a administração da saúde no México mostrou-se forte o suficiente para fazer valer os incentivos. Não havia nenhum indício de fraude sistemática por parte de médicos ou pacientes – as marcas verificadas nos registros das clínicas realmente significavam consultas dos pacientes.

Como os responsáveis pela elaboração do programa esperavam, os resultados de saúde seguiam de perto o aumento no uso. Pesquisas de acompanhamento realizadas durante a fase experimental de dois anos revelaram grandes impactos sobre as crianças: houve redução de 23% nas doenças entre as crianças matriculadas nas escolas, queda de 18% na incidência de anemia e aumento de 1-4% na altura. O programa poderia ter sido declarado um sucesso apenas com a força desses resultados, mas felizmente havia outras boas notícias. Além de os participantes do programa serem obrigados a realizar consultas médicas regularmente para receber o pagamento, havia no Progresa um segundo mecanismo para melhorar a saúde – a transferência de dinheiro. Um outro estudo[6] analisou as formas como as famílias participantes gastavam o dinheiro extra e concluiu que, em média, 70% dessa renda adicional era destinada ao aumento da quantidade e qualidade dos alimentos disponíveis para a família. Isso significava mais comida e alimentos mais nutritivos para todos. Sem dúvida, essa dinâmica contribuiu para o sucesso do programa na melhoria da saúde das crianças, mas também contagiou outros membros da família. As pesquisas de acompanhamento descobriram que entre os adultos matriculados em todas as faixas etárias registrou-se diminuição do número de dias em que sentiram dificuldade na execução de atividades básicas devido a doenças e aumento na distância que conseguiam caminhar sem fadiga.

Todos estavam se beneficiando; o maná parecia estar caindo do céu. Quem mais saía ganhando eram os participantes do programa, mas não eram os únicos. O governo mexicano se saiu muito bem também, e com eles os pesquisadores que haviam concebido e executado a avaliação e, nesse processo, estabelecido o padrão-ouro para a colaboração entre governo e pesquisadores para ajudar a identificar o que funciona.

Não era a primeira vez que um país realizava uma campanha de combate à pobreza com sucesso, mas foi a primeira vez que usava um RCT para demonstrar rigorosamente os impactos em tão larga escala. O mundo tomou conhecimento. Nos anos que se seguiram, surgiram programas do estilo do Progresa em meia dúzia de outros países que hoje atendem a dezenas de milhões de famílias em todo o mundo. Muitos deles estão sendo rigorosamente avaliados.[7] Para os defensores da prática eficaz de desenvolvimento de modo geral, essa é uma vitória histórica e um grande exemplo de formulação de políticas na área da pesquisa. *Podemos* fazer progressos na luta contra a pobreza se usarmos as ferramentas que comprovadamente funcionam.

Invente seus próprios incentivos

A estratégia do Progresa de oferecer aos pacientes um auxílio monetário para irem ao médico provou ser uma ferramenta eficaz para impulsionar as escolhas de saúde das pessoas – na verdade, tão eficaz que os benefícios sociais resultantes das melhorias na saúde justificaram os gastos do governo. Foi uma grande vitória para um programa social grande – além de caro e inicialmente controverso. Mas imagine quão mais fácil teria sido vender a ideia do Progresa se as pessoas tentassem criar seus próprios incentivos monetários para melhores escolhas na área de saúde.

Essa é exatamente a ideia por trás do stickK.com, o site de contrato de compromisso que eu lancei e mencionei no capítulo sobre economizar. O stickK.com oferece a qualquer pessoa com acesso à internet e a um cartão de crédito uma forma de forçar-se a atingir uma meta de sua própria escolha (muitos na verdade não envolvem dinheiro, mas sim sua reputação ao nomear amigos e familiares que serão informados do seu sucesso ou fracasso). Quando está envolvido dinheiro (ou reputação), os deslizes se tornam uma alternativa cara e nos esforçamos ainda mais para evitá-los.

Desde sua criação em 2007, milhares de pessoas nos Estados Unidos e em outros países têm utilizado o stickK.com para atingir metas de saúde como emagrecer, praticar mais exercícios físicos e parar de fumar. Para muitos, essas eram ambições de longa data. Haviam tentado outras abordagens, mas não conseguiram. O stickK.com lhes deu o empurrão necessário para o sucesso. Poderia uma abordagem semelhante de compromisso ajudar os pobres a se tornarem mais saudáveis?

Você poderia argumentar, usando o bom senso, que, mesmo se quisessem, os pobres não têm dinheiro para passar um cheque por bom comportamento ou para penalizar-se ao fazer escolhas ruins – justamente porque são pobres. Mas já vimos esse tipo de coisa acontecer antes. No Capítulo 7 encontramos Sunny, que empatou seu dinheiro em um contrato de conta de poupança do SEED para poder reformar a casa. Acontece que Sunny não estava sozinha. O SEED, em última análise, ajudou centenas de pessoas a resistirem à tentação de gastar, poupando para as despesas indispensáveis.

Encorajado pelo êxito do SEED, voltei às Filipinas em 2006, dessa vez na companhia de Xavier Giné e Jonathan Zinman, para ver se um produto semelhante poderia funcionar também na área da saúde. Trabalhamos novamente com o Green Bank, nosso parceiro do estudo do SEED, para desenvolver o CARES (Committed Action to Reduce and End Smoking) e testá-lo com um RCT.[8]

O CARES era um simples contrato de poupança programada. Os clientes começavam fazendo um depósito inicial de 50 pesos (cerca de US$1) ou mais. Uma vez por semana, durante os seis meses seguintes, cada cliente recebeu a visita de um coletor de depósito do Green Bank e teve a chance de adicionar uma quantia à sua conta. Ao final de seis meses, houve um único exame de urina para detectar a presença de nicotina. Se o cliente passasse, pegava todo o dinheiro de volta (sem juros); se fossem encontrados sinais de nicotina, o saldo total iria para um orfanato local.

Do ponto de vista da economia tradicional, o CARES deve ter sido ainda menos atraente do que o SEED. O pior que poderia acontecer com uma conta do SEED era que você teria de esperar para gastar seu dinheiro até que atingisse a meta de saldo ou prazo que havia definido. No caso do CARES, a melhor das hipóteses era a mesma – você sacava o dinheiro que havia depositado –, mas poderia realmente perder suas economias se cometesse um deslize!

Geralmente não podemos fazer o livre mercado aumentar o preço das coisas que deveríamos evitar, como cigarros e comidas gordurosas. Mas, por outro lado, é muito mais fácil resistir às tentações quando ceder a elas custa caro. A maneira mais simples de explicar o CARES e o stickK.com é dizer que eles proporcionam às pessoas uma ferramenta para mudar os preços relativos de bom e mau comportamento – tornando seus vícios mais caros ou suas virtudes mais baratas.

Nosso estudo mostrou, sem dúvida, que pelo menos alguns dos pobres estavam prontos para aceitar o desafio. Dos 640 fumantes abordados na rua por funcionários do Green Bank, 75 (cerca de 12%) abriram contas quando tiveram a chance de fazê-lo. É um número bastante impressionante, em minha opinião: mais de 1 em cada 10 fumantes não apenas queria parar, como queria o suficiente para colocar seu dinheiro em risco imediatamente.

As pessoas estavam dispostas a participar do programa, mas será que o CARES realmente as ajudaria a largar o vício? Talvez os fumantes que levavam isso a sério o suficiente para apostar seu dinheiro suado em uma conta do CARES tivessem sucesso mesmo sem a ajuda do instrumento. Para descobrir, tínhamos de comparar. Assim, além das 640 ofertas do programa CARES, monitoramos cerca de outros 600 fumantes (sem lhes oferecer contas) como grupo de controle.

O resultado foi que o CARES funcionou. Seis meses após o marketing, aqueles aos quais foram *oferecidas* contas do CARES – inclusive os que recusaram! – estavam cerca de 45% mais propensos a passar no teste de nicotina do que o grupo de controle. Veja bem, duas coisas são dignas de atenção. Em primeiro lugar, parar não era fácil para ninguém. Apenas 8% dos fumantes do grupo de controle passaram no teste dos seis meses; ainda mais flagrante, apenas um terço daqueles ambiciosos o suficiente para colocar o dinheiro em uma conta do CARES recuperou suas economias. Em segundo lugar, pode-se argumentar que o teste dos seis meses era uma comparação injusta, de qualquer maneira. Ao contrário daqueles que estavam no grupo de controle, os que abriram contas no CARES tinham muito a perder no exame de urina para testar a presença de nicotina. Talvez estivessem apenas comportando-se o melhor que podiam para recuperar as economias e tivessem uma recaída quando a pressão acabasse.

Sendo assim, esperamos mais seis meses para ver se os resultados se manteriam. Um ano depois de começarmos, abordamos todos os fumantes de novo e pedimos que realizassem outro exame para testar a presença de nicotina. Ninguém esperava. E todas as contas do CARES foram fechadas, portanto não havia nenhum incentivo para que se mantivessem livres do cigarro apenas para burlar o sistema. Novamente, os clientes a quem foi *oferecido* o CARES – inclusive aqueles que recusaram – se saíram muito melhor. Parecia que realmente tinham conseguido largar o cigarro.

Claro, o CARES não funcionou para todos. Os 88% de pessoas que recusaram a oferta de abrir uma conta provavelmente não se beneficiaram muito com isso, e mesmo aqueles que seguiram o programa não tiveram muito sucesso em largar o cigarro. Mas há duas lições importantes aqui. Em primeiro lugar, o CARES *foi* um poderoso incentivo para aqueles que aceitaram e, em comparação com programas de incentivo à saúde como o Progresa, seu custo é bastante baixo. Tudo que o CARES oferecia era um cofre, um cobrador de depósito e um exame de urina para testar a presença de nicotina. Tinha um custo, mas esse custo era muito mais baixo do que os ingredientes essenciais – força de vontade e incentivos financeiros para aproveitá-la – que os participantes trouxeram à mesa por conta própria.

E essa é a segunda lição: os países em desenvolvimento estão prontos para esse tipo de solução. Há, entre os pobres, inúmeras pessoas que estão no limite, que realmente querem melhorar de vida e irão até o fim para isso. Tudo de que precisam é de um veículo, uma ferramenta. Não existe uma ferramenta que seja uma cura universal. Mas, se pudermos desenvolver uma que comprovadamente funcione para alguns – e se conseguirmos levá-la até essas pessoas –, estaremos dando um passo na direção certa.

Malária

Quatro dias em cada cinco, Davis P. Charway vinha trabalhar de terno e, mesmo quando não usava terno, suas camisas estavam sempre impecáveis. Elas eram aquele tipo de algodão espesso, de textura macia que você vê na mesa da frente na Nordstrom's, tecida com desenho de espinha de peixe. Sempre usava abotoaduras. Suas abotoaduras, como os besouros exóticos do Smithsonian, eram brilhantes e vinham em todas as cores. Estavam sempre combinando com a gravata. Davis parecia astuto sentado à mesa e também parecia astuto sentado ao volante de seu carro, um mercedes preto classe E. Quando tocava no assunto, nunca deixava de zombar de si mesmo. "É só um classe E", dizia. "Quando eu crescer, vou evoluir para a classe S."

Por qualquer padrão razoável, Davis já era um homem grande. De uma infância típica da região de Ashanti, na parte central de Gana, ele conseguiu entrar para uma universidade da Ivy League e foi além, ascendendo finalmente ao cargo de vice-presidente em Manhattan, na sede de uma grande administradora de cartões de crédito. Depois de alguns anos, ele conseguiu realizar seu crescente desejo de voltar para casa e tornou-se gerente executivo de um banco ganense de microfinanciamento com sede na capital Acra.

Foi nesse contexto que Jake o conheceu. O IPA fez parceria com tal banco para estudar seus microempréstimos, e Jake era assistente de pesquisa no projeto. Certa vez, apenas após algumas semanas no país, ele foi ao escritório de Davis para uma reunião e encontrou o lugar fechado. Sua secretária disse que ele estava doente. Jake perguntou se estava tudo bem e ela disse: "Ah, não se preocupe com Davis. Ele só está com malária. Tenho certeza de que estará de volta na sexta-feira ou então na próxima semana."

Na época, o conhecimento de Jake sobre a malária era limitado ao que ele tinha lido nos alertas de viagem e em notícias que, invariavelmente, caracterizavam a doença como um grande problema dos países em desenvolvimento – nenhum dos quais o havia levado a acreditar que fosse algo com que executivos bancários devessem se preocupar. A doença evocava imagens de densas florestas tropicais, aldeias rurais, cabanas com telhado de sapê e janelas sem tela, e favelas miseráveis cheias de água parada. Era difícil ver como um mosquito da malária poderia ter picado Davis. No escritório, no carro e em casa, ele sempre mantinha as janelas fechadas para usar o ar-condicionado.

Nos 20 meses seguintes, ao ver dezenas de funcionários do banco perderem semanas de trabalho devido a problemas semelhantes, Jake entendeu melhor. A malária não respeita nem posto nem posição social. Aflige empresários, agricultores e mendigos igualmente. (E também minha filha de 8 anos, Gabriela. Ela pegou malária no verão passado em Gana. Seu caso ilustra as vantagens e desvantagens de medicamentos caros: até por mais de US$1 por dia, os profiláticos nem sempre evitam que se contraia malária – mas amenizam os sintomas de forma significativa. Ela resistiu heroicamente.)

As descrições padrões que formaram a impressão inicial de Jake estavam incompletas, mas não erradas. Os pobres e indefesos sofrem mais, e mais intensamente, quando a malária ataca. No verão de 2009, ele visitou Port Victoria, no Quênia, às margens do grande lago de onde vem o nome do lugar. Ao aproximar-se da cidade, viu do alto o lugar que se espalhava abaixo dele, um aglomerado de construções ao lado do lago reluzente e grandes áreas retangulares de campos de sorgo e painço ao longe.

Para os moradores, morar ali é ao mesmo tempo uma bênção e uma maldição. Estando tão perto do lago, peixes como tilápia e perca-do-nilo são abundantes, mas as grandes áreas da cidade baixa inundam com frequência e por semanas a fio, criando um ambiente perfeito para a reprodução de parasitas e mosquitos. Quando isso acontece, a população sofre em silêncio nas garras de uma peste amarga. Contraem malária e outras doenças parasitárias, e caem doentes aos montes. Alguns melhoram e outros sucumbem; dezenas e dezenas morrem, deixando para trás crianças órfãs e casas vazias. Dos 800 alunos da Lunyofu Primary School em Port Victoria, 300 perderam ambos os pais. Ambos.

Mas Jake não sabia de nada disso quando chegou. Ele, na verdade, tinha ido a Lunyofu em nome do IPA, na esperança de aprender mais sobre a experiência da escola com o programa muitíssimo bem-sucedido de vermifugação que vimos no Capítulo 9. O diretor, Michael, ficou feliz em recebê-lo. Ele registrou sua satisfação com o programa sem equívocos e até convidou um grupo de alunos da 8ª série a falar sobre suas impressões do dia da vermifugação. Em geral, os alunos tinham vívidas histórias para contar, mas algumas meninas ficaram em silêncio no fundo da sala. Quando os outros tinham acabado, Michael chamou-as para a frente. As seis formaram uma linha ao lado de sua mesa e ficaram olhando para baixo. Pareciam envergonhadas.

Michael olhou para elas, voltou sua atenção a Jake e começou: "Quero fazer um apelo compassivo." As meninas – ele explicou – vinham de pequenas ilhas remotas no lago, longe da costa. Seus pais as tinham enviado a Port Victoria para estudar, mas sem parentes no continente, não tinham lugar para ficar. Michael tinha feito o que podia, que era oferecer-lhes a escola. Não era muito, mas era sua única opção. À noite, horas depois de os outros alunos voltarem para casa, elas empurravam as longas mesas de madeira para o canto da sala de aula e dormiam no chão. Tinham pouco mais que o teto sobre a cabeça. Com as portas mal ajustadas e sem telas nas janelas, as construções rudimentares certamente não eram obstáculo para os mosquitos.

Toda manhã, as meninas acordavam e encontravam novas picadas, e contraíam malária várias vezes. Mosquiteiros teriam proporcionado a proteção de que necessitam, mas a escola não podia arcar com o seu custo. Não havia, afinal, orçamento para alojamento. Se estivessem esperando a mãe ou tivessem menos de 5 anos, elas poderiam ter adquirido as telas de graça em qualquer posto de saúde do governo. (No Quênia, esses grupos são qualificados para obter mosquiteiros totalmente subsidiados.) Não se adequando nem a uma condição nem a outra, elas teriam de pagar. E, já que não podiam pagar, continuariam a entrar na sala do diretor quando fossem chamadas, permaneceriam ali timidamente, desviando os olhos e esperando que o apelo compassivo de Michael chegasse a ouvidos solidários.

O combate à malária: *vender* versus *distribuir*

Biologicamente, a malária é igual em toda parte – os mesmos cinco protozoários transmitidos de pessoa a pessoa pela fêmea do mosquito *Anopheles*. A fêmea do mosquito torna-se vetor quando pica uma pessoa infectada. Depois, tem de ficar viva por duas semanas (o que é quase um milagre, pois a vida toda dos mosquitos do gênero *Anopheles* dura cerca de duas semanas), enquanto o parasita está sendo gestado em seu abdome. Só então ela pode transmiti-lo aos seres humanos, o que faz quando os pica para se alimentar.

As pessoas que ela pica fazem toda a diferença. Para Davis P. Charway, a malária é um inconveniente; para o povo de Port Victoria, é uma praga. Embora os detalhes variem amplamente, todas as histórias de malária são costuradas com o fio de um sofrimento desnecessário, que é motivo suficiente para trabalhar pela sua erradicação. Portanto, qual é a melhor maneira de lutar?

O primeiro passo é manter o inimigo à distância. Durante as horas em que a pessoa está acordada, uma sacudida da mão (ou um tapa) geralmente é suficiente, mas à noite – que passa a ser o auge das picadas do mosquito *Anopheles* – as pessoas precisam de ajuda. A medida mais eficaz de prevenção desenvolvida até agora foi o mosquiteiro, uma tela simples de tecido, impregnada com inseticida, que se estende sobre uma cama e entra debaixo do colchão.

Além de proteger quem dorme debaixo deles, os mosquiteiros (como os vermífugos que vimos no Capítulo 9) também conferem benefícios indiretos para a comunidade, rompendo a cadeia de transmissão. Conforme mais pessoas passam a ser diretamente protegidas, há menos oportunidades de os mosquitos se tornarem portadores e, consequentemente, o risco de infecção diminui para todos. Você poderia defender o fornecimento de mosquiteiros gratuitos para os pobres por motivos puramente humanitários, mas esses benefícios sociais em cascata tornam o caso ainda mais sério. Alguns economistas influentes, particularmente Jeffrey Sachs, recomendaram isso. Seus argumentos ganharam peso na comunidade de ajuda, que distribuiu gratuitamente milhares de mosquiteiros nos países em desenvolvimento ao longo da última década.

Mas outros alegam que não é tão simples quanto montar uma mesa dobrável em uma comunidade pobre e distribuir mosquiteiros para todos os transeuntes. Colocar mosquiteiros nas mãos (e quartos) dos pobres é, afinal, apenas o primeiro passo. Para serem eficazes, os mosquiteiros devem ser utilizados de forma adequada, e é com esse ponto que alguns economistas se preocupam. Eles argumentam que a distribuição sem critérios é um desperdício, que isso ignora as preferências daqueles que pretendemos ajudar. Pense, por exemplo, nos folhetos colocados indiscriminadamente sob os limpadores de para-brisa no estacionamento do supermercado. Quantos deles acabam indo direto para o lixo? Por alguma razão, algumas pessoas podem não ter interesse em dormir sob uma tela imersa em inseticida; certamente qualquer mosquiteiro que caísse nas mãos dessas pessoas só acumularia poeira. No livro *The White Man's Burden*, William Easterly, economista da NYU e ex-conselheiro sênior do Banco Mundial, relata: "Um estudo de um programa de distribuição gratuita de mosquiteiros realizado no Zâmbia que desconsiderava se as pessoas os queriam ou não (...) constatou que 70% dos beneficiários não usaram os mosquiteiros."

Esse grupo se propõe a abordar a questão do desperdício com uma solução de mercado – com a venda de mosquiteiros por um valor nominal, em lugar de sua distribuição gratuita. Exigir que as pessoas paguem *alguma coisa* – argumentam – cumpre dois objetivos. Em primeiro lugar, filtra aqueles que não querem ou não precisam do produto; em segundo lugar, cria uma noção de investimento para quem optar por fazer a compra. Tendo investido o suado dinheiro nos mosquiteiros, os compradores vão usá-los, pois querem garantia de que o investimento valeu a pena.

Você já comprou ingressos para um show e, quando chegou a noite, viu que não queria realmente ir, mas ainda assim se sentiu obrigado? Economistas comportamentais chamam isso de "efeito de custos irrecuperáveis". É o fenômeno que faz você sentir que deve comparecer ao evento só porque pagou por ele, ou que deve terminar a lagosta que está no seu prato mesmo que já esteja satisfeito.

Ora, um Econ pararia de comer a lagosta: ele sabe que já comprou a refeição e que vai pagar por tudo, não importa o quanto coma. Então, vai comer a quantidade que lhe deixa mais feliz. Nós, humanos, nem sempre pensamos assim. Forçamo-nos a sair de casa e ir ao show. Comemos toda a lagosta.

A ideia do grupo de solução de mercado é manter a proteção ao alcance de todos – daí os grandes descontos – e, ao mesmo tempo, utilizar insights de economia comportamental para garantir que os mosquiteiros cheguem às mãos de pessoas que irão utilizá-los. Entre os profissionais, a abordagem baseada no mercado também tem seus adeptos. A Population Services International, uma importante ONG internacional da área de saúde que vende mosquiteiros com descontos em dezenas de países (mas não os distribui gratuitamente), afirma que seus programas impediram 19 milhões de episódios de malária em todo o mundo somente em 2007.[9]

O que podemos fazer com essas histórias conflitantes, cada qual com quadro de apoiadores e sua bateria de estatísticas convincentes próprios? Entre as afirmações e críticas, há fatos concretos para orientar nosso raciocínio. Um deles vem de Jessica Cohen – do Brookings Institute e da Harvard School of Public Health – e Pascaline Dupas – da UCLA e do IPA –, que trabalharam juntas em um RCT[10] destinado a verificar como o método de distribuição de mosquiteiros impactava sua forma de utilização. Tiraram o debate entre a distribuição gratuita e aquela com custos do reino da abstração e colocaram-no no chão empoeirado no oeste do Quênia. Em seu estudo, ofereceram-se mosquiteiros a preços escolhidos aleatoriamente às gestantes que foram às clínicas de saúde pública para atendimento pré-natal. Algumas mulheres receberam os mosquiteiros gratuitamente e outras tiveram de pagar um preço nominal entre US$0,15 e US$0,60 cada.

O que encontraram foi a simples lei da oferta e da procura, o fundamento básico da economia clássica, em ação: um número menor de pessoas comprou mosquiteiros quando eram mais caros. Embora essa descoberta não fosse reveladora, a intensidade da reação das mulheres ao preço era notável. Cohen e Dupas calcularam que o aumento do preço de zero para US$0,75 (que era o valor vigente de um mosquiteiro subsidiado pela Population Services International) afastaria três quartos dos clientes!

É claro que a queda na procura poderia ter sido aceitável, talvez até desejável, se as pessoas que estavam sendo filtradas estivessem menos propensas a usá-los ou a precisar deles (que é, afinal, a razão dos defensores para cobrar por eles, para começo de conversa). Mas não foi assim. Quando os mosquiteiros foram distribuídos, funcionários da clínica mediram em cada beneficiário o nível de hemoblogina, um forte indicador de malária, e descobriram que aqueles que pagaram mais não estavam mais propensos a adoecer do que aqueles que pagaram menos ou nada. Sendo assim, a mão invisível do livre mercado não estava distribuindo proteção a quem mais precisava. Os preços mais altos também não filtraram de forma eficaz as pessoas que não usariam os mosquiteiros. Os inspetores visitaram as casas dos beneficiários poucas semanas depois da distribuição dos mosquiteiros para ver se haviam sido instalados corretamente e perguntar como estavam sendo usados. Se, como os do grupo de solução de mercado, esperavam encontrar a maior parte dos mosquiteiros gratuitos ainda na embalagem, ficaram desapontados. Aproximadamente a mesma porção de mosquiteiros – pouco mais de metade – foi encontrada pendurada em todas as casas, independentemente do preço pago.

Como os preços não alteraram o tipo de pessoa que tem mosquiteiros ou sua forma de utilização, a diferença entre a distribuição gratuita e com custos poderia ser resumida facilmente: um número bem menor de pessoas acabou protegido, e os fornecedores dos mosquiteiros economizaram. Infelizmente, não estavam economizando muito. O custo líquido de produção de cada mosquiteiro era de cerca de US$6; por isso, quando a Population Services International vendeu mosquiteiros aos quenianos por US$0,75, de acordo com sua política dominante, já estava arcando com a maior parte dos custos. Arcar com os últimos US$0,75 teria aumentado em cerca de 13% o custo líquido, mas eles poderiam ter beneficiado quatro vezes mais pessoas!

Na verdade, dados os benefícios indiretos da proteção (por exemplo, romper a cadeia de transmissão), gastar um pouco mais para impulsionar a demanda de telas provavelmente fazia sentido também do ponto de vista econômico. Cohen e Dupas digeriram cuidadosamente os números a partir da perspectiva dos fornecedores e determinaram que, em média, provavelmente era mais barato salvar uma vida dando as telas do que as vendendo.

As gotas mais importantes do balde

A malária não é o único problema da saúde global que tem a atenção das comunidades em desenvolvimento. Doenças diarreicas matam dois milhões de pessoas (principalmente crianças) por ano ao redor do mundo[11] – uma perda duplamente trágica por ser absolutamente desnecessária. Há formas baratas e altamente eficazes de tratar e prevenir a diarreia: lamentavelmente, porém, são subutilizadas.

Ainda no Capítulo 3, mencionei a discussão de Sendhil Mullainathan sobre sais de reidratação oral como exemplo do "problema da última milha": temos uma solução perfeitamente viável, mas não conseguimos tentar levá-la às pessoas que mais necessitam. O cloro – solução diluída de cloro para água potável, para ser mais preciso – é um caso muito semelhante.

Quando resíduos humanos e de animais se amontoam junto a uma fonte de água, como fontes, poços, perfurações ou córregos, a água extraída dessa fonte torna-se suscetível à contaminação por *E. coli* e outras bactérias causadoras da diarreia. Mesmo a água extraída de uma fonte limpa pode estar contaminada, se for armazenada em um recipiente sujo. Mas bastam algumas gotas de cloro para erradicar as bactérias diarreicas de 10-20 litros de água, mesmo em um recipiente sujo. É uma coisa poderosa.

De modo geral, os habitantes de Busia, no Quênia (da mesma aldeia do programa de doação de uniforme escolar que vimos último capítulo) sabem uma coisa ou outra sobre o cloro. Se você perguntar, 70% das pessoas lhes responderão que beber água suja pode causar diarreia. Melhor ainda, perto de 90% dirão que já ouviram falar em WaterGuard, a marca da solução diluída em cloro vendida em mais de uma dúzia de lojas na cidade. Essa ampla conscientização sobre o problema e sua solução deveu-se, em grande parte, aos esforços da Population Services International, que introduziu a WaterGuard em 2003 e a divulgou amplamente desde então. Assim como acontece com mosquiteiros, a Population Services International vende WaterGuard por um preço simbólico, em vez de distribuir gratuitamente o produto. O suprimento de um mês para uma família em Busia é vendido por cerca de US$0,30, ou aproximadamente um quarto do salário de um dia de um típico trabalhador agrícola.

O único problema é que essa solução barata e bem conhecida de um problema generalizado ainda não conseguiu ter ampla aceitação.

As pessoas continuam adoecendo frequentemente de diarreia e algumas morrem. Michael Kremer – o economista de Harvard que vimos pela última vez buscando a melhor forma de colocar as crianças quenianas na escola, no Capítulo 9 – decidiu tentar resolver o problema da diarreia também. Ele poderia inventar inúmeras maneiras de fazer as pessoas passarem a usar mais cloro – da mera distribuição gratuita a programas de educação comunitária e persuasão de indivíduos – mas não estava claro o que funcionaria melhor. Sendo assim, ele testou todas elas.

Kremer, juntamente com Sendhil Mullainathan, Edward Miguel, Null Clair – da Emory University – e Alix Zwane da Bill & Melinda Gates Foundation (e ex-membro do conselho do IPA) – desenvolveram uma série de RCTs para descobrir como os diferentes incentivos para o uso de cloro se saíam uns em comparação aos outros.[12]

Primeiro, eles tentaram reduzir o preço, distribuindo garrafas de WaterGuard a algumas famílias e cupons com 50% de desconto a outras. A redução dos preços à metade aumentou a porção das casas que usavam cloro de 5% para 10%. Mas a distribuição gratuita era uma escolha óbvia do ponto de vista de saúde pública. Nas famílias para as quais o cloro foi distribuído gratuitamente, o uso teve um salto enorme, de cerca de 70%.

Os pesquisadores suspeitaram que os preços talvez não contassem toda a história. Eles tinham ideias de economia comportamental também – ideias que tinham a ver com aprendizado social, atenção e confiança. Testaram a eficácia do estímulo individual e também em toda a aldeia ao uso de cloro por parte do pessoal da ONG; houve importância das redes sociais em levar as pessoas a adotarem o cloro, bem como o impacto do pagamento de promotores locais para defender o produto dentro de aldeias. Havia algumas coisas a dizer sobre as duas primeiras – o marketing nas aldeias funcionava um pouco melhor do que o individual e o fato de líderes comunitários usarem o cloro pareceu influenciar as decisões de outras pessoas – mas elas só geraram aumento pequeno e de curto prazo no uso geral. Ter um promotor local vindo da própria aldeia, por outro lado, aumentava o uso imediata e persistentemente.

De certa forma, o dispositivo mais poderoso de promoção local é o exemplo de outros membros da comunidade. Talvez a forma de incentivar o uso – pensaram os pesquisadores – seja tornar o uso de cloro público e visível. Assim, desenvolveram e testaram também uma máquina de cloro: uma banquinha com uma garrafa (gratuita) de WaterGuard dentro e uma torneira especial que libera exatamente a quantidade suficiente de cloro para desinfetar um galão de 20 litros de água. Em vez de adicionar cloro em casa, como seria o caso com o uso de WaterGuard a varejo, as máquinas ficavam em nascentes. O usuário adiciona o cloro quando busca a água e ele age enquanto vai para casa com o galão equilibrado na cabeça. Essa configuração também tem o benefício de um mecanismo de atenção natural: o cloro está *bem ali* quando você está preparando sua água, implorando para você colocá-lo no galão. Isso se assemelha aos cupons de venda de fertilizantes na época da colheita, bem quando o dinheiro está na mão. Captar a atenção das pessoas no momento crítico é uma das muitas razões pelas quais o *timing* é importante.

As máquinas eram a melhor abordagem de todas. Eram tão eficazes em conduzir à utilização quanto em fornecer WaterGuard de graça diretamente às famílias, e não exigiam a dispendiosa distribuição porta a porta. Melhor ainda, as máquinas surgiram para gerar mudanças reais e duradouras no comportamento. Os habitantes cujas comunidades tinham as máquinas foram desinfetando mais e mais com o passar do tempo. Nas comunidades onde se fornecia WaterGuard gratuitamente às famílias, o uso do cloro atingiu seu pico apenas algumas semanas após a distribuição e diminuiu depois; em comunidades beneficiadas com as máquinas, o uso continuou aumentando durante meses após a instalação e manteve-se elevado até um ano e meio depois.

Beatrice e Agnes

Parece que as máquinas de cloro poderiam ser a resposta para o problema da última milha do cloro ou pelo menos parte da resposta. Mas ainda restam importantes perguntas sem resposta. Em primeiro lugar, quem vai pagar? Vimos que cobrar até mesmo um preço simbólico (US$0,15 por família por mês) pela WaterGuard a varejo afastou a maior parte das pessoas; mas, com uma máquina de uso comunitário, talvez o custo pudesse ser dividido entre muitas famílias ou, talvez, as pessoas passassem a estar mais dispostas a pagar por causa da pressão social.

Uma manhã no campo foi suficiente para mostrar que provavelmente não há uma resposta adequada. Em meados de 2009, Jake foi com o pessoal do escritório do IPA de Busia conversar com alguns dos "recarregadores", que tinham se oferecido para manter as máquinas de cloro, verificando regularmente se tinham WaterGuard suficiente e relatando os problemas ao pessoal do IPA.

A primeira máquina que visitaram ficava em uma região rural. Eles saíram da cidade, entrando em seguida no que parecia um milharal, mas que na verdade era um caminho estreito entre dois campos. Logo chegaram a um conjunto de cinco pequenas construções enlameadas, onde estacionaram. Em seguida, foram levados para fora do complexo por um caminho de terra estreita e uma encosta levemente inclinada, onde milho e sorgo cresciam à altura dos ombros de ambos os lados. Chegaram a uma nascente na qual havia uma máquina de cloro apoiada em um poste.

Depois de alguns minutos, uma mulher com uma blusa de poliéster azul estampada de prateado desceu pelo caminho e se apresentou como Beatrice, a recarregadora. Explicou que tinha sido nomeada para o cargo porque mora perto da nascente, sabe ler e escrever, e tem telefone celular. Disse que, desde o advento da máquina, a comunidade havia desenvolvido algumas iniciativas coletivas próprias, ou seja, grupos de criadores de galinhas. Todos concordavam que a máquina havia feito muitas coisas boas para a saúde e a economia, nesse último caso por causa do dinheiro economizado no tratamento de casos de diarreia e febre tifoide.

Quando Jake perguntou que destino ela via para o programa da máquina de cloro, Beatrice respondeu que o IPA deveria continuar fornecendo Water-Guard de graça por um longo tempo para que a comunidade pudesse desfrutar de saúde. Mas, ele perguntou, e se o subsídio acabar? Será que a comunidade se unirá e pagará o preço integral para manter abastecida a máquina? Ela ficou em dúvida. Isso significaria pedir contribuições às pessoas, um trabalho que ninguém estava interessado em fazer. Não, suspirou Beatrice, o fim do subsídio provavelmente significará o fim da máquina de cloro.

Cerca de meia hora depois e a apenas 1 ou 2km, na estrada principal em direção à cidade, Agnes caminhou até o portão de metal de seu complexo, confiante e segura, e se apresentou. Ela era a outra recarregadora. Agnes sorria muito, não era tímida e tinha dentes malcheirosos. Disse a Jake que ela e o marido, o dono do complexo e de vários imóveis alugados, tinham construído um poço no pátio do complexo há alguns anos. Eles ofereciam água gratuitamente aos inquilinos e vendiam para outras famílias do bairro. Como se verificou, inicialmente a água não era boa. As pessoas ficavam doentes – e queixavam-se – com regularidade. Agnes tentou purificar o poço com cristais de cloro e tentou aconselhar seus clientes a ferverem a água, mas nenhuma das táticas funcionou.

Quando o IPA veio com a máquina de cloro, ela viu uma melhora imediata. Houve menos doenças, tanto dentro como fora de sua família imediata. Seus inquilinos e clientes ficaram mais satisfeitos e se tornaram mais numerosos. Quando Jake a conheceu, ela atendia 23 complexos vizinhos além de seu próprio.

Perguntada sobre o que faria se começassem a cobrar pela WaterGuard, Agnes não hesitou. Ela sabia que o cloro era uma despesa que valia a pena e estaria disposta a comprá-lo. Não importava a satisfação de seus inquilinos e clientes; as despesas com tratamentos que ela havia evitado somente com os membros de sua família, segundo ela, justificariam o pagamento do preço cheio.

Não existe uma solução que se aplique a todos

Beatrice e Agnes, que vivem a apenas 2km de distância, viviam em mundos diferentes, no que dizia respeito às máquinas de cloro. Agnes estava pronta para seguir em frente sem subsídio; Beatrice teria necessidade de recorrer a alguma manobra política e organizacional. No mesmo sentido, os problemas causados pela malária são tão diferentes quanto Davis Charway e as meninas da Lunyofu Primary School.

As soluções tendem a ser variadas.

Rigorosos testes mostraram que gestantes quenianas provavelmente seriam mais bem atendidas pela distribuição gratuita de mosquiteiros do que pela distribuição com custos, mas isso não significa que devemos abandonar completamente as soluções baseadas no mercado. Elas têm seu lugar, assim como Agnes; o que precisamos fazer é descobrir *onde* e *quando* as soluções diferentes funcionam, para que possamos aplicá-las apenas quando as condições forem adequadas. Não podemos oferecer prescrições globais sobre os projetos específicos de programas sem avaliar as condições. E é exatamente por isso que o IPA continua a testar diferentes maneiras de executar o programa da máquina de cloro, tanto dentro como fora de Busia.

No que diz respeito às diretrizes gerais, concordo quando Sachs diz que ninguém deve ficar de fora da proteção e quando Easterly afirma que os recursos – e a vontade de mobilizá-los – são valiosos e escassos demais para ser desperdiçado. O essencial é que busquemos a eficácia de nossas campanhas com o mesmo vigor e tenacidade com que perseguimos o objetivo final da erradicação. Se fizermos menos do que isso, fracassaremos em ambas as questões.

11
ACASALAR-SE

A verdade nua e crua

Quando eu estava no doutorado, Paul Gertler, professor da University of California em Berkeley (que, como vimos no último capítulo, trabalhou com o governo mexicano na avaliação do Progresa), visitou o MIT para participar de um seminário. Isso é muito comum nas universidades: um professor de outra instituição ministrar uma palestra de 90 minutos sobre a pesquisa que está realizando no momento. É uma maneira que os economistas encontram para se manterem atualizados e obter feedback sobre projetos ou pesquisas antes de sua publicação. Além da conversa, o professor visitante normalmente agenda encontros durante todo o dia com professores da universidade e, de vez em quando, com alunos de pós-graduação.

Eu nunca havia participado de uma reunião como essa antes, mas Esther, minha orientadora, enviou-me um e-mail dizendo: "Agende uma hora com Paul." E lá fui eu. A caminho para a reunião, fiquei um pouco nervoso, pois não fazia ideia de como seria uma conversa dessas. Paul sabia, obviamente. Ele perguntou o que eu estava fazendo e eu disse que estava indo à África do Sul para realizar uma experiência que mediria o impacto do microcrédito (o experimento foi um fracasso e eu aprendi uma lição precoce e agora óbvia: a equipe da organização parceira precisa querer ser avaliada, caso contrário encontrará mil e uma maneiras de arruinar um RCT).

Ele disse – e tenho certeza de que essas foram exatamente suas palavras: "Excelente! Enquanto estiver lá, o que acha de descobrir o preço cobrado pelas prostitutas, com e sem camisinha?"

Eu ri, mas não dei muita atenção. Não absorvi totalmente que os preços cobrados pelas prostitutas podia ser um tópico para uma pesquisa econômica séria.

Eu estava enganado. Acontece que Paul não estava brincando. Ele estava falando de uma nova maneira de analisar um problema que afeta quase todas as pessoas na face da Terra: homem e mulher; preto, branco ou amarelo; rico ou pobre. Sexo.

O sexo é um excelente equalizador – primeiro, porque praticamente todo mundo faz, mas o motivo mais importante é que ele nos deixa literalmente nus. E não estou falando de roupas. O sexo é uma atividade primitiva. Faz parte da nossa biologia. De alguma maneira, somos definitivamente humanos – e, definitivamente, não somos Econs quando o praticamos. Naquele espaço de desejo, impulso e respiração ofegante, muita coisa fica em segundo plano. Não existem grandes diferenças entre os ricos e pobres quando estamos debaixo dos lençóis.

Isso ajuda a explicar por que todos nós cometemos erros em relação à proteção, independentemente do local onde vivemos e de sermos pobres, ricos ou remediados. No calor do momento, a probabilidade de contrair uma doença ou ser surpreendido por uma gravidez indesejada – o lado negativo do sexo sem proteção – não está evidente, e às vezes nem todos estão cientes desses riscos; o lado positivo, entretanto, nos atropela. Os espasmos da paixão não são a melhor situação para realizar uma análise custo-benefício.

Mas uma pessoa que enfrente a decisão com regularidade e que não o faça por paixão pode aprender a se sair melhor. Afinal, a prática leva à perfeição, certo? Se existe alguém que pode confirmar isso são as profissionais. Ou seja, as prostitutas.

Era sobre isso que Paul estava falando quando sugeriu que eu conversasse com as prostitutas sul-africanas. Felizmente, ele levou adiante sua ideia, embora eu tenha perdido a minha chance de participar. Juntou-se a Manisha Shah, também de Berkeley, e Stefano Bertozzi, do Instituto Nacional de Saúde Pública do México, e partiu para a Cidade do México.[1] Lá, eles alavancaram a experiência dos cafetões locais, policiais, motoristas de táxi, profissionais da saúde e proprietários de bares para identificar e entrevistar aproximadamente mil profissionais do sexo nas proximidades da Cidade do México em 2001. Entrevistaram essas mulheres pedindo-lhes detalhes de suas últimas "transações". Descobriram que as mulheres sabiam tudo sobre sexo seguro e não seguro, e a variação em seus preços provava isso.

O uso da camisinha era o padrão, mas não era uma regra seguida rigidamente (sem trocadilhos). De acordo com as entrevistas, as prostitutas usavam proteção em 9 de cada 10 relações. E, na décima, quando concordavam em não usar proteção, elas cobravam uma taxa extra de aproximadamente 23% ou mais, em média. Aqui estão indícios de que elas conheciam os perigos relevantes: cobravam mais para correr um risco maior.

Mesmo sendo profissionais, essas mulheres não tinham algo simples ou direto como um menu com opções e preços. Os acordos surgiam após um processo de negociação.

Na maior parte do tempo, a prostituta sugeria que o cara usasse camisinha e ele concordava. Em outros casos, o cliente normalmente pedia para transar sem proteção. Sabendo que tinha uma coisa que ele queria, a prostituta agora tinha uma chance de ganhar algo mais em troca da satisfação da vontade do cliente. Isso reflete a natureza de negociação da transação, da qual as mulheres identificadas como "muito atraentes" se aproveitavam, ganhando um valor 47% mais alto pelo sexo sem proteção, mais do que o dobro da média.

Assim, as prostitutas conheciam os riscos que estavam correndo. Evidentemente, elas também conheciam a lei da oferta e da procura. Sendo todos os outros fatores iguais, elas aceitavam um preço mais baixo em troca de sexo seguro; mas, quando descobriam que o cliente realmente preferia a outra opção, ficavam muito felizes em fazê-lo pagar mais por isso. Nos casos em que o cliente era o responsável pela sugestão do uso da camisinha, as prostitutas conseguiam faturar mais 8% por concordar. Faz sentido.

Informações ruins, escolhas ruins

Essa é a visão das trincheiras, onde as batalhas acontecem noite e dia. Mas, obviamente, a maior parte do sexo praticado na Terra não é praticado pelas profissionais; assim, para resolver os problemas de saúde reprodutiva de maneira mais geral, precisamos ver o que os amadores andam fazendo. Eles conhecem os riscos do sexo sem proteção? Em caso positivo, estão sendo compensados pelos riscos quando os assumem? E em caso negativo, o conhecimento das informações relevantes os levaria a se comportar de outra maneira?

De modo geral, o conhecimento público sobre a saúde sexual nos países em desenvolvimento é limitado. Ele sofre da falta de informação e também de uma quantidade assustadora de *informações equivocadas*. Não estou falando apenas dos detalhes. A Dra. Manto Tshabalala-Msimang, Ministra da Saúde da África do Sul de 1999 a 2008, ficou famosa por sua abordagem à AIDS. Durante sua gestão, ela condenou o uso dos antirretrovirais (afirmava serem tóxicos) e defendia uma abordagem estritamente nutricional para prevenir e tratar a doença, ganhando o apelido de "Dra. Beterraba".

Ela falava com convicção, mas seu programa parecia ter vindo diretamente da Idade Média: "Devo falar novamente sobre o alho, sobre a beterraba e sobre o limão? Esses alimentos retardam o desenvolvimento do vírus HIV em AIDS-condições definitivas e essa é a verdade."[2]

Felizmente, na maior parte dos países em desenvolvimento, a cadeira mais alta no Ministério da Saúde não é ocupada por uma Dra. Beterraba; todavia, as informações equivocadas estão em toda parte. Elas vêm de possíveis parceiros amorosos, profissional de extensão agrícola para clínicas rurais, pais, pastores e professores. Certa vez, Jake participou de um culto em Gana no qual o pastor pregou que o próprio diabo, que se manifesta atualmente sob a forma de AIDS, quer que todos sejam infectados, mas que podemos nos proteger – "bata a porta na cara do diabo", foi a frase por ele usada – cantando louvores a Deus. Não houve menção ao sexo, ao sexo seguro, tampouco à abstinência. Aqueles que têm o azar de cair nessa fonte contaminada normalmente bebem águas poluídas e, assim, milhões de pessoas ficam confusas ou ignoram os problemas.

Adolescentes, em especial as jovens que estão iniciando a vida sexual, têm experiência mínima e um longo caminho a percorrer. Se existe alguém que poderia se beneficiar das informações corretas seriam elas.

Os coroas ricos

As garotas de Busia, no Quênia, crescem rápido. Sempre cresceram. Por tradição, as mulheres estão em idade de se casar no começo da adolescência, normalmente aos 14 anos, fase em que muitas são cortejadas por pretendentes ávidos, geralmente em alguma versão de casamentos arranjados. Nos últimos anos, a maré começou a virar. As meninas estão passando mais tempo na escola antes de se iniciar na vida doméstica e algumas continuam até chegar à universidade e seguir uma carreira. O número de casamentos arranjados pelos pais está diminuindo. Mas as garotas de Busia geralmente ainda precisam tomar decisões sexuais em idade precoce.

Elas podem pedir conselhos às mães, mas estas foram criadas em uma época menos complicada. Hoje, a competição pelo afeto das jovens não se resume aos homens da vila. Homens de negócios importantes da cidade grande e garotos da escola também disputam sua atenção. A grande variedade de parceiros disponíveis já seria surpreendente para a geração mais velha; a noção de que uma garota pode escolher livremente entre eles é um grande choque.

Obviamente, o número limitado de mulheres significa competição entre os pretendentes, e isso tem muito mais importância em Busia do que nos Estados Unidos ou nas histórias em quadrinho. Quem tem condições compra presentes para as garotas ou as leva para passear em carros esportivos. Quem não pode, encontra outras maneiras de impressionar, como marcar o gol da vitória em uma partida de futebol ou enviar mensagens de texto românticas.

Em geral, essas garotas ainda são adolescentes. Mas sabem das coisas. Entre si referem-se aos pretendentes mais velhos e ricos como coroas ricos. Para uma adolescente, escolher um coroa rico como parceiro é como comprar um seguro para reprodução. Se um dia ela engravidar, ele estará preparado para se casar com ela e sustentar a criança – e é isso que se espera dele.

Mas tem um problema. Por serem mais velhos e ricos (e, em muitos casos, mais lascivos), os coroas ricos tiveram mais parceiras sexuais no passado e hoje têm mais doenças, principalmente o HIV. Entre os homens quenianos de 15 a 50 anos, a maior incidência do HIV é de 8,5% na faixa etária de 35 a 40 anos. Para efeito de comparação, os meninos entre 15 e 19 anos são praticamente inofensivos (apenas 0,4% deles estão infectados). Assim, sabendo ou não, uma garota que escolhe um coroa rico está fazendo um *trade-off*.

Uma visão estritamente monetária da situação é que a segurança financeira no caso de gravidez, juntamente com os passeios em carros esportivos e os presentes da fase do namoro, compensam efetivamente por dois motivos: primeiro, a companhia da garota está remunerada, pois se trata de uma mercadoria escassa e com grande procura. Segundo, ela está sendo compensada pelos riscos que corre como companheira, como a possibilidade de engravidar ou contrair uma doença sexualmente transmissível. Se as garotas já conhecessem as diferentes taxas de infecção por HIV em homens mais velhos e mais novos, a teoria econômica padrão partiria do pressuposto de que elas estão extraindo um preço justo dos coroas ricos por assumirem o risco adicional da infecção.

E, se esse realmente for o caso, o fato de apenas oferecer informações sobre a incidência do HIV por faixa etária às garotas não mudaria nada em relação às suas escolhas de parceiros ou ao modo como são compensadas. Não seria novidade alguma. Mas, se elas ainda não sabem, a informação pode fazer diferença.

Para verificar se poderia de fato fazer diferença, Pascaline Dupas, pesquisadora do IPA, realizou uma experiência em 328 escolas públicas próximas a Busia em 2004 como parte de sua tese de doutorado.[3] Setenta e uma das 328 escolas foram escolhidas aleatoriamente para participar da Campanha de Informação de Risco Relativo, pela qual um orientador do programa se encontrava uma vez durante 40 minutos com alunos da oitava série. No início da reunião, os estudantes respondiam anonimamente a uma pesquisa que avaliava seu grau de conhecimento sobre a prevalência do HIV entre os quenianos. Em seguida, o orientador do programa exibia um filme curto sobre as parcerias entre garotas e homens adultos que levava a uma discussão aberta sobre a questão do sexo intergeracional. Durante a discussão, o orientador do programa apresentava uma descrição detalhada da incidência do HIV no Quênia, por sexo e faixa etária.

Ao mesmo tempo, e nas mesmas 328 escolas, o governo queniano avaliou seu programa de educação sobre o HIV. Durante o ano anterior, metade das escolas havia sido selecionada aleatoriamente para um treinamento adicional para professores sobre o HIV (ao qual supostamente já deveriam estar sendo submetidos). O treinamento incluía informações sobre vários tópicos, da biologia à transmissão do vírus, do cuidado com as pessoas infectadas aos impactos da epidemia de HIV/AIDS.

Nos casos em que o programa de Dupas apresentou informações mas não informava às pessoas o que fazer, o programa do governo não hesitou em oferecer conselhos. O programa governamental também apresentou um módulo de prevenção cujo espírito foi capturado nas mensagens aos estudantes: "Diga NÃO ao sexo antes do casamento" e, ainda mais sucinto, "Evite o sexo".

Ao aplicar o treinamento em metade das escolas, o governo esperava verificar se o treinamento dos professores ajudaria os estudantes. Foi uma oportunidade perfeita para contrapor a campanha informativa de Dupas com o treinamento dos professores sobre HIV oferecido pelo governo. Ao comparar os resultados de estudos complementares realizados em todas as 328 escolas, eles poderiam descobrir qual programa teve maior impacto sobre a escolha dos jovens em relação ao sexo.

Decidir como monitorar essas escolhas era uma questão complicada. O que mais interessava era conhecer o índice de contaminação pelo HIV, algo que seria facilmente determinado por um exame de sangue, mas não era viável realizar um exame de sangue em todos os alunos. A primeira alternativa foi questionar diretamente os estudantes sobre sua vida sexual. Aproximadamente oito meses depois que os programas começaram, as equipes de campo administraram uma breve pesquisa sobre a atividade sexual, o uso da camisinha e a demografia dos parceiros sexuais. Houve dúvidas legítimas sobre o valor das respostas das meninas para a pesquisa. Elas sabiam que não *deveriam* estar transando, e menos ainda sem proteção. Por que se devia esperar que dissessem a verdade em um questionário?

Outra estratégia foi monitorar os casos de gravidez como indicador. Tudo bem, é uma medida imperfeita – somente uma parte dos encontros sexuais sem proteção resulta em gravidez –, mas o número de casos de gravidez pelo menos refletiria a quantidade de sexo sem proteção que as garotas estavam praticando. A gravidez das alunas também era fácil de observar porque era comentada pelos colegas e, ao contrário das pesquisas, não era suscetível às tendenciosidades nas respostas às pesquisas. É difícil esconder um barrigão.

Os resultados com base nos casos de gravidez foram claros: a Campanha de Informação de Risco Relativo funcionou. O programa de Dupas reduziu em aproximadamente um terço a incidência de gravidez, sugerindo uma diminuição significativa na prática do sexo sem proteção, o que foi encorajador. Descobriu-se que grande parte da redução nos casos de gravidez foi causada por uma diminuição de 60% dos casos de gravidez fora do casamento. No geral, isso significava que as meninas no grupo de risco relativo que engravidam tinham também muito mais probabilidade de se casar.

Enquanto isso, o treinamento oficial dos professores na prevenção do HIV não teve impacto significativo na ocorrência geral de gravidez nem na probabilidade de aumento do casamento para as garotas grávidas. Isso não quer dizer que o programa não tenha ajudado em nada, pelo contrário. Seus impactos acadêmicos foram grandes. Os professores ensinaram mais sobre o HIV e os alunos aprenderam mais, conforme ficou patente nos resultados dos testes sobre o HIV. Mas foi mais difícil identificar os impactos na vida real sobre as escolhas sexuais, captados na pesquisa de acompanhamento. As meninas nas escolas onde ocorreu o treinamento de professores informaram ter diminuído em 25% sua atividade sexual de modo geral, e aproximadamente um terço revelou não estar praticando sexo sem proteção, mas, devido à persistência das taxas de gravidez, é difícil acreditar nisso. As garotas dessas escolas poderiam estar transmitindo aos pesquisadores menos informações em relação à atividade sexual.

Para os estudantes no programa de risco relativo de Dupas deu-se o oposto. Na pesquisa de acompanhamento, um número *maior* de meninas relatou serem sexualmente ativas. É isso mesmo: *mais* sexo com menos casos de gravidez e, presumivelmente, menos infecções.

As garotas alcançaram esse resultado satisfatório mudando de parceiros e modificando seus hábitos. Começaram a escolher homens mais jovens, em lugar de coroas ricos, uma solução que permitiu a diminuição do risco de contrair uma infecção por HIV, sem necessidade de abrir mão do sexo. Mas como o aumento na atividade sexual das garotas se enquadra na queda significativa dos casos de gravidez que vimos? O segredo está na proteção. A maior parte dos estudantes que aumentaram o nível de atividade sexual estava usando camisinha. Esse talvez seja o resultado mais encorajador de todos porque o programa de risco relativo não mencionava o uso de camisinhas. Os estudantes estavam fazendo as escolhas certas por iniciativa própria.

Como Dupas desconfiava, as meninas, armadas com as informações relevantes, tomaram decisões melhores. Ou elas conseguiam uma compensação maior dos coroas ricos pelo maior risco de contrair uma infecção pelo HIV (como evidenciado pela queda nas gestações fora do casamento) ou descobriram maneiras de diminuir o risco de infecção escolhendo parceiros mais novos ou praticando sexo seguro.

Pagando para realizar o teste

O programa do risco relativo foi bem-sucedido não só porque ofereceu às meninas de Busia informações valiosas e relevantes sobre seus possíveis parceiros sexuais, como também porque elas assimilaram tais informações e as colocaram em prática. Essa é uma distinção importante. A verdade é que podemos guiar o cavalo até a água, mas não podemos fazê-lo beber.

Uma parte das decisões equivocadas relacionadas com o sexo pode ser atribuída diretamente à falta de informação – graças a ignorantes como a Dra. Beterraba e o pastor de Gana que Jake conheceu – e, nesses casos, as abordagens baseadas em informações, como o programa do risco relativo, podem ser a solução. Mas grande parte do problema é que somos cavalos teimosos. A maior parte das pessoas em todo o mundo (e praticamente todas as pessoas nos países desenvolvidos) na realidade dispõe de informações suficientes sobre o HIV e outras infecções sexualmente transmissíveis para se proteger e proteger seus parceiros, se quiserem. Nesse sentido, a informação não é um problema. O problema é que, embora todos saibam que *devem* usar proteção, ninguém usa.

Da perspectiva da saúde pública, isso não é nada bom. As pessoas que têm informações mas que continuam a tomar decisões ruins, não apenas se colocam em situação de risco, como também colocam em risco toda a comunidade. Nesse sentido, o HIV e outras doenças sexualmente transmissíveis são como as infecções causadas por vermes e a malária sobre as quais falamos nos Capítulos 9 e 10. Como a proteção individual gera o bem de todos, existem fortes argumentos para que a saúde pública comece a promovê-la.

Ora, o mais eficiente seria ter autoridades de saúde pública em cena na hora da verdade, abrindo as embalagens e distribuindo camisinhas. Felizmente, isso está fora de cogitação. Se não os convidarmos para dentro do nosso quarto, eles dirão sim às demandas da propriedade, manterão uma distância respeitosa e tentarão influenciar indiretamente nossas decisões.

Como? A aula de educação sexual que você assistiu no ensino médio foi uma maneira. A distribuição de camisinhas nos postos de saúde de várias faculdades americanas é outra. Um terço é propaganda. Aqui estão algumas das minhas preferidas: (a) Um outdoor em Acra, Gana, onde duas silhuetas nuas desenhadas, copulando em uma impressionante variedade de posições, saltam da imagem para escrever "USE CAMISINHA". (b) Outro outdoor em Acra, Gana, mostra a figura de um casal sorridente e um slogan em letras garrafais logo abaixo: "Só porque você não sente não significa que ele não esteja lá." (O que é o "ele"? Até hoje fico imaginando se os publicitários pretendiam que esse outdoor tivesse um triplo sentido, duplo sentido ou nenhum sentido.) (c) Um outdoor em El Salvador que se traduz em: "Seja fiel à sua esposa, use camisinha." (d) Um vídeo mostrando a cena de um pai no supermercado com o filho. A criança tem um acesso de raiva, sai derrubando as latas das prateleiras e gritando pelos corredores; em seguida, aparece uma frase que diz: "Use camisinha."[4] E uma quarta maneira de influenciar as decisões é pagar as pessoas para saber se estão ou não infectadas pelo HIV.

Muitos pesquisadores do HIV e responsáveis pelas diretrizes políticas, dentro e fora do governo, acreditam que as pessoas que tomam conhecimento da infecção pelo HIV agem corretamente. Ou seja, as pessoas que estão infectadas protegem as pessoas, e as que ainda não foram infectadas protegem a si mesmas. Essa crença é a parte racional dos programas que enfatizam a realização de exames. Se isso for verdade, convencer as pessoas a saberem se estão ou não infectadas pelo HIV é uma rota viável, embora indireta, para o quarto, uma maneira de influenciar as importantes decisões que são tomadas entre quatro paredes. Mas trata-se de um grande "se".

Rebecca Thornton, economista da Universidade de Michigan e pesquisadora do IPA, queria saber com certeza se o fato de as pessoas se saberem infectadas pelo HIV realmente fazia com que se comportassem de maneira diferente. Assim, em 2004, rumou para Malawi para descobrir. Thornton desenvolveu um RCT que oferecia gratuitamente aos participantes testes de HIV e a oportunidade de comprar camisinhas.[5] Se os participantes que se sabiam portadores ou não do HIV decidissem comprar mais do que os que não sabiam, haveria provas concretas a favor da ligação entre os exames e as decisões sexuais.

A pergunta é: Como selecionar aleatoriamente, pelo bem da avaliação, quais indivíduos ficariam cientes da infecção ou não pelo HIV? Impedir algumas pessoas de realizarem o teste do HIV ou forçar outras a realizá-lo era uma maneira muito pouco realista e, o mais importante, antiética. Mas Thornton identificou uma oportunidade na tendência geral das pessoas de hesitarem em saber o resultado do teste de HIV. Para ser justo, existem bons motivos para se querer evitar; um dos principais é o medo, puro e simples. Jake se recorda de ter literalmente tremido em sua cadeira no consultório do Serviço de Saúde da Columbia University enquanto esperava o resultado de um teste de HIV, mesmo sabendo que seria negativo. (E foi.) As pessoas no contexto malawiano, onde 12% dos adultos são soropositivos (em comparação com 0,6% nos Estados Unidos)[6] tinham muito mais motivos para temer as más notícias; mas também podiam estar inclinadas a permanecer no escuro por motivos muito mais concretos. A perspectiva de perder um dia de trabalho ou a viagem de 5km até a clínica poderia ser suficiente.

Por ser economista, Thornton pensou logo em incentivos. (É verdade, os economistas pensam muito nisso.) Ao perceber que mais pessoas dariam o primeiro passo se valesse a pena, criou uma compensação para os participantes do programa de realização de testes de HIV, oferecendo dinheiro a quem se submetesse ao teste. E, para saber qual seria o nível de encorajamento necessário, variou aleatoriamente a quantia oferecida, que ia de US$0 a US$3. Em um país onde a remuneração média diária em 2004 era de aproximadamente

US$1, esses valores eram substanciais, presumivelmente o suficiente para impactar a escolha das pessoas. Exatamente por isso a estratégia de atribuir recompensas aleatoriamente foi tão inteligente: quanto maior o valor da recompensa, maior a probabilidade de um indivíduo resolver se submeter ao teste. *Voilà*: randomização sem forçar ninguém a submeter-se ou não ao teste.

No fim, o programa funcionou da seguinte maneira: profissionais de saúde foram de porta em porta em 120 aldeias oferecer aos participantes testes gratuitos de HIV. Cada pessoa que concordava em realizar o teste tinha de fornecer uma amostra de saliva na mesma hora e recebia um *voucher* escolhido aleatoriamente e que podia ser resgatado em uma clínica de saúde móvel. Se o indivíduo fosse à clínica móvel para saber o resultado do exame, recebia o valor do *voucher* em dinheiro, e os pesquisadores registravam que agora ele estava ciente se era ou não portador do HIV. Aproximadamente dois meses depois que os resultados ficavam disponíveis, os participantes recebiam a visita de pesquisadores que não haviam participado da primeira parte do programa. Eles aplicavam um breve questionário sobre o comportamento sexual recente, davam ao entrevistado aproximadamente US$0,30 pelo tempo gasto e ofereciam camisinhas por um preço bastante subsidiado. Um pacote com três camisinhas custava US$0,05; uma única camisinha custava US$0,02.

As descobertas do estudo lançaram luz sobre duas perguntas. Primeiro: os incentivos são uma boa maneira de fazer as pessoas desejarem saber se são ou não portadoras do HIV? Segundo: saber-se portador ou não realmente levava as pessoas a fazerem melhores escolhas sexuais?

Não havia dúvidas sobre a primeira: os incentivos funcionaram. Os participantes que receberam os *vouchers* de qualquer valor tinham duas vezes mais chance de querer saber o resultado do teste, em comparação com aqueles que receberam *vouchers* sem valor algum. É interessante observar que o tamanho da recompensa, desde que não fosse zero, não parecia ser importante. Para os *vouchers* cujo valor fosse mais do que zero, cada dólar *adicional* aumentou a probabilidade de saber o resultado, mas apenas marginalmente. Na verdade, um *voucher* de US$10 produziu mais de três quartos do efeito de outro que valesse 10 vezes mais.[7] Trata-se de uma descoberta importante em si, pois nos oferece informações valiosas para o desenvolvimento de políticas e programas. Se cada dólar adicional gera respostas cada vez mais fracas, há um limite para o valor por meio do qual podemos estimular a participação elevando o valor da recompensa.

Os incentivos funcionaram muito bem em Malawi, onde 69% das pessoas examinadas foram buscar o resultado do teste. Mas a pergunta essencial era se esses 69% agiriam diferente depois que soubessem o resultado – e aqui os resultados foram mistos. Por um lado, o conhecimento do resultado teve impacto substancial nas pessoas que tinham o vírus e que eram sexualmente ativas. (Não importa que elas representavam apenas cerca de 4% dos participantes.) A probabilidade de comprar camisinhas entre as pessoas que pegaram o resultado foi duas vezes maior em relação àqueles que não buscaram, o que representou um passo na direção certa.

Mas, em média, esses indivíduos compravam somente duas camisinhas a mais do que suas contrapartes que nunca foram saber o resultado do teste. Isso não representa uma proteção muito maior. No caso das pessoas HIV-negativas – que somavam aproximadamente 94% dos participantes –, os resultados foram desanimadores. Aquelas que souberam o resultado do teste não compravam mais camisinhas do que as que não souberam. O questionário de acompanhamento sobre o comportamento sexual, administrado quando as camisinhas foram oferecidas, também foi decepcionante. Não foram reveladas diferenças de comportamento entre os participantes sexualmente ativos nem entre os que souberam e os que não souberam o resultado do teste.

Thornton teve de concluir que o programa não funcionou. Oferecer o teste de porta em porta é caro e, apesar do estímulo dos incentivos, aparentemente o resultado foi apenas uma pequena mudança de comportamento, e somente entre os que tinham o vírus, que totalizaram apenas 4% dos participantes. Os recursos poderiam ser mais bem investidos em outros programas que apresentassem maiores impactos.

Além do veredicto sobre esse programa de incentivo monetário para a realização do teste, podemos extrair algumas lições do estudo de Thornton.

Primeiro, fortalece o uso de incentivos, que novamente provou ser um poderoso motivador. Segundo, é um ótimo exemplo do valor de descobrir o que *não* funciona. Como afirmei na introdução, novas ideias são essenciais. Em vez de ficarmos desanimados diante do fracasso da abordagem, devemos ficar felizes por podermos excluir algumas ideias. Graças à criatividade de Thornton e à insistência na realização dos testes, sabemos mais agora do que antes, e os futuros esforços serão melhores. Talvez o próximo programa relacionado com o HIV continue a usar incentivos para encorajar as pessoas a buscarem o resultado do teste, mas encontrará uma maneira melhor de vender camisinhas.

Terceiro, e o mais importante, o projeto destaca a importância de entender exatamente *como* os programas funcionam, monitorando os elos entre os comportamentos que podemos enxergar e influenciar os resultados com os quais nos importamos. Às vezes esses elos são tênues; muitas vezes, não são completamente explorados. Os números mais óbvios e ubíquos que as instituições de caridade e os programas de desenvolvimento divulgam – como os dólares investidos e as pessoas beneficiadas – são apenas uma sinalização. Se não entendermos como essas coisas levam ao bem-estar das pessoas envolvidas, estaremos perdendo de vista o que realmente importa: ajudar as pessoas a realmente melhorar a sua vida. E, no cenário geral da pobreza, isso de nada adiantará.

12
DOAR

A lição mais importante

Espero que, a essa altura do livro, você tenha sido inspirado por algumas ideias apresentadas que funcionam no combate à pobreza. Se você é como eu, talvez também esteja impressionado diante do enorme desafio de descobrir o que fazer.

É provável que você não trabalhe para uma organização de auxílio, e provavelmente também não será convocado para criar e implementar um programa de desenvolvimento. Para a maior parte das pessoas, "o que fazer" significa doar. Como mencionei brevemente na introdução, hoje temos mais formas de doar do que jamais tivemos antes – não apenas enviando dinheiro pelo correio, mas também por meio de contribuições diretas na conta de luz, mensagens de texto no celular ou via internet, em sites como Kiva.org. Com a multiplicação dos meios de doação, o volume de doações individuais também aumentou. Hoje, nos Estados Unidos, as doações individuais excedem as das empresas, fundações e doações testamentárias na proporção de três para um.

Ou seja, temos muito poder político nas mãos e podemos usá-lo se agirmos juntos. O que temos de perceber é que toda doação na verdade representa duas coisas: em primeiro lugar, trata-se de uma contribuição para uma organização específica que ajuda na implementação de programas; segundo, é um voto. Doar para uma organização significa escolhê-la em detrimento de outras (na verdade, de milhares de outras), e essa escolha transmite uma mensagem. A mensagem se dissemina sempre que discutimos nossas causas favoritas com amigos, familiares e colegas de trabalho; ou quando conversamos sobre elas no Facebook, Twitter ou MySpace.

Os países em desenvolvimento estão ouvindo. Na verdade, considerando-se que as doações individuais são responsáveis pela maior parte dos fundos disponíveis às instituições de caridade (para não falar no fato de que as doações privadas realizadas pelos americanos a outros países excedem o orçamento de ajuda aos países estrangeiros do governo dos Estados Unidos), não há outra escolha. E isso significa que temos uma oportunidade única de fazer ouvir a nossa voz.

A questão é: como escolher o que diremos e quem devemos apoiar? Este livro tratou basicamente de ideias promissoras para os pobres. Mas ideias, em si, de nada adiantam; é preciso que alguém – em geral uma organização – as coloque em prática. Isso significa que, quando pensamos em dar uma contribuição, na realidade precisamos saber duas coisas: Primeiro, temos bons motivos para pensar que a ideia vai funcionar para resolver esse problema nesse contexto específico? Segundo, será que essa organização específica vai implementar a ideia efetiva e eficientemente?

Este livro tem muito a dizer sobre a primeira pergunta, mas até agora não mencionou o monitoramento de organizações, a fim de avaliar quais delas são administradas com eficiência e quais não são. Este último capítulo apresenta algumas reflexões e recomendações; continuaremos nossa conversa no site Proven Impact Initiative (sobre o qual falaremos mais adiante) e também por meio de parcerias com grupos focados na eficácia do auxílio.

Antes, porém, uma advertência. As discussões sobre a eficácia do auxílio muitas vezes dependem da questão dos custos administrativos: dito pejorativamente, que proporção de cada dólar doado é destinada aos gastos com levantamento de fundos e despesas gerais? As organizações com baixos custos administrativos em geral são consideradas melhores, pois gastam uma parte maior de seu dinheiro na oferta de produtos ou serviços. Mas, verdade seja dita, trata-se de uma métrica inadequada. Com base nos indícios, não está claro se os custos administrativos estão de fato relacionados com a eficácia da ajuda. A administração de algumas intervenções é mais cara do que a de outras.

Mais importante, os valores associados aos custos administrativos são relativamente arbitrários; muitos itens podem ser considerados despesas gerais ou serviços dos programas. A área cinzenta da contabilidade das instituições sem fins lucrativos é exatamente assim – cinzenta. Sendo assim, recompensar as organizações com baixos custos administrativos muitas vezes equivale a recompensar organizações com práticas contábeis agressivas, só isso.

A pergunta que deveríamos fazer quando doamos é mais simples e mais focada no que realmente importa: Quanto bem será feito com cada dólar doado?

Na esperança de coordenar nossas vozes por trás de tal pergunta, gostaria de apresentar sete ideias que me deixam particularmente entusiasmado. São alguns dos programas e produtos que vimos ao longo do livro e que se destacaram. Todos eles foram submetidos a pelo menos uma avaliação rigorosa e se saíram bem, comparados a algumas soluções alternativas para os mesmos problemas. Isso não significa que sejam conclusivamente comprovados e estejam acima de toda e qualquer crítica. Alguns aproximam-se mais de "comprovados", enquanto outros ainda estão "sendo comprovados", ou seja, é preciso reconhecer que o espectro de indícios é grande. Há um longo caminho a percorrer entre a inexistência de conhecimentos concretos à recomendação de medidas precisas e sua aplicação em larga escala sem realizar outros testes. As ideias a seguir encontram-se em algum ponto desse caminho, mas ainda há um longo caminho a ser percorrido.

Gostaria também de deixar claro o que *não* está incluído neste livro: diversas ideias promissoras – muitas das quais também encontramos neste livro – também têm indícios a seu favor. A lista a seguir certamente não esgota todas as possibilidades.

Por fim, o financiamento não deve restringir-se exclusivamente às ideias "comprovadas" (ou que "estejam sendo comprovadas"). Precisamos assumir riscos. Como eu disse na introdução, a criatividade é sempre necessária para experimentarmos táticas novas, cuja eficácia ainda não foi comprovada. Esse é o processo essencial que nos move. As organizações que inovam – e inovam com seriedade, testando rigorosamente suas novas ideias – também merecem o nosso apoio. Dito isso, a inovação sem avaliação não ajuda o mundo da mesma forma que a inovação com avaliação. Eu preferiria mil vezes doar para uma organização que realiza rigorosas avaliações de seus programas porque isso me dá a confiança de que, daqui a 5 ou 10 anos, elas provavelmente estarão fazendo escolhas melhores. Vão se adaptar melhor a novos contextos, tecnologias e ideias. Muitos dos grupos discutidos neste livro – mais exatamente Pratham (reforço escolar), Seva Mandir (frequência de professores e enfermeiras) e Freedom from Hunger (microfinanciamento) – são exemplos brilhantes de organizações que lutam continuamente para melhorar por meio de avaliação rigorosa, que aprendem com seus fracassos e sucessos e que divulgam experiências, positivas e negativas para que o mundo também possa aprender com elas.

Agora, chega de advertências. Aqui estão as sete ideias:

Sete ideias que funcionam

Micropoupança

Iniciamos o Capítulo 7 com a história de Vijaya, presa ao esquema de "rotação" de empréstimos (e perdendo dinheiro nesse processo) porque o marido, com suas bebedeiras, impedia que ela poupasse dinheiro em casa. Em seguida, vimos as quenianas fazendo fila para abrir uma conta de poupança básica e cara – e assim melhorando de vida. Na verdade, embora os defensores do microcrédito há muito venham sustentando o *empowerment* da mulher, os indícios sugerem que o status e a autoridade da mulher aumentam com a poupança, enquanto o crédito ainda não mostrou tais impactos. A necessidade e o desejo de poupar já existem; agora precisamos oferecer opções às pessoas. Quantos tomadores (como Vijaya) poderiam ser mais bem servidos por produtos de poupança do que por produtos de crédito? Com todo o entusiasmo pelo microcrédito, nós nos esquecemos de uma lição básica que aprendemos com nossos pais e avós: poupar é importante!

Lembretes para poupar

Poupar é bom, mas não é fácil. Todos nós sabemos disso. Com todos os gastos que temos, a poupança raramente chama nossa atenção. Existem sempre opções mais urgentes – ou mais tentadoras. No final, poupamos menos do que pretendíamos. Como vimos no Capítulo 7, lembretes, como as mensagens de texto e mala direta que os bancos enviam aos seus clientes no Peru, na Bolívia e nas Filipinas, ajudam a eliminar a cacofonia de vozes que clamam pelo nosso dinheiro. Os lembretes provaram ser uma maneira barata e eficaz de mobilizar a poupança entre os pobres.

Venda de fertilizantes pré-pagos

De todos os esforços para aumentar o uso de fertilizantes – subsídios, ajuda de especialistas em extensão agrícola, locais de demonstração –, essa solução simples parece ser a mais eficaz. Para o distribuidor, os custos de venda do fertilizante são praticamente os mesmos, independentemente da época do ano. Porém, como vimos no Capítulo 8, o *timing* pode fazer enorme diferença para os clientes. Agricultores do Quênia que tiveram chance de pagar (o preço integral!) pelo fertilizante para a próxima estação de plantio no momento da colheita, quando estão com o bolso cheio devido à venda da colheita do ano compram 50% mais. Esse é um enorme aumento na produtividade e na produção agrícola a um custo praticamente zero.

Vermifugação

Às vezes, os números dizem tudo. No Capítulo 9, vimos que a vermifugação nas escolas primárias do Quênia gerou um ano adicional de frequência por cerca de US$3,50; a próxima melhor solução – oferecer uniformes gratuitamente – custou cerca de 25 vezes mais. E isso nem sequer considera os simples benefícios à saúde de permanecer livre de vermes – que constituem a melhor parte. Nas regiões onde os vermes intestinais são prevalentes, a vermifugação totalmente subsidiada nas escolas constitui uma intervenção barata e extremamente poderosa. Não é surpresa que venha sendo amplamente adotada. Esforços realizados pela Innovations for Poverty Action e suas organizações parceiras levaram à vermifugação de milhões de crianças, mas ainda há muito a fazer.

Reforço escolar para grupos pequenos

O programa de reforço escolar com *balsakhis* e os campos de leitura da Pratham, que vimos no Capítulo 9, são excelentes exemplos de uma nova direção em soluções educacionais para os países em desenvolvimento. Ambos encontraram maneiras de contornar sistemas escolares disfuncionais – o primeiro, contratando professores particulares para oferecer reforço aos alunos, e o último, treinando voluntários – para promover o aprendizado genuíno. Nos casos em que há carência de professores e excesso de alunos nas escolas existentes, programas externos como esses podem ser o caminho mais eficaz para a educação. Annie Duflo, diretora de pesquisa do IPA, está trabalhando com o governo ganense, professores locais e a Children's Investment Fund Foundation, do Reino Unido, para reproduzir essa abordagem em larga escala em Gana; se der tudo certo em larga escala, o IPA seguirá em frente e tentará implementar o programa em diversos outros países.

Máquinas de cloro

A diarreia não precisa fazer dois milhões de vítimas letais ao ano. Mas faz – e há décadas buscamos soluções para o problema. Tratar a água potável com cloro é uma medida de prevenção barata e altamente eficaz; portanto, vamos estimulá-la. Apesar dos benefícios da proteção, a distribuição do cloro às famílias, mesmo gratuitamente, não demonstrou ser uma medida suficientemente eficaz. Por outro lado, oferecer gratuitamente o cloro em uma máquina de cloro em pontos de coleta de água – como vimos no Capítulo 10 – teve excelentes resultados. Os programas podem tornar-se mais eficientes e autossustentáveis à medida que diferentes esquemas de subsídios são testados, mas as máquinas de cloro são um grande passo na resolução de um problema básico: fazer um número maior de pessoas beber água limpa.

Mecanismos de compromisso

Vimos no Capítulo 6, em relação à poupança, e no Capítulo 10, em relação ao cigarro, que os mecanismos de compromisso podem ser uma ferramenta eficaz para ajudar as pessoas a alcançarem seus objetivos. Isso se aplica a todos, tanto ricos quanto pobres, embora os exemplos apresentados neste livro concentrem-se basicamente em aplicações nos países em desenvolvimento. A conta de poupança SEED ajudou mulheres como Sunny a realizar melhorias significativas em suas casas. Tendo como alvo o tabagismo, um importante problema de saúde em grande parte do mundo, vimos como uma conta de compromisso nas Filipinas ajudou as pessoas a largarem o cigarro. O princípio básico por trás desses dois exemplos pode ser aplicado a diversas facetas da vida: mecanismos de compromisso permitem que as pessoas tornem seus vícios mais caros e suas virtudes mais baratas. Ao fazê-lo, ajudam as pessoas a fazer escolhas mais virtuosas.

A lista continua: Proven Impact Initiative

O lado negativo das sete ideias que funcionam é que elas são estáticas. A tinta secou; elas não vão a parte alguma. Mas as soluções no combate à pobreza *vão* a algum lugar. Impulsionadas pela inovação e pelas pesquisas, mudam o tempo todo. Esperamos que essas sete ideias um dia sejam suplantadas por sete ideias ainda melhores. Ficarei feliz quando isso acontecer.

Mas como *você* vai saber que isso aconteceu? Se não tiver o hábito de ler periódicos sobre economia ou participar de conferências sobre desenvolvimento, será difícil saber. As pesquisas mais recentes nem sempre são divulgadas ao público em geral.

Por isso, o IPA lançou a Proven Impact Initiative. Essa iniciativa ajudará a garantir que doadores, grandes e pequenos, tenham acesso a ideias que funcionam e a uma maneira fácil de apoiá-las. Estamos trabalhando com vários parceiros para comunicar essas informações ao público em geral, na esperança de ajudar os doadores a serem o mais eficazes possível.

Portanto, fique ligado. Estamos apenas iniciando nossa busca pelas perguntas certas para fazer e pelas respostas a elas. Buscamos inspiração nas inúmeras pessoas que trabalham na área de desenvolvimento, mas também lembramos que não basta ter boas intenções. Para fazer diferença no combate à pobreza, precisamos ir além das boas intenções, além do que parece bom e além de histórias que parecem ter tido sucesso. Nem sempre a resposta é a que queríamos e, com toda sinceridade, isso não interessa.

Precisamos pensar com clareza, fazer perguntas difíceis e definir processos objetivos para encontrar as respostas. Este livro deixa entrever o trabalho que já foi realizado e uma mera amostra do que ainda precisa ser feito. O mais estimulante, porém, é que temos respostas claras e estamos perto de descobrir muitas outras.

NOTAS

CAPÍTULO 1
1. Peter Singer. 2009. *The Life You Can Save: Acting Now to End World Poverty*. Nova York: Random House. Singer usa fatos ligeiramente diferentes, mas seus escritos e as conversas que tive com ele nos serviram de inspiração direta. Fiz algumas mudanças apenas para refutar objeções padrão à analogia. Por exemplo, Singer tradicionalmente apresenta que estragar um par de sapatos caros é o "custo" de salvar a criança que está se afogando, mas podemos argumentar: "Por que você não tira os sapatos?" Para ver outros desafios (engraçados) à analogia, assista à entrevista de Singer a Stephen Colbert, disponível em http://www.colbertnation.com/the-colbert-report-videos/221466/march-12-2009/peter-singer (acessado em 26 de abril de 2010).
2. http://failbooking.com/2010/02/05/funny-facebookfails-texts-cost-money (acessado em 28 de março de 2010).
3. A Kiva hoje é mais transparente a respeito do seu funcionamento interno do que costumava ser, graças, em grande parte, aos apelos de David Roodman, do Center for Global Development. Porém, a verdade ainda é impressa em letras pequenas. Na época em que este livro estava sendo escrito (março de 2010), o site dizia: "Your funds will be used to backfill this loan." [Seus recursos serão usados para financiar este empréstimo.] Em seguida, três linhas abaixo, dizia: "Raised so Far" [Levantados até agora] e "Still Needed" [Ainda necessários.] Necessários para o quê, exatamente? Para terminar de financiar o empréstimo? A impressão que eles estão tentando criar (com sucesso) é que seus recursos vão diretamente para a pessoa escolhida por você. E a taxa de juros não tem esse nome, e sim "rendimento do portfólio". Eu me pergunto quantos investidores/doadores da Kiva percebem que rendimento do portfólio é o mesmo que taxa de juros.
4. http://www.kiva.org/about (acessado em 28 de março de 2010).
5. *Giving USA*, publicação da USA Foundation, pesquisada e escrita pelo Center on Philanthropy na Indiana University.

CAPÍTULO 2
1. Dois artigos seminais sobre as avaliações randomizadas dos programas sociais são (1) Ashenfelter, O. 1978. "Estimating the Effect of Training Programs on Earnings", *Review of Economics and Statistics*, Volume 60, 47–57, e (2) Gary Burtless e Jerry A. Hausman, 1978. "The Effect of Taxation on Labor Supply: Evaluating the Gary Negative Income Tax Experiment", *The Journal of Political Economy*, Vol. 86, pp. 1103–1130.
2. http://www.un.org/esa/socdev/unyin/documents/ydiDavidGordon_poverty.pdf (acessado em 22/2/10).

CAPÍTULO 3

1. Para ver uma discussão da batalha pelo lançamento e divulgação do cobertor com mangas, consulte o artigo do *New York Times* (entre vários outros na internet): http://www.nytimes.com/2009/02/27/business/media/27adco.html?adxnnl=1&adxnnlx=1269796090-dAy7Jkx4XGUQxoRpQwit0g (acessado em 28 de março de 2010). Para ver uma divertida comparação entre o Snuggie, o Slanket e dois outros produtos semelhantes (Freedom Blanket e Blankoat), ver http://gizmodo.com/5190557/ultimatebattle-the-snuggie-vs-slanket-vs-freedom-blanket-vs-blankoat (acessado em 28 de março de 2010).
2. http://www.intenseinfluence.com/blog/how-much-moneyis-spent-on-advertising-per-year (acessado em 26 de abril de 2010).
3. http://www.who.int/water_sanitation_health/ publications/factsfigures04/en/ (acessado em 28 de março de 2010).
4. http://people.ischool.berkeley.edu/~hal/people/hal/NYTimes/2006-06-01.html(acessado em 3 de março de 2010).
5. Uma das conversas nas quais Sendhil explica o problema da última milha está disponível ao público graças ao TED. Consulte http://www.ted.com/talks/sendhil_mullainathan.html (acessado em 28 de março de 2010).
6. Marianne Bertrand, Dean Karlan, Sendhil Mullainathan, Eldar Shafir e Jonathan Zinman. "What's Advertising Content Worth? A Field Experiment in the Consumer Credit Market". *Quarterly Journal of Economics*, 125(1), fevereiro de 2010.
7. S.S. Iyengar e Mark Lepper. 2000. "When Choice Is Demotivating: Can One Desire Too Much of a Good Thing?" *Journal of Personality and Social Psychology* 79:995–1006.
8. Shawn Cole, Xavier Giné, Jeremy Tobacman, Petia Topalova, Robert Townsend e James Vickery. 2008. "Barriers to Household Risk Management: Evidence from India". Artigo mimeografado, Banco Mundial. O documento de trabalho pode ser encontrado em http://www.hbs.edu/research/pdf/09-116.pdf (acessado em 26 de abril de 2010).

CAPÍTULO 4

1. A história de María Lucía Potosí foi extraída do site da FINCA. http://www.villagebanking.org/site/apps/nlnet/content2.aspx?c=erKPI2PCIoE&b=5004173&ct=7159949 (acessado em 5 de janeiro de 2010).
2. A *newsletter* que conta a história de Marta pode ser encontrada em http://www.opportunity.org/wp-content/uploads/2010/06/Impact-2008-Spring.pdf (acessado em 5 de janeiro de 2010). A história foi publicada originalmente em *Impact* (edição da primavera de 2008), publicada pela Opportunity International, 2122 York Road, Suite 150, Oak Brook, IL 60523. Janna Crosby, org.
3. Para ver a história na íntegra, narrada com suas próprias palavras, consulte: Muhammad Yunus e Alan Jolis. 2003. *Banker to the Poor: Micro-lending and the Battle Against World Poverty*. Nova York: Public Affairs, edição de capa dura pp. 20–29. ISBN 978-1-89162-011-9.
4. Números extraídos de Mix Market, excelente fonte de dados do setor sobre microfinanciamento: http://www.mixmarket.org/mfi/grameen-bank (acessado em 7 de abril de 2010).
5. *State of the Microcredit Summit Campaign Report 2009*. Washington, DC: Microcredit Summit Campaign.
6. http://www.nytimes.com/2005/09/21/readersopinions/bono-questions.html (acessado em 9 de abril de 2010).
7. APR (Annual Percentage Rate – taxa percentual anual) é a forma mais comum de cotar taxas de juro. É assim que normalmente falamos sobre custos e retornos para empréstimos, poupança e investimentos. Acordos de cartão de crédito, certificados de depósitos

bancários, financiamento de automóveis e da casa própria são apenas alguns lugares onde podemos encontrar menções à APR. Esses números referentes às taxas de juros do microcrédito são extraídos de dados contábeis divulgados ao público. Ver, por exemplo, http://www.themix.org para saber como esses dados são calculados.
8. Dean Karlan e Jonathan Zinman. Janeiro de 2010. "Expanding Credit Access: Using Randomized Supply Decisions to Estimate the Impacts". *Review of Financial Studies*, 23(1).
9. Suresh de Mel, David McKenzie e Christopher Woodruff. 2008. "Returns to Capital: Results from a Randomized Experiment". *Quarterly Journal of Economics* 123(4):1329–72. Os mesmos pesquisadores também estão reproduzindo e expandindo o estudo em Gana e no Sri Lanka com a ajuda do IPA no campo.
10. http://www.globalissues.org/article/26/povertyfacts-and-stats (acessado em 4 de abril de 2010).
11. Para uma análise mais completa dos resultados para os gêneros, ver Suresh de Mel, David McKenzie e Christopher Woodruff. 2009. "Are Women More Credit Constrained? Experimental Evidence on Gender and Microenterprise Returns". *American Economic Journal: Applied Economics*, 1(3):1–32. Esse é o outro artigo do *Quarterly Journal of Economics* citado antes.
12. Dean Karlan e Jonathan Zinman. 2010. "Expanding Microenterprise Credit Access: Using Randomized Supply Decisions to Estimate the Impacts in Manila". Documento de trabalho.
13. Abhijit Bannerjee, Esther Duflo, Rachel Glennerster e Cynthia Kinnan. Maio de 2009. "The Miracle of Microfinance? Evidence from a Randomized Evaluation". Poverty Action Lab Working Paper 101.

CAPÍTULO 5
1. Colin Camerer, Linda Babcock, George Loewenstein e Richard H. Thaler. 1997. "Labor Supply of New York City Cab Drivers: One Day at a Time". *Quarterly Journal of Economics* 112(2):407–441.
2. http://www.wiego.org/stat_picture (acessado em 30 de março de 2010). Os clientes do microcrédito com certeza têm maior tendência a não ter emprego formal, pois grande parte do microcrédito é voltada para pessoas que têm seu próprio negócio.
3. Muhammad Yunus e Alan Jolis. 2003. *Banker to the Poor: Micro-Lending and the Battle Against World Poverty*. Nova York: Public Affairs, p. 140.
4. A FINCA Peru não é afiliada à FINCA International, organização com a qual trabalhei em El Salvador. O nome é o mesmo porque originalmente era um braço da FINCA.
5. Dean Karlan e Martín Valdivia. "Teaching Entrepreneurship: Impact of Business Training on Microfinance Clients and Institutions". *Review of Economics and Statistics*, no prelo.
6. http://personal.lse.ac.uk/fischerg/Assets/Drexler%20Fischer%20Schoar%20-%20 keep%20it%20Simple.pdf.
7. Miriam Bruhn, Dean Karlan e Antoinette Schoar. Maio de 2010. "What Capital Is Missing from Developing Countries?" *American Economic Review Papers & Proceedings*.
8. Dean Karlan e Jonathan Zinman. 2010. "A Methodological Note on Using Loan Application and Survey Data to Measure Poverty and Loan Uses of Microcredit Clients". Documento de trabalho.
9. Outubro de 2008. "The Unbanked: Evidence from Indonesia". *World Bank Economic Review* 22(3):517–537.

CAPÍTULO 6

1. A divisão de estatísticas da ONU, relatada aqui pelo Unicef, afirma que a renda nacional bruta *per capita* equivale a US$670: http://www.unicef.org/infobycountry/ghana_statistics.html#69 (acessado em 7 de maio de 2010).
2. No jargão econômico, esse fenômeno é conhecido como "seleção adversa". Foi usado explicitamente na economia pela primeira vez por Joseph Stiglitz e Andrew Weiss. O artigo é: Joseph Stiglitz e Andrew Weiss. Junho de 1981. "Credit Rationing in Markets with Imperfect Information". *American Economic Review* 71(3):393-410.
3. O jargão econômico para esse fenômeno, no qual a falta de incentivos para quitar o empréstimo (por exemplo, não exigir garantia) faz os tomadores tentarem com menos afinco quitar seus empréstimos ou assumir riscos maiores com fundos tomados emprestado, é "risco moral no esforço" ou "risco moral *ex ante*".
4. http://unstats.un.org/unsd/demographic/products/indwm/ww2005/tab5e.htm (acessado em 30 de março de 2010).
5. http://www.grameen-info.org/index.php?option=com_content&task=view&id=22&Itemid=109 (acessado em 30 de março de 2010).
6. Mais uma vez, graças ao Mix Market. Os números relativos aos clientes do Grameen são encontrados em http://mixmarket.org/node/3110/data/100636/products_and_clients.total_borrowers/usd/2000-2004 (acessado em 26 de abril de 2010).
7. Xavier Giné e Dean Karlan. Maio de 2010. "Group versus Individual Liability: Long Term Evidence from Philippine Microcredit Lending Groups". Documento de trabalho.
8. Dean Karlan. Dezembro de 2005. "Using Experimental Economics to Measure Social Capital and Predict Financial Decisions". *American Economic Review* 95(5):1688-1699.
9. Dean Karlan. Fevereiro de 2007. "Social Connections and Group Banking". *Economic Journal* 117:F52-F84.
10. Benjamin Feigenberg, Erica Field e Rohini Pande. Junho de 2010. "Building Social Capital through Microfinance". Harvard Kennedy School Working Paper N. RWP10-019.
11. Relatório anual de 2009 da Whole Planet Foundation, disponível em http://www.wholeplanetfoundation.org/files/uploaded/WPF_2009_Audited_Financials.pdf (acessado em 25 de março de 2010).
12. O livro *The Poor and Their Money,* de Stuart Rutherford, constitui uma leitura maravilhosa e rápida que discute sobre essa ideia básica, além de argumentar que o que os pobres mais precisam é de uma maneira de fazer pequenos depósitos e grandes saques. Em muitos casos, a ordem não é tão importante assim para eles.

CAPÍTULO 7

1. A Financial Access Initiative oferece grande variedade de informações sobre serviços bancários e outros serviços financeiros nos países em desenvolvimento e em outras partes do mundo. Esse número, especificamente, é assunto de uma de suas notas de foco informativo, disponível em http://financialaccess.org/sites/default/files/110109%20HalfUnbanked_0.pdf (acessado em 26 de abril de 2010).
2. Pascaline Dupas e Jonathan Robinson. Setembro de 2010. "Savings Constraints and Microenterprise Development: Evidence from a Field Experiment in Kenya". Documento de trabalho.
3. Nava Ashraf, Dean Karlan e Wesley Yin. Maio de 2006. "Tying Odysseus to the Mast: Evidence from a Commitment Savings Product in the Philippines". *Quarterly Journal of Economics* 121(2):635-672.
4. Um "empurrãozinho" é algo que muda as nossas decisões sem modificar as alternativas subjacentes que se nos apresentam. Um exemplo seria mudar a ordem dos alimentos apresentados em um bufê: se as frutas vierem antes dos *brownies,* as pessoas

provavelmente vão escolher mais frutas. Thaler e Sunstein cunharam o termo *nudge* e escreveram um livro fascinante sobre o uso do conceito para nos ajudar a fazer as escolhas que desejamos fazer. Richard Thaler e Cass Sunstein. 2008. *Nudge: Improving Decisions About Health, Wealth, and Happiness.* New Haven: Yale University Press.

5. Shlomo Benartzi e Richard Thaler. Fevereiro de 2004. "Save More Tomorrow: Using Behavioral Economics to Increase Employee Savings". *Journal of Political Economy* 112.1, Part 2: S164–S187. O estudo, ao contrário da maior parte dos outros estudos que discutimos neste livro, não foi implementado com um RCT. O artigo discute as tendenciosidades de seleção que teriam de ser apresentadas para impor graves preocupações, e são relativamente duras e peculiares, deixando o leitor (pelo menos deixando a mim) bastante convencido de seus achados. Resta uma pergunta importante: Será que o aumento na poupança para aposentadoria implica o custo de redução dos atuais níveis de consumo ou maior endividamento? No caso desta última opção, talvez o tiro saia pela culatra.

6. Dean Karlan, Maggie McConnell, Sendhil Mullainathan e Jonathan Zinman. Abril de 2010. "Getting to the Top of Mind: How Reminders Increase Saving". Documento de trabalho.

7. O número de 6% é calculado com base na Tabela 4, Painel A, coluna 3 do artigo citado antes, da seguinte maneira. O efeito de receber um lembrete sobre a possibilidade de se alcançar a meta de poupança de uma pessoa foi estimado em 3,1%. Na amostra como um todo, 54,9% das pessoas alcançaram suas metas. Assim, os lembretes constituem uma melhoria de (3,1/54,9=)5,6%.

8. Esther Duflo, William Gale, Jeffrey Liebman, Peter Orszag e Emmanuel Saez. Novembro de 2006. "Savings Incentives for Low and Middle-Income Families: Evidence from a Field Experiment with H & R Block". *Quarterly Journal of Economics* 121(4):1311–1346.

9. Emmanuel Saez. 2009. "Details Matter: The Impact and Presentation of Information on the Take-up of Financial Incentives for Retirement Saving". *American Economic Journal: Economic Policy* 1(1):204–228.

CAPÍTULO 8

1. WB *World Development Report* 2008, p. 1. http://siteresources.worldbank.org/INTWDR2008/ Resources/WDR_00_book.pdf.
2. Nava Ashraf, Xavier Giné e Dean Karlan. Novembro de 2009. "Finding Missing Markets (and a Disturbing Epilogue): Evidence from an Export Crop Adoption and Marketing Intervention in Kenya". *American Journal of Agricultural Economics* 91(4).
3. Esther Duflo, Michael Kremer e Jonathan Robinson. 2008. "How High Are Rates of Return to Fertilizer? Evidence from Field Experiments in Kenya". *American Economic Review* 98(2):482–488.
4. Richard Thaler. 1991. *The Winner's Curse: Paradoxes and Anomalies of Economic Life.* Nova York: Free Press, p. 69.
5. Shlomo Benartzi e Richard Thaler. 2001. "Naïve Diversification Strategies in Defined Contribution Saving Plans". *American Economic Review* 91(1):79–98.
6. M.H. Bazerman. 1986. *Judgment in Managerial Decision Making.* Hoboken, NJ: John Wiley & Sons, Inc., p. 19.
7. Amos Tversky e Daniel Kahneman. 1973. "Availability: A Heuristic for Judging Frequency and Probability". *Cognitive Psychology* 5:207–232.
8. Esther Duflo, Michael Kremer e Jonathan Robinson. Julho de 2009. "Nudging Farmers to Use Fertilizer: Theory and Experimental Evidence from Kenya". NBER Working Paper N. 15131.

9. Timothy Conley e Christopher Udry. Março de 2010. "Learning About a New Technology: Pineapple in Ghana". *American Economic Review* 100(1):35–69.
10. Os versos foram extraídos do poema de Robert Burns, "To a Mouse". A ordem real (mais antiga) do texto no original é: "The best laid schemes o' Mice an' Men,/Gang aft agley,/An' lea'e us nought but grief an' pain,/For promis'd joy!"
11. O DrumNet continua em operação, mas não nessa região nem nessas culturas.
12. Robert Jensen. Agosto de 2007. "The Digital Provide: Information (Technology), Market Performance, and Welfare in the South Indian Fisheries Sector". *The Quarterly Journal of Economics* 122(3):879–924.
13. Michael Kremer. Agosto de 1993. "The O-Ring Theory of Development". *The Quarterly Journal of Economics* 108(3):551–575.

CAPÍTULO 9
1. "Education and the Developing World". Center for Global Development, 2006.
2. "Education and the Developing World". Center for Global Development, 2006.
3. David Evans, Michael Kremer e Muthoni Ngatia. 2008. "The Impact of Distributing School Uniforms on Children's Education in Kenya". Artigo mimeografado.
4. T. Paul Schultz. 2004. "School Subsidies for the Poor: Evaluating the Mexican Progresa Poverty Program". *Journal of Development Economics* 74(1):199–250.
5. Felipe Barrera-Osoria (Banco Mundial), Marianne Bertrand (University of Chicago) e Francisco Pérez (GI Exponential). 2010. "Improving the Design of Conditional Transfer Programs: Evidence from a Randomized Education Experiment in Colombia". *American Economic Journal: Applied Economics,* no prelo.
6. Dados extraídos do artigo citado na nota anterior. Tabela 3, coluna 7, como se segue. A taxa de frequência média do grupo de controle de 0,786 implica um índice de faltas de 0,214. Efeitos do tratamento no aumento da frequência de 0,025, 0,028 e 0,055 para o programa básico, primeira variação, e a segunda variação representa uma diminuição das faltas da ordem de (0,025/0,214=)11,6%, (0,028/0,214=)13,1% e (0,055/0,214=)25,7%, respectivamente.
7. Avaliação do impacto da vermifugação nas escolas sobre a saúde dos alunos e a frequência escolar no Quênia. Os números foram extraídos do mesmo artigo, Tabela 7, coluna 6, como se segue. Para a primeira variação, o efeito de um tratamento de 0,094 na mediana do grupo de controle de 0,205 representa um aumento de 46% nas matrículas no nível superior. Para a segunda variação, um efeito do tratamento de 0,487 na mediana do grupo de controle de 0,205 representa um aumento de 237% nas matrículas no nível superior.
8. http://Web.worldbank.org/WBSITE/EXTERNAL/TOPICS/EXTHEALTHNUTRITIONANDPOPULATION/EXTPHAAG/0,contentMDK:20785786~menuPK:1314819~pagePK:64229817~piPK:64229743~theSitePK:672263,00.html (acessado em 31 de março de 2010).
9. Edward Miguel e Michael Kremer. 2004. "Worms: Identifying Impacts on Education and Health the Presence of Treatment Externalities". *Econometrica* 72(1):159–217.
10. Gustavo Bobonis, Edward Miguel e Charu Puri-Sharma. 2006. "Iron Deficiency Anemia and School Participation". *Journal of Human Resources* 41(4):692–721.
11. Hoyt Bleakley. 2007. "Disease and Development: Evidence from Hookworm Eradication in the American South". *Quarterly Journal of Economics* 122:73–117.
12. Sarah Baird, Joan Hamory Hicks, Michael Kremer e Edward Miguel. "Worms at Work: Long-run Impacts of Child Health Gains". Documento de trabalho.
13. http://data.un.org/Data.aspx?q=India+population+age+5-14&d=PopDiv&f=variableID:20;crID:356 (acessado em 31 de março de 2010). Esse número vem de uma consulta

ao banco de dados on-line UNdata, útil recurso com estatísticas dos países nas áreas de economia, demografia, saúde, educação e outras. O número de 250 milhões é a estimativa de 2005 para a população indiana com idade entre 5 e 14 anos (o resultado foi 246.293.000).
14. Pratham Organization. 2006. *Annual Status of Education Report 2005*. Mumbai: Pratham Resource Center.
15. Abhijit Banerjee, Shawn Cole, Esther Duflo e Leigh Linden. 2007. "Remedying Education: Evidence from Two Randomized Experiments in India". *Quarterly Journal of Economics* 122(3):1235–1264.
16. Esther Duflo, Pascaline Dupas e Michael Kremer. Novembro de 2008. "Peer Effects and the Impact of Tracking: Evidence from a Randomized Evaluation in Kenya". *American Economic Review*, no prelo.
17. Pratham Organization. 2006. *Annual Status of Education Report 2005*. Mumbai: Pratham Resource Center.
18. Abhijit Banerjee, Rukmini Banerji, Esther Duflo, Rachel Glennerster e Stuti Khemani. Fevereiro de 2010. "Pitfalls of Participatory Programs: Evidence from a Randomized Evaluation in Education in India". *American Economic Journal: Economic Policy* 2(1):1–30.

CAPÍTULO 10
1. Abhijit Banerjee, Angus Deaton e Esther Duflo. 2004a. "Wealth, Health, and Health Services in Rural Rajasthan". *AER Papers and Proceedings* 94(2):326–330.
2. Abhijit Banerjee, Esther Duflo e Rachel Glennerster. 2007. "Putting a Band-Aid on a Corpse: Incentives for Nurses in the Indian Public Health Care System". *Journal of the European Economics Association* 6(2–3):487–500.
3. Da nota de rodapé na página 11 de "Putting a Band-Aid on a Corpse", citado anteriormente.
4. Paul Gertler. 2004. "Do Conditional Cash Transfers Improve Child Health? Evidence from Progresa's Control Randomized Experiment". *American Economic Review* 94(2):336–341.
5. Paul Gertler e Simone Boyce. 2001. "*An Experiment in Incentive-Based Welfare: The Impact of Progresa on Health in Mexico*". Documento de trabalho.
6. John Hoddinott e Emmanuel Skoufias. Outubro de 2004. "The Impact of Progresa on Food Consumption". *Economic Development and Cultural Change* 53(1):37–61.
7. Laura Rawlings. 2005. "Evaluating the Impact of Conditional Cash Transfer Programs". *The World Bank Research Observer* 20(1):29–55.
8. Xavier Giné, Dean Karlan e Jonathan Zinman. 2010. "Put Your Money Where Your Butt Is: A Commitment Savings Account for Smoking Cessation". *American Economic Journal: Applied Economics* 2(4):1–26.
9. O número foi extraído de um *press release* sobre o presidente e CEO da PSI, Karl Hofmann. http://mim.globalhealth strategies.com/blog/wp-content/uploads/2009/10/Karl-Bio.pdf (acessado em 26 de abril de 2010).
10. Jessica Cohen e Pascaline Dupas. 2010. "Free Distribution or Cost-Sharing? Evidence from a Randomized Malaria Prevention Experiment". *Quarterly Journal of Economics* 125(1):1–45.
11. Extraído do site da Organização Mundial de Saúde, informações sobre água, saneamento e higiene: http://www.who.int/water_sanitation_health/publications/factsfigures04/en (acessado em 28 de março de 2010).
12. Michael Kremer, Edward Miguel, Sendhil Mullainathan, Claire Null e Alix Peterson Zwane. 2009. "Making Water Safe: Price, Persuasion, Peers, Promoters, or Product Design?"

CAPÍTULO 11
1. Paul Gertler, Manisha Shah e Stefano Bertozzi. 2005. "Sex Sells, but Risky Sex Sells for More". *Journal of Political Economy*, 113:518-550.
2. Essa e muitas outras citações desanimadoras da "Dra. Beterraba" podem ser encontradas em http://www.southafrica.to/people/Quotes/Manto/MantoTshabalalaMsimang.htm (acessado em 15 de março de 2010).
3. Pascaline Dupas. 2007. "Relative Risks and the Market for Sex: Teenage Pregnancy, HIV, and Partner Selection in Kenya". Mimeo, Dartmouth.
4. Disponível no YouTube: http://www.youtube.com/watch?v=0ed1m16L1so.
5. Rebecca L. Thornton. 2008. "The Demand for, and Impact of, Learning HIV Status". *American Economic Review* 98(5):1829-1863.
6. O site do Unicef contém grande quantidade de estatísticas econômicas, demográficas, epidemiológicas e outras de centenas de países. Esses dados foram encontrados em http://www.unicef.org/infobycountry/malawi_statistics.html#66 (acessado em 22 de junho de 2010) e em http://www. unicef.org/infobycountry/usa_statistics.html#66 (acessado em 22 de junho de 2010), respectivamente.
7. No artigo de Thornton, consulte a discussão na página 14 e a Tabela 4 da página 51.

ÍNDICE

abandono do cigarro, 192–194, 224
Abdul Latif Jameel Poverty Action Lab (J- PAL), 21, 64, 185
abordagem "ensinar o homem a pescar", 30
abordagem da pia de cozinha ao desenvolvimento, 136–138
absenteísmo, 160–162, 165–169, 171, 172–173, 183–187
adiamento, 118, 128, 146
África do Sul
    acesso ao crédito ao consumidor, 8
    agiotas, 52, 54
    marketing do microcrédito, 36–39, 40–42
    profissionais do sexo, 207
África Ocidental, 119
África Oriental, 137
agências de relatórios de crédito, 91–92
agiotas, 49, 52–53, 184, 221
agricultura
    alicerces do desenvolvimento, 150–152
    aprendizado social, 146–148
    comportamento não racional, 141
    DrumNet, 136–138, 148–150
    economia comportamental, 143–144, 144–146
    fertilizantes, 34, 138–141, 145–146, 146–148, 153, 222
    marketing, 34
    nos países em desenvolvimento, 135–136
    sobrecarga de escolhas, 141–143
ajuda a países estrangeiros, 220
Akwapim South District of Ghana, 147
alfabetização, 155. *Ver também* educação
alicerces do desenvolvimento, 150–152
alocação do tempo, 71–73, 97
altruísmo, 111
América Latina. *Ver países específicos*
ancilóstomos, 152, 169
Andaya, Omar, 100
Andhra Pradesh, Índia, 41–43
anemia, 168–169, 190
apólices de seguro contra chuva, 34, 41–43
Arariwa, 83

Ashraf, Nava, 125, 137
assistência comunitária, 94. *Ver também* FINCA (Foundation for International Community Assistance)
assistência médica preventiva. *Ver* assistência médica
assistência médica
    abandono do cigarro, 224
    absenteísmo dos profissionais de saúde, 183–187
    diarreia, 200–203
    educação, 155, 188
    medicina tradicional, 22–23, 182–183
    prevenção da malária, 194–196, 197–200, 205
    prevenção do HIV/AIDS, 208–209, 209–213, 213–218
    programas de incentivo, 155, 184–187, 187–191, 188–189, 191–194
    programas de vermifugação, 3, 152, 165–169, 180, 223
    purificação da água, 201–203, 203–205, 224
    transferência condicional de renda, 187–191
associações *susu*, 119
autocontrole, 124, 126
avaliação de programas e custos administrativos, 220–221
    absenteísmo dos professores, 172–173
    avaliações da situação antes e depois, 24–25
    eficácia da ajuda, 22, 25–27
    importância, 7–8
    incentivos à assistência médica, 188–189
    inovação, 221
    microcrédito, 20–22, 66, 81
    monitoramento do uso real dos empréstimos, 82–84
    prevenção do HIV/AIDS, 212–213
    programas educacionais, 164
    Proven Impact Initiative, 224–225

RCTs (*Randomized Control Trials
  – ensaios clínicos randomizados*),
  23-25
  testes padronizados, 31, 161
  avaliações da situação antes e depois,
  24-25

Babcock, Linda, 71
Ban Ki-moon, 112
Banco Mundial
  apólices de seguro contra chuvas, 41
  comparado a pequenos doadores, 14
  empréstimos de responsabilidade
    individual, 99
  esforços pela redução da pobreza, 3
  prevenção da malária, 197-198
  programas de treinamento em
    negócios, 78
  programas educacionais, 178
Banerjee, Abhijit, 21, 64, 174, 178, 185
Bangladesh, 50, 52, 90, 99
Barrera-Osorio, Felipe, 163
Becker, Gary, 5-6
Benartzi, Shlomo, 127-129, 143
benefícios do microcrédito e do
  microfinanciamento, 47-50
  agiotas, 52-53
  apoio, 15
  apólices de seguro contra chuva, 41-43
  avaliação do risco, 55
  condições atuais, 66-67
  desenvolvimento da comunidade,
    63-66
  e RCT, 25-26
  eficiência dos programas, 3
  empreendedorismo, 46, 56-58, 58-61,
    61-63, 66-66, 66-67, 73-79
  empréstimos de responsabilidade
    individual, 99-103
  empréstimos individuais simples,
    98-99
  FINCA, 18-22
  futuro do microfinanciamento, 113
  investimentos de capital, 56-57
  limitações, 50-53
  marketing, 13, 34, 36-39, 40, 41,
    47-48, 67, 101
  prazos dos empréstimos, 53-56, 81
  prazos típicos dos empréstimos, 46-47,
    53-56

prevenção da malária, 194
procedimentos de alocação de
  empréstimos, 20
risco de crédito, 55-55
taxa de empréstimos, 58-61
teoria, 7-8
Ver também empréstimos conjuntos
Bertozzi, Stefano, 207-208
Bertrand, Marianne, 37, 163
Bill & Melinda Gates Foundation, 14, 16,
  122, 201
Bleakley, Hoyt, 169
Bobonis, Gustavo, 168
Bogotá, Colômbia, 163-165
Bolívia, 132, 222
Bono, 50, 112
Bruhn, Miriam, 78
Burns, Robert, 148-149
Busia, Quênia, 20, 139, 141, 201-203,
  209-213
Butuan, Filipinas, 123

C
caixas eletrônicos, 113-114
California Raisins, 35
Camerer, Colin, 71
camisinha, 206, 208, 209-213, 214-218
campos de leitura, 178-179, 180, 223
capacidade de lidar com números, 155
capacidade econômica, 52
características ocultas, 26
CARES (Committed Action to Reduce and
  End Smoking), 192-194
casamento, 209, 213
Cebu, 101-102
celebridades como ativistas, 50, 99
celulares, 11-12, 39, 132, 151-152
cenário da galinha dos ovos de ouro,
  57-58
cenário do lago de Singer, 8-10
Center for Global Development, 67
Charway, Davis P., 194-195, 197, 205
Chennai, Índia, 115
Children's Investment Fund Foundation,
  Reino Unido, 176
Chile, 122
Chittagong University, 49
Christmas Clubs, 123
Clegg, Gary, 32
Cohen, Jessica, 199

Cole, Shawn, 41, 174
Collins, Daryl, 52
Colômbia, 163-165
Compartamos, 53
confiança, 42, 81-84, 104-106, 137
Conley, Timothy, 147
controle de programas, 61, 94, 149-150
cooperação, 111-112. *Ver também* empréstimos conjuntos
coroas ricos, 209-213
Credit Indemnity, 37-38, 40, 54-56, 61, 81
cultivo do abacaxi, 147
cupons de fertilizantes pré-pagos, 34, 222
cupons para compra de comida, 74
custo de oportunidade, 69-71, 71-73, 89, 160
custos admnistrativos, 220-221
custos de transporte, 55, 136, 137, 166
dados de entrevistas, 27-29
De Mel, Suresh, 57-58, 59, 61

Délhi, Índia, 168-169
demografia, 65-66
Departamento de Trabalho dos Estados Unidos, 22
desastre do *Challenger*, 152-153, 162
descontos, 133-134
desemprego, 74
desenvolvimento da comunidade, 62, 63-66, 88-89, 176-179
desnutrição, 188
Development Innovations, 21
Dezesseis decisões, 49-50
dinheiro como bem fungível, 80, 85-86
dinheiro escorregadio, 80, 85-86
disciplina, 118, 124-125, 126
dívida, 48-49, 73-79, 98. *Ver também* microcrédito e microfinanciamento
doenças diarreicas, 34, 36, 200-203, 203-205
doenças sexualmente transmissíveis. *Ver* prevenção do HIV/AIDS
Drexler, Alejandro, 77
DrumNet
  colapso, 148-150, 150-151, 153
  e abordagem da pia de cozinha ao desenvolvimento, 136-138
  programas de cupons para fertilização, 138-139, 145-146, 153, 222
Duflo, Annie, 176, 223

Duflo, Esther
  absenteísmo dos professores, 172-173
  absenteísmo dos profissionais de saúde, 185
  desenvolvimento das comunidades, 64
  Development Innovations, 21
  estudo do uso de fertilizantes, 139-140, 145
  Objetivos de Desenvolvimento do Milênio, 154
  planos de poupança para a aposentadoria, 132-133
  prêmio Genius Award, 152
  programas de acompanhamento, 175
  reforço escolar, 174
  Village Education Committees, 178
Dupas, Pascaline, 120-122, 175, 199, 211

Easterly, William, 4, 22, 197-198, 205
economia clássica
  jogo da confiança, 105
  limitações, 143
  microempréstimos, 38, 99
  poupança para aposentadoria, 128
  preço dos mosquiteiros, 199
  prevenção do HIV/AIDS, 210-211
  racionalidade, 5-6
  Ver também soluções baseadas no mercado
economia comportamental
  alicerces do desenvolvimento, 150-152
  aprendizado social, 146-148
  avaliação dos programas de empréstimo, 82-84
  aversão à escolha, 38-39, 39-40
  custo de oportunidade, 71-73
  descrição, 5-6
  dificuldade de poupar, 118, 127-162
  limitações comportamentais, 144-146
  marketing, 10-12, 14
  pedido de doações, 10-13
  planos de incentivo, 131-134, 164-165
  práticas agrícolas, 143-144, 144-146
  purificação da água, 201-203
economia tradicional. *Ver* economia clássica
Econs, 4-5, 8-11, 105, 141, 207
educação de nível universitário, 157-158. *Ver também* educação
educação superior, 157-158

educação
  absenteísmo dos alunos, 160-162, 165-169, 173
  absenteísmo dos professores, 171, 172-173
  custo para os alunos, 159-160
  e envolvimento da comunidade, 176-179
  e transferências condicionais de renda, 162-163
  eficiência, 63, 67-67, 151-152. *Ver também* economia clássica
  em Gana, 155-159, 160, 169-171, 176
  iniciativas de assistência médica, 155, 188-189
  Objetivos de Desenvolvimento do Milênio, 154-155
  prevenção da malária, 196
  prevenção do HIV/AIDS, 210-212, 214
  programas de distribuição gratuita de uniformes, 20, 160-162, 167-168, 175-176, 201, 222
  programas de monitoramento, 174-176
  programas de vermifugação, 165-169, 222
  reforço escolar, 173-174, 174-176, 223
  variedade de problemas e soluções, 180
efeito dos custos irrecuperáveis, 198
El Salvador, 18-19, 75, 214
empowerment, 48, 96
emprego, 55-56, 78, 155
empresários
  avaliação de empréstimos, 85-86
  empréstimos básicos, 56
  esquemas informais de poupança, 120
  microcrédito, 46, 56-58, 58-61, 61-63, 66-66, 66-67, 73-79
  retornos marginais, 57-58
empresas de empréstimo consignado, 7, 54-55, 117
empréstimos conjuntos
  avaliação dos padrões de uso do empréstimo, 87-89
  comparação com empréstimos individuais simples, 98-99
  confiança social, 104-106, 106-108
  descrição das práticas de empréstimo, 91-92
  descrição do modelo, 89-91
  empréstimos de responsabilidade individual, 99-103
  futuro, 112-114
  importância das reuniões, 108-112
  inadimplência, 94-95, 106
  origem, 49
  pressão dos pares, 86, 94, 203-205
  problemas, 96-98
  risco, 92-94, 97-98, 104-106, 111-112
  vantagens, 95-96
  Ver também microcrédito e microfinanciamento
empréstimos de curso prazo, 116117, 117. *Ver também* agiotas; empresas de empréstimo consignado
empréstimos de responsabilidade individual, 99-103
empréstimos diários, 116117
empréstimos irrestritos, 81
empréstimos pessoais, 79-80
equilíbrio de preços, 151-152
equivalência tempo/dinheiro, 69. *Ver também* custo de oportunidade
escolas particulares, 160
escolha, 38, 39-40, 123-124, 141-143
esforços simbólicos, 2
Estados Unidos, 16, 91, 103
estatística, 143
estoques de produtos, 51-52
ética, 8-10, 24
EurepGAP, 149-150, 150-151
Evans, David, 161
experimentos naturais, 107-108, 152

F
Facebook, 11-12, 14, 220
Federal Reserve Bank, 41
Feigenberg, Benjamin, 110-112
felicidade, 71-73, 89
fertilizantes
  cultivo de abacaxis, 146-148
  marketing, 34
  programa de cupons, 145-146, 153, 222
  taxa de uso, 138-141
Fidelity Investments, 129
Field, Erica, 109-112

Filipinas
    empréstimos a microempresários, 61–63
    Grameen II, 100
    planos de abandono do cigarro, 224
    poupança informal, 122
    programas de poupança, 122–124, 125, 132, 222
    sari sari stores, 50–53
financiamento governamental, 14, 187–191, 220
FINCA (Foundation for International Community Assistance)
    estudo do jogo da confiança, 104–105
    histórico, 18–22
    práticas de empréstimo, 47
    prazos dos empréstimos, 53
    programas de treinamento em negócios, 75–78, 96
    questões culturais relacionadas aos empréstimos, 106–108
First Macro Bank, 61–63, 65
Fischer, Greg, 77
Fisman, Ray, 21
Food and Drug Administration (FDA), 23
Freedom from Hunger, 221
Fundo Monetário Internacional (FMI), 41

Gale, William, 132–133
Gana
    aprendizado social, 146
    benefícios do microcrédito, 48
    emprego informal, 93
    empréstimos conjuntos, 87–89
    inadimplência em empréstimos, 94
    motoristas de táxi, 45–47
    pesquisas de campo, 27–29
    práticas de empréstimos, 91
    prevenção da malária, 194–196
    prevenção do HIV/AIDS, 214
    programas de reforço escolar, 223
    RCTs, 27
    relatórios de crédito, 91–92
    sistema de assistência médica, 181–183
    sistema educacional, 155–159, 160, 169–171, 176
    taxa de empréstimos no microcrédito, 59
garantia, 46, 93
Gates, Bill, 69

Gertler, Paul, 189, 206–207
Gichugu Constituency, 137, 138, 138, 150
Giné, Xavier, 41, 100, 138, 192
Glennerster, Rachel, 64, 178, 185
Good Morning America, 33
Google, 83
GRADE, 75
Grameen Bank
    diferenças de sexo nos empréstimos, 61
    empreendedorismo, 74–75
    empréstimos conjuntos, 90, 96, 110
    origem, 49–50
Grameen Foundation, 83
Grameen II, 99–100, 100, 101
gravidez, 212–213
Green Bank of Caraga
    contas de poupança SEED, 125–127
    empréstimos de responsabilidade individual, 100–103
    planos de compromisso de poupança, 122–124, 125–127
    programas de incentivo personalizados, 192–194
grupos de controle, 25–27
grupos de defesa, 35
Gugerty, Mary Kay, 124–125
Gujarat, Índia, 41–43

H&R Block, 132–133
Hanna, Rema, 172–173
Henry E. Niles Foundation, 75
herbalistas, 182–183
heurística, 78
Hewlett Foundation, 14
Honduras, 163
honestidade, 81–84
Hospital-Escola Korle Bu, 183
Hyderabad, Índia, 59, 64–65

ICS Africa, 145, 160–161, 167, 175–176
impostos, 133–134
inadimplência, 94–95, 97
inadimplentes, 94–95, 106
incentivos
    absenteísmo de professores, 172–173
    assistência médica, 155, 184–187, 187–191, 188–189, 191–194
    internet, 129–131, 191–192

planos de incentivo personalizados, 191-194
planos de poupança, 131-134
teste do HIV, 213-218
Índia
    absenteísmo de professores, 171, 172-173
    apólices de seguro contra chuva, 41-43
    empréstimos informais, 115-116
    infraestrutura de comunicações, 151-152
    microempréstimos, 59, 64-65
    programas de vermifugação, 168-169
    programas educacionais, 176-179
    reforço escolar, 173-174
    saúde pública, 184-187
indícios sobre os programas de redução da pobreza, 22. *Ver também* avaliação dos programas
indígenas, 106
Indonésia, 84
informações
    agricultura, 137, 138, 141-143, 148
    empréstimos conjuntos, 91
    prevenção do HIV/AIDS, 208-209
infraestrutura, 91-92, 151-152
Innovations for Poverty Action (IPA)
    avaliação de programas de auxílio, 22, 225
    desafios das pesquisas sobre desenvolvimento, 66
    empréstimos de curto prazo, 116
    marketing do microcrédito, 37-39
    origens, 21
    pesquisas de desenvolvimento comunitário, 64
    prevenção da malária, 194, 196
    programas de reforço escolar, 223
    programas de treinamento em negócios, 77
    programas de vermifugação, 223
    purificação da água, 203-205
    taxas de juros e empréstimos para microempresários, 46, 62
    taxas de uso do microcrédito, 59
    teoria dos microempréstimos, 7
inovação, 221
instituições de caridade, 11, 14, 130, 218, 220

internet
    aprendizado social, 146
    marketing, 33
    pedidos de doações, 11-12, 14, 219-220
    programas de incentivo, 129-131, 191-192
Iyengar, Sheena, 40

Jamaica, 163
Jamison, Julian, 83
Jensen, Robert, 151
John Bates Clark, medalha, 21
Jonathan, Zinman, 131

Kahneman, Daniel, 143-144
Kerala, Índia, 151-152
Khemani, Stuti, 178
Kinnan, Cynthia, 64
Kiva.org, 12-13, 61, 112, 219
Koyamedu Market, 115-116
Kremer, Michael
    complexidade dos programas de desenvolvimento, 152-153
    estudo sobre o uso de fertilizantes, 139-140, 145
    prêmio Genius Award, 152
    programa de monitoramento, 175
    programa de patrocínios de estudantes, 161
    programas de vermifugação, 165, 167-168
    purificação da água, 201-202
    tese, 20

laços sociais
    aprendizado, 146-148
    empréstimos conjuntos, 101-102, 104-106, 106-108
    práticas agrícolas, 148
    pressão dos pares, 86, 94, 203-205
    programas de purificação da água, 201-203
    redes de segurança, 74
    taxas de pagamento de empréstimos, 108-112
Laibson, David, 124
Lanao, Iris, 75, 106-107
leis de propriedade, 93
Lepper, Mark, 40

levantamentos, 27-29
líderes comunitárias, 88-89
Liebman, Jeffrey, 132-133
Linden, Leigh, 163, 174
Loewenstein, George, 71
lojas de conveniência, 50-53
loteria, 111-112
lucros
  dinheiro como bem fungível, 85-86
  retornos marginais, 57-58
  taxas de retornos do
    microempréstimo, 60, 63
  poupança, 116
  empréstimo de curto prazo, 117
  valor do microempréstimo, 56-57
Lunyofu Primary School, 196, 205

MacArthur Foundation, 21, 35-36, 152
Makola, 89
Malawi, 122, 215-218
manutenção de registros, 95-96
máquinas de cloro, 201-203, 224
marketing
  apólices de seguro contra chuva, 41-43
  do microcrédito, 13, 36-39, 40, 41,
    47-48, 67, 101
  economia comportamental, 11-12, 14
  exemplo do Snuggie, 32-33
  futuro do microfinanciamento, 113
  opções de crédito, 103
  porta a porta, 42
  problema da última milha, 34-36,
    36-39
  programas promocionais, 38-39,
    201-203
  ubiquidade, 33-34
  vendedores, 43-44
marketing porta a porta, 42
Massachusetts Institute of Technology
  (MIT), 21
McConnell, Maggie, 131
McKenzie, David, 57-58, 59, 61
medicina tradicional, 22-23, 182-183
mensagem de texto, 11-12, 83, 132
mensagens de lembrete, 132
mercados de peixe, 151-152
mestizas, 106-107
métodos de pesquisa, 23-25
México
  agiotas, 53

iniciativas em saúde, 187-191
profissionais do sexo, 208
programas de treinamento em
  negócios, 78
programas educacionais, 162-163
micropoupança, 50, 222. *Ver também*
  poupança
Miguel, Edward, 165, 167-168, 201
Mindanao, Filipinas, 100
Ministério da Agricultura (Quênia),
  139, 140
miopia, 146
monges budistas, 1-2, 5, 7
monitoramento de programas, 174-176.
  Ver também avaliação de programas
Morduch, Jonathan, 52, 84
mosquiteiros, 3, 197-200, 205
mulheres
  empréstimos conjuntos, 87-89,
    106-108, 110
  esquemas informais de poupança,
    121-122
  impacto dos microempréstimos, 65
  marketing do microcrédito, 38
  taxas de retorno dos
    microempréstimos, 60, 63
  teoria dos microempréstimos, 7
Mullainathan, Sendhil, 21, 35-37, 131,
  152, 201-202
Mumbai, Índia, 173-174
MySpace, 220

Nações Unidas (ONU), 4, 50, 154
negócios sazonais, 76. *Ver também*
  agricultura
Ngatia, Muthoni, 161
Nicarágua, 163
Nova York, 71-73
Nudge (Thaler e Sunstein), 5
Null, Clair, 201

Objetivos de Desenvolvimento do Milênio
  (ODMs), 50, 154
Ocampo, Reggie, 61
oferta e demanda, 151, 199, 208
opções de carreira, 69-70, 157-158
oportunidades, 162
Opportunity International, 48, 88
organizações sem fins lucrativos, 21,
  52-53, 137-138, 145, 221

Orszag, Peter, 132-133
Owens, John, 125

paciência, 126
padrões de consumo, 66
países em desenvolvimento
    agricultura, 135-136
    prevenção da malária, 195
    programas de vermifugação, 165-169, 223
    relatórios de crédito, 92
    taxas de poupança, 127-131
    Ver também países específicos
Pande, Rohini, 109-112
parasitas, 165-169, 196
patrocínio educacional, 161
pequenos doadores, 14, 219-220
Pérez-Calle, Francisco, 163
Peru
    conexões sociais nos empréstimos, 106-108
    empréstimos conjuntos, 96, 104-106
    estudos sobre o uso dos empréstimos, 83-84
    fundações filantrópicas, 14, 99. *Ver também* instituições de caridade; organizações sem fins lucrativos
    microcrédito, 19
    programas de poupança, 132, 222
    programas de treinamento em negócios, 75-78
planos de aposentadoria individuais, 133-134
planos de compromisso de poupança, 122-124, 125-127, 224
planos de poupança informais, 119-122, 124-127. *Ver também* agiotas
pobreza
    complexidade, 31, 152-153
    definição, 29-31
    dinheiro como bem fungível, 85-86
    empreendedorismo, 73-74
    experiências cotidianas, 31
    persistência, 3
    planos de poupança, 124-127
    prevenção da malária, 195-196
    RCT, 27
    taxa de empréstimos do microcrédito, 59
política, 188

Population Services International, 198-199, 201-203
Port Victoria, Quênia, 195
Portfolios of the Poor (Collins, Morduch, Rutherford e Ruthven), 52
Portman, Natalie, 50
Potosí Ramírez, María Lucía, 47, 50, 62
poupança
    comparação com empréstimos de curto prazo, 115-116
    dificuldade de poupar, 117-119, 127-131
    e os pobres, 124-127
    esquemas informais de poupança, 119-122, 124-127
    importância, 15
    incentivos, 131-134
    mecanismos de compromisso, 122-124, 125-127, 224
    nos países em desenvolvimento, 127-131
    programas de micropoupança, 50, 222
    sistemas bancários, 114
    sistemas de lembrete, 222
    vantagens, 117
poupança para a aposentadoria, 128-129, 133-134, 143
Poverty Action Lab, 21
Pratham, 174, 178, 221, 223
práticas de empréstimos. *Ver* microcrédito e microfinanciamento
Prêmio Nobel da Paz, 50
pressão dos pares, 86, 94, 203-205
prevenção da malária, 194-196, 197-200, 205
prevenção do HIV/AIDS, 208-209, 209-213, 213-218
PRIDE AFRICA, 137-138, 138
Pro Mujer, 53
probabilidade, 143
problema da última milha, 34-36, 36-39, 201, 202
problemas culturais, 28, 106-108
professores, 171, 172-173, 211-213
profissionais do sexo, 206-208
programa "Read India", 178-179
programa de vermifugação, 3, 152, 165-169, 180, 223
programa dos *balsakhis*, 174, 175-176, 223
programa Subsídios, 163

programas de distribuição gratuita de uniformes, 20, 160-162, 167-168, 175-176, 201, 223
programas de monitoramento, 172-173, 220. *Ver também* avaliação dos programas
programas de treinamento, 75-79, 96, 178
programas de treinamento em negócios, 75-79, 96
programas promocionais, 38-39, 201-203
programas sustentáveis, 30, 138
Progresa program, 162-163, 165, 168, 189-191, 193-194
propaganda, 34, 35-36, 38, 214. *Vide também* marketing
Proven Impact Initiative, 220, 224-225
purificação da água, 201-203, 203-205, 224
Puri-Sharma, Charu, 168

Quênia
  esquemas informais de poupança, 120-122
  pesquisa de Kremer, 20
  práticas agrícolas, 137-138, 138-141, 145, 149
  prevenção da malária, 199-200, 205
  prevenção do HIV/AIDS, 209-213
  programas de vermifugação, 152
  programas educacionais, 175-176
  purificação da água, 201-203, 203-205
  vendas de fertilizantes pré-pagas, 222
questão da vítima "identificável", 10, 13
questões raciais, 39
questões relacionadas às diferenças entre os sexos
  educação, 155
  empréstimos conjuntos, 87-89
  impacto dos microempréstimos, 65
  micropoupança, 222
  taxas de retorno dos microempréstimos, 60, 63

raciocínio utilitário, 8-10
Raffler, Pia, 83
Rajasthan, Índia, 184-187
randomização, 83-84, 107, 152
RCTs, 23-25, 25-27. *Ver também* estudos e programas específicos
reforço escolar, 173-174, 174-176, 223
Relative Risk Information Campaign, 211

retorno marginal, 57
risco
  empréstimo empresarial, 55-56
  empréstimos conjuntos, 92-94, 97-98, 104-106, 111-112
  prevenção do HIV/AIDS, 208, 208, 210-211, 212-213
  sistemas bancários, 114
  Ver também relatório de crédito
risco de crédito, 55-56, 62
Robinson, Jonathan, 120-122, 139-140, 145
Rockefeller Foundation, 169
rodízio de culturas, 146
ROSCAs (Rotating Savings and Credit Associations), 119-121
Rutherford, Stuart, 52
Ruthven, Orlanda, 52

Sachs, Jeffrey
  benefícios do microcrédito, 50
  eficácia da ajuda, 22
  estratégias de redução da pobreza, 3-4
  prevenção da malária, 197
  programas de purificação da água, 205
Saez, Emmanuel, 132-133
salários, 172-173
sari sari stores, 50-53
saúde púplica. *Ver* assistência médica
Save the Children, 10-11
Savings and Fertilizer Initiative, 145-146
Schoar, Antoinette, 77, 78
Schultz, Paul, 163
SEED (Save Earn Enjoy Deposit), 123-124, 125-127, 192, 224
seguro contra terremotos, 143
serviço de táxi, 68-69, 71-73
Seva Mandir, 172-173, 184-187, 221
Shafir, Eldar, 37
Shah, Manisha, 207-208
sistema WaterGuard, 201-203, 203-205
sistemas bancários, 113-114
sistemas jurídicos, 91, 94
Slanket, 32-33
SMarT (Save More Tomorrow), 17, 128-129, 143
Snuggies, 32-33, 44
soluções baseadas no mercado, 151-152, 199, 205. *Ver também* economia clássica
Spandana, 64-66

Sri Lanka
  microempresários, 75
  problemas de gênero nos
    microempréstimos, 61, 63
  retornos marginais dos empresários,
    58-59
  taxa de empréstimos do microcrédito,
    58-59
Stewart, Potter, 54
stickK.com, 17, 129-130, 191-192
subsídios, 216
Sunstein, Cass, 5, 127
suplementos de ferro, 169
suplementos nutricionais, 188

taxas de frequência, 173, 180, 184-187,
  222-223
taxas de pagamento de empréstimos,
  99-103, 108-112
tecnologia da comunicação, 151-152
tecnologia, 136, 151-152
tempo de lazer, 71-73. *Ver também* custo
  de oportunidade
tendenciosidades de disponibilidade,
  143-144
tentação, 125
teoria do objetivo diário, 73
terapia de reidratação oral, 34, 36
testes padronizados, 161
Thaler, Richard, 5, 71, 127-129, 143
The Art of Choosing (Iyengar), 40
The White Man's Burden (Easterly), 198
Thornton, Rebecca, 214-218
timing dos incentivos, 164-165, 202
Tobacman, Jeremy, 41
Topalova, Petia, 41
Townsend, Robert, 41
transferência de renda, 113-114, 164-165
transferências condicionais de renda,
  162-163, 164-165, 187-191
treinamento contábil, 78
Turquia, 163
Tversky, Amos, 144
Twain, Mark, 176
Twitter, 220

U2, 50, 99
Udaipur, Índia, 172
Udry, Chris, 147
Uganda, 83, 122
USAID (U.S. Agency for International
  Development), 125
usúria, 53. *Ver também* agiotas; empresas
  de empréstimo consignado
Uttar Pradesh, Índia, 176-179
uva-passa, 34-35

vacinação, 188
Valdivia, Martín, 75-76
Vanguard, 129
venda porta a porta, 42
vendedoras de flores, 115-116
Vickery, James, 41
viés do *status quo*, 142
Village Education Committee,
  177-179
Village Welfare Society (VWS),
  109

Whole Foods Market, 10, 112, 219
Whole Planet Foundation, 10
Woodruff, Chris, 57-58, 59, 61

Yin, Wesley, 125-126
YouTube, 33, 147
Yuan Chou, 72
Yunus, Muhammad
  diferenças de gêneros nos
    empréstimos, 61
  empreendedorismo, 74-75, 79
  empréstimos conjuntos, 49, 90, 99,
    110, 113
  evolução do microfinanciamento,
    54
  programas de treinamento em
    negócios, 75

Zâmbia, 198
Zinman, Jonathan, 36-37, 41, 54, 61-63,
  83, 192
Zwane, Alix, 201

Acreditamos que sua resposta nos ajuda a aperfeiçoar continuamente nosso trabalho para atendê-lo(la) melhor e aos outros leitores.
Por favor, preencha o formulário abaixo e envie pelos correios ou acesse www.elsevier.com.br/cartaoresposta. Agradecemos sua colaboração.

Seu nome: _____

Sexo: ☐ Feminino ☐ Masculino   CPF: _____

Endereço: _____

E-mail: _____

Curso ou Profissão: _____

Ano/Período em que estuda: _____

Livro adquirido e autor: _____

Como conheceu o livro?

☐ Mala direta   ☐ E-mail da Campus/Elsevier
☐ Recomendação de amigo   ☐ Anúncio (onde?) _____
☐ Recomendação de professor
☐ Site (qual?) _____   ☐ Resenha em jornal, revista ou blog
☐ Evento (qual?) _____   ☐ Outros (quais?) _____

Onde costuma comprar livros?

☐ Internet. Quais sites? _____
☐ Livrarias   ☐ Feiras e eventos   ☐ Mala direta

☐ Quero receber informações e ofertas especiais sobre livros da Campus/Elsevier e Parceiros.

Siga-nos no twitter @CampusElsevier

Cartão Resposta
050120048-7/2003-DR/RJ
Elsevier Editora Ltda
····CORREIOS····

ELSEVIER

SAC | 0800 026 53 40
ELSEVIER | sac@elsevier.com.br

CARTÃO RESPOSTA
Não é necessário selar

O SELO SERÁ PAGO POR
Elsevier Editora Ltda

20299-999 - Rio de Janeiro - RJ

Qual(is) o(s) conteúdo(s) de seu interesse?

Concursos
- [ ] Administração Pública e Orçamento
- [ ] Arquivologia
- [ ] Atualidades
- [ ] Ciências Exatas
- [ ] Contabilidade
- [ ] Direito e Legislação
- [ ] Economia
- [ ] Educação Física
- [ ] Engenharia
- [ ] Física
- [ ] Gestão de Pessoas
- [ ] Informática
- [ ] Língua Portuguesa
- [ ] Línguas Estrangeiras
- [ ] Saúde
- [ ] Sistema Financeiro e Bancário
- [ ] Técnicas de Estudo e Motivação
- [ ] Todas as Áreas
- [ ] Outros (quais?)

Educação & Referência
- [ ] Comportamento
- [ ] Desenvolvimento Sustentável
- [ ] Dicionários e Enciclopédias
- [ ] Divulgação Científica
- [ ] Educação Familiar
- [ ] Finanças Pessoais
- [ ] Idiomas
- [ ] Interesse Geral
- [ ] Motivação
- [ ] Qualidade de Vida
- [ ] Sociedade e Política

Jurídicos
- [ ] Direito e Processo do Trabalho/Previdenciário
- [ ] Direito Processual Civil
- [ ] Direito e Processo Penal
- [ ] Direito Administrativo
- [ ] Direito Constitucional
- [ ] Direito Civil
- [ ] Direito Empresarial
- [ ] Direito Econômico e Concorrencial
- [ ] Direito do Consumidor
- [ ] Linguagem Jurídica/Argumentação/Monografia
- [ ] Direito Ambiental
- [ ] Filosofia e Teoria do Direito/Ética
- [ ] Direito Internacional
- [ ] História e Introdução ao Direito
- [ ] Sociologia Jurídica
- [ ] Todas as Áreas

Media Technology
- [ ] Animação e Computação Gráfica
- [ ] Áudio
- [ ] Filme e Vídeo
- [ ] Fotografia
- [ ] Jogos
- [ ] Multimídia e Web

Negócios
- [ ] Administração/Gestão Empresarial
- [ ] Biografias
- [ ] Carreira e Liderança Empresariais
- [ ] E-business
- [ ] Estratégia
- [ ] Light Business
- [ ] Marketing/Vendas
- [ ] RH/Gestão de Pessoas
- [ ] Tecnologia

Universitários
- [ ] Administração
- [ ] Ciências Políticas
- [ ] Computação
- [ ] Comunicação
- [ ] Economia
- [ ] Engenharia
- [ ] Estatística
- [ ] Finanças
- [ ] Física
- [ ] História
- [ ] Psicologia
- [ ] Relações Internacionais
- [ ] Turismo

Áreas da Saúde [ ]

Outras áreas (quais?): _____

Tem algum comentário sobre este livro que deseja compartilhar conosco?
_____
_____

Atenção: